파도가 바다다

파도가 바다다

가톨릭 신부이자 선 마이스터,
위대한 영적 스승이 전하는 내 안의 신을 만나는 길

Die Welle ist das Meer

빌리기스 예거 지음_양태자 번역

Die Welle ist das Meer
Mystische Spiritualität by Willigis Jäger, edited by Christoph Quarch
©2011 24th edition Verlag Herder GmbH, Freiburg im Breisgau
Korean Translation Copyright © 2013 by YIRANG BOOKS
All rights reserved.
The Korean language edition published by arrangement with
Verlag Herder GmbH through MOMO Agency, Seoul.

이 책의 한국어판 저작권은 모모 에이전시를 통해
Verlag Herder GmbH사와의 독점 계약으로
도서출판 이랑에 있습니다.
저작권법에 의해 한국 내에서 보호를 받는 저작물이므로
무단전재와 무단복제를 금합니다.

우리는 신에게서 왔다

마이스터 에크하르트

차례

옮긴이의 말 9
지금 여기에서 신을 만나라

지은이의 말 20
신의 본질은 하나다

1
새로운 시대, 새로운 영성의 물결

네 안에 잠자고 있는 영성을 깨워라
낡은 도그마는 버려라.
시대가 신비적인 영성을 부른다
26

2
신비적인 영성이란 무엇인가

파도가 바다다
신비체험을 하면 이분법이 사라진다.
바다는 모두 파도고 모든 파도는 바다다
66

길은 여러 갈래지만 산 정상은 한 곳뿐이다
각자의 종교 안에서 신비체험을 하라.
방법은 달라도 신성은 같다
107

신은 춤이자 춤추는 자다
신은 오고 간다. 신은 탄생하고 죽는다.
춤 없이 춤을 추는 자는 아무런 의미가 없고,
춤추는 자가 없는 춤 역시 생각하기 어렵다
140

신은 잔의 밑바닥에서 기다린다
물리는 춤이 될 수 있다.
논리와 이성을 넘어서는 자연과학은 궁극적인 실재와 만날 수 있다
174

3
일상에서 영성적인 경험을 구현하는 방법

앉음, 호흡, 침묵
몸의 기도는 말의 기도보다 더 오래되었다.
앉거나 서거나 침묵하는 모든 행동이 우리를 영성적인 길로 이끈다
196

순간순간 신적인 삶을 살아라
일터에서, 가족 안에서, 사회 구조 속에서,
자신이 지금 있는 곳에서 잘사는 게 종교적인 삶을 사는 길이다
224

나의 그림자와도 친구가 되어라
두려움과 분노와도 친구가 되어라.
이들은 당신에게 속한다.
네 안에서 일어나는 슬픔과 참담함을 받아들이라
251

나를 버리고 나를 만나라
죽음은 비본질적인 존재를 놓아버리는 것이다.
형태의 소멸일 뿐 끝이 아니다
276

참고문헌 301

옮긴이의 말

지금 여기에서 신을 만나라

우리는 지금 국경도, 민족의 구별도 없는 '하나의 지구마을'에 살고 있다. 눈부시게 발전하는 과학 기술 덕분에 시간과 장소에 구애 없이 지구촌 소식을 듣고 지구 반대편에 사는 사람과도 실시간 소통하고 있다. 과학 기술이 하루가 다르게 발전하는 덕분에 오늘이 다르고 내일이 다른 시대가 아니라, 아침과 저녁이 다른 시대에 살고 있다. 이런 속도로 과학기술이 발달한다면 가까운 미래에는 어떤 풍경이 펼쳐질지 상상하기조차 어렵다. 그런데 과학이 발전하고 물질문명의 혜택을 입는 사람이 늘어날수록 정신적인 면에서는 그늘이 더 짙어진다는 사실 또한 우리는 잘 알고 있다. 과학 기술이 정점으로 치달을수록 현대인의 정신적인 허무와 고독은 더욱 심해지고 있다. 물질문명의 첨단을 걷는 시대에 드리운 이런 그늘을 어떻게 하면 걷어낼 수 있을까? 종교가 그 역할을 할 수 있을까? 특히 산업화와 과학화의 선두 주자로 일컬어지는 서구 사회에서 막강한 힘을 발휘하는 그리스도교는 과연 인간의 영혼을 위해 자신의 역할을 제대로 하고 있는지 의문이 든다.

　진보 성향의 신학자 김진호는 이런 말을 했다. "세계적으로 교회(그리스도교)는 힘을 잃어가고 있다. 유럽에서는 이미 하나님이 떠났고 미국에서는 떠나고 있으며 한국에서는 떠날 준비를 하고 있다."

그리스도교 영성靈性의 전반적인 퇴조와 그에 따른 교인 감소라는 지구촌적 현상을 지적한 것이다. 특히 '유럽에서는 이미 하나님이 떠났고'라는 말에 역자는 매우 공감한다. 유럽, 특히 독일인의 삶 속에서 종교는 희미한 그림자로만 존재함을 지난 22년간의 유럽 생활에서 직접 체험했기 때문이다.

그리스도교는 존재하지만, 교회와 성당에서 신심의 위안을 얻지 못하는 신자가 대거 이탈하고 있으며 그들은 정신적 공허와 삶의 무의미에 빠져 있다. 수도원도 마찬가지다. 수도생활을 지원하는 젊은이가 거의 없어 대부분 노인 수도자로 채워져 있으며 심지어 50대 수도자를 젊은이라고 부르는 기이한 현상이 나타나고 있다. 서구의 그리스도교에서 신자가 대거 이탈하고 있는 현상은 그들이 무언가 '다른 차원의 영성'을 찾고 있다는 의미로도 해석할 수 있다. 과연 그리스도교가 신자의 이탈을 막고 기존 종교의 틀 안에서 정신의 허무를 막을 방도는 없는지 궁금하다.

이러한 서구 그리스도교의 위기를 지켜본 독일의 한 신부가 동양의 선과 명상을 그리스도교에 접목하여 영성의 회복을 강조하였는데, 그가 바로 이 책의 저자인 베네딕도 수도원의 빌리기스 예거 신부이다. 그는 인간의 허망한 마음을 채우지 못하는 서구 그리스도교에 해결책을 제시하였다. 그리스도교의 케케묵은 교리와 도그마에 따른 신앙심을 탈피하고 명상(관상)으로 나아가자는 주장이다. 이 말은 물질문명의 거침없는 발달과 비교하면 그리스도교의 사고는 쇄신이 거의 없는 멈춤의 단계에 있다는 말과도 상통한다. 그리스도교의 교리는 교육과 통신의 발달이 미미했던 중세 시대에 만들어졌으므로 급변하는 현대인의 마음을 채워줄 혁신이 필요한 것이 사실이다.

빌리기스 예거 신부는 베네딕도회 신부이자 현재 독일과 유럽에서 최고의 선 스승으로 꼽힌다. 서구 그리스도교의 신비적이고 관상적인 전통에 깊이 관여했던 그는 신비체험을 더욱더 심도 깊게 하고자 12년간 관상(선)에 몰두했는데, 그중 6년은 일본의 선방에서 직접 선 수행에 참여하기도 하였다. 그리고 1983년부터 2000년까지 독일 뷔르츠부르크에 있는 뮌스터슈바르자크 베네딕도 수도원에서 명상공동체를 이끌었다.

『파도가 바다다』는 빌리기스 예거 신부의 대표작으로, 저자는 이 책에서 동서양의 여러 유형의 신비주의 전통을 현대적인 세계관과 다시 결합하여 잠든 인간 의식을 깨우고 꽃피우자고 주장한다. 그는 이 책에서 신비주의에 관한 잘못된 개념을 바로잡고 부활과 구원의 의미를 새롭게 해석할 뿐만 아니라 영성적인 경험을 일상사에서 구현할 수 있는 여러 가지 방법을 알려준다. 또한 신비적인 영성을 자연과학을 통해 해석하는 시도를 하였으며, 타 종교를 통해서도 신비적인 영성에 도달할 수 있다는 주장을 내놓았다. 이 책이 출간 이래 독일뿐만 아니라 유럽 전역에서 큰 사랑을 받고 있는 현상으로 미루어 볼 때, 서구인들 역시 예거 신부의 관상에 깊이 호응하고 있음을 알 수 있다.

이 책에서 예거 신부는 독일복음주의교회[DEK]의 연구지도관이자 철학자, 유명 출판사 헤더[Herder]의 스펙트럼[Spektrum] 시리즈 편집인 크리스토프 크바르흐Christoph Quarch와 대화를 나누며 신비주의에 대한 그의 견해를 밝히고 있다. 예거 신부는 낡은 세계관을 극복하고 인간과 신비주의의 궁극적인 실재를 새로운 시각으로 전달하고 있다.

그는 저 멀리 하늘에 있는 신이 아니라 내 마음 안에 있는 신과, '지금 여기의 삶'을 발견하고 사랑하자고 말한다. 교리에만 기록된 천국, 죽고 나서 마주칠 신을 좇지 말고 내 안의 신을 발견하라고 말한다. 그는 이 책에서 성서―탕아의 비유, 아담과 하와의 이야기 등―의 일화를 새롭게 해석하면서 신비주의와 연관을 짓고 있다. 또한 세계 여러 종교 속에 나타나는 신비주의 전통은 인류의 새 희망을 위한 출발점이며, 신비주의가 지닌 기본 논제는 앞으로 인류사의 길을 내면으로 향하게 하는 '커다란 방편'이 되리라고 주장한다. 예거 신부의 우주적인 관점과 통일적인 사상이 녹아 있는 이 책은 신비적인 영성에 관한 참신한 시각을 제시할 뿐만 아니라 현재 생활에 도움이 되는 현실성 있는 관점을 제공한다는 점에서 놀라운 가치를 지닌다.

서구 신학을 따라가면 이런 흐름은 당연한 귀결이지만, 한국의 일부 그리스도교인에게는 다소 생소한 의미로 다가올지도 모른다. 종교학자 오강남 교수는 이렇게 언급했다. "이런 이야기를 하는 사람을 모두 비기독교인라 취급하고 전부 출교시키면 지금 미국이나 캐나다 등 각 대학의 종교학과는 말할 필요도 없고 웬만한 신학대학에서도 교수로 남아 있을 사람이 별로 없을 것이다. 목사 중에서도 쫓겨날 사람이 많다."[1]

---

1   오강남, 『예수는 없다』, 현암사, 2001.

오강남 교수의 인용에 역자도 추가하고 싶다. 미국이나 캐나다뿐만 아니라 유럽—특히 독일—에서도 수도신부까지 나서서 그리스도교에 새로운 해석을 하고 있는 실정이다. 예거 신부의 말을 '무분별한'한 그리스도교인의 발언으로 치부해야 할까? 결코 아니다. 그는 시대의 변화와 진화를 내다본 사람이다.

그런데 신비적인 영성을 찾는 이런 운동은 그리스도교에서 어느 날 갑자기 일어나지 않았다. 이미 1970년대에 예수회 신부인 후고 라잘레Hugo Makibi Enomiya-Lasalle[2]가 물질문명의 발달에 따른 인간 영성의 고갈을 동양 명상을 통해 타개하고자 한 바 있으며, 20세기 최고의 그리스도교 신비가로 알려진 영국 베네딕도회 사제 베데 그리피스Alan Bede Griffiths[3]도 힌두교 영성을 그리스도교 영성에 접목하려고 하였다. 이 외에도 일본의 선불교를 체험한 학자 칼프리드 그라프 뒤르크하임Karlfried Graf Duerckheim[4], 미국 트라피스트 수도원의 토머스 머튼Thomas Merton[5] 신부가 이 분야에서 잘 알려져 있다. 이들의 공통점은 그리스도교를 넘어서 명상과 선을 그리스도교 영성에 받아들였다는 점이다. 아니, 단순히 받아들이기만 한 것이 아니라 그리스도교 안에서 동양의 다양한 명상의 꽃을 피웠다.

---

2 후고 라잘레(1898~1990)는 예수회 신부이자 선 마이스터였다. 특히 그는 불교의 선과 그리스도교의 관상 사이의 대화를 이끈 선각자로 볼 수 있다.
3 베데 그리피스(1906~1993)는 영국의 베네딕도회 사제이자 20세기 최고의 그리스도교 신비가다. 힌두교를 그리스도교에 접목하고 알리는 작업을 하였다.
4 칼프리드 그라프 뒤르크하임(1896~1988)은 독일의 외교관이자 심리치료사, 선 마이스터이다.
5 토머스 머튼(1915~1968)은 20세기에 주목받은 그리스도교 신비가이다.

반대로 동양의 선과 명상을 서구에 알린 사람도 있다. 일본학자 스즈키 다이세츠[D. T. Suzuki] 선사이다. 서구학계는 그를 통해 동양의 선에 많은 관심을 두게 되었다. 이런 자리를 빌려 안타까운 한마디를 덧붙인다면, 좋은 선의 뿌리를 둔 한국 불교를 유럽에 알릴만한 번역서 한 권조차 없다는 사실이다. 이제 한국 불교도 많은 시간과 공을 투자하여 '한국 불교의 선'을 유럽에 알릴 수 있는 계기를 마련했으면 좋겠다는 개인적인 생각을 덧붙여본다.

이 책에 나오는
단어 개념 정리

이 책에서 예거 신부가 자주 사용한 단어는 독일어의 중성인 'das Ich'다. 사전적으로는 '자아'라는 뜻이고 한국말로 번역하면 '아(나)'이다. 이 '아'는 예거 신부가 '소아' '거짓아' 등을 나타낼 때 쓴 말이다. 예거 신부의 '아'는 불교의 '참아' '진아' '대아' '큰나'와 대비하여 표현한 것으로 역자는 풀이하였다.

이렇게 본다면 사실 이 책에서는 독일어의 중성인 '나[das Ich]'보다는 남성명사인 '이기주의자[der Ichling]'나 여성 명사인 '자아성' '개성' '아욕' '이기[die Ichheit]'로 표현하는 게 더 가깝지 않을까 생각한다. 이 단어들이 한국말의 '아'나 '거짓아'와 더 가깝다는 생각이 들기 때문이다.[6]

---

6 예수회 신부이면서 선 명상가인 후고 라잘레 신부도 동양의 선 부분에서 Ich라는 단어와 연결지었다. 그는 궁극적인 실재를 '가장 내면적인 나(Das innerste Ich)'로 썼다. 이 '내면적인 나'는 아에서 벗어나(Die Abkehr des Ich) 최고의 존재인 너(Zum hoechsten Du)로 향하는 것과 동일시하였다. 그는 단어 Ich를 동원했지만, 어쨌든 우리 안에 존재하는 핵심적이고 궁극적인 어떤 실재를 표현하고자 함은

사전대로의 '자아'를 그대로 쓰면 동양 불교에서 말하는 '자아'와는 동떨어진 느낌이 들어 이 번역에서는 '아'를 문맥에 따라 '거짓아' 소아'로 명명했다. 그것이 불교에서 보는 '진아' '참나'와 대조할 수 있을 뿐만 아니라 예거 신부가 말하는 동양 사상의 의미와 더 근접한 표현이라고 생각하였다. 또한 교회Kirche라는 단어는 이 번역에서 신교와 구교를 포괄하는 그리스도교를 뜻한다. 그렇지만 번역 중에 신교와 구교를 구분해야 할 문장에는 가톨릭과 기독교로 단어를 분리해서 썼다.

신비주의는 무엇인가?

이 책에서 가장 많이 등장한 단어는 '신비주의Mystik'다. 여기에서 말하는 신비주의는 사전에 나오는 '비밀' '신비' '불가사의' '불가해' '비법'의 뜻으로 나오는 '뮈스터리움Mysterium'과는 전혀 다른 뜻이다.

예거 신부가 말하는 '신비주의'를 독일어 그대로 '뮈스틱'이라고 칭하면 단어 고유의 맛은 온전하게 살릴 수 있지만, 번역으로 '신비주의'라고 바꿔놓으면 감이 달라진다. 종교학자인 오강남과 성해영은 그들의 공동저서인 『종교, 이제는 깨달음이다(북성재, 2011)』에서 신비주의에 관한 오해가 많다고 지적하였다.

성해영 교수는 이렇게 말하였다. "한국에서는 신비주의가 '비밀주

선명하게 보인다.

의'와 혼동되어 받아들여지고 있습니다. 연예인들의 언론노출 기피 전략을 '신비주의 전략'이라고 이야기하는 대중 매체들이 신비주의에 대한 오해를 걷잡을 수 없게 확산시키고 있습니다. 제가 신비주의를 전공한다고 말하면 '연예 엔터테인먼트계에 종사하느냐'는 질문을 받을 정도입니다. 그리고 모든 초자연적 현상을 신비주의라고 부르는 행동 역시 신비주의에 대한 오해를 낳고 있습니다."

오강남 교수는 한국에서 신비주의를 부정적인 시각으로 보는 게 문제라고 말한다. 그는 신비주의라는 단어를 모호하게 사용하다 보니 그렇게 되었다고 주장했다. "이런 모호함을 피하고자 독일에서는 신비주의와 관련하여 두 가지 단어를 사용합니다. 부정적인 뜻으로의 신비주의는 '뮈스티스무스Mystismus'라고 합니다. 이는 일반적으로 영매나 유체이탈, 점성술이나 마술, 천리안과 같은 초자연 현상이나 그리스도교의 부흥회에서 일어나는 열정적 흥분과 신유체험 등을 지칭합니다. 이런 일에 관심을 보이거나 관여하는 자들을 '뮈스티찌스트Mystizist'라고 합니다. 이와는 대조적으로 종교의 가장 깊은 면, 인간의 언어로 표현할 수 없는 순수한 종교적 체험을 목표로 하는 신비주의를 '뮈스틱Mystik'이라 하고, 이런 일을 경험한 사람을 '뮈스티커Mystiker'라고 구분하고 있습니다."[7]

오강남과 성해영의 공동저서에서 신비주의에 대해 적절한 표현을 하였기에 인용으로 옮겨 보았는데, 우리는 그 차이점을 한눈에 볼 수 있다. 즉 서구에서 '신비주의'는 수백 년간 그리스도교 종교와 밀착되

---

7   오강남·성해영, 『종교, 이제는 깨달음이다』, 북성재, 2011, 69쪽.

어 사용되었지만, 한국에서는 연예인의 사생활을 지칭할 때 주로 사용하고 있다는 점이다. 따라서 역자는 이 책에서 서양 종교의 명상이나 관상을 신비주의로 표현하고 동양의 명상이나 관상은 선으로 해석했다. 하지만 예거 신부는 이 책에서 선과 신비주의를 거의 동일시했음을 밝힌다.

한 가지 더 말하자면 명상, 관상과 연관이 깊은 신비주의가 가장 번성한 시기는 중세 시대라는 점이다. 중세 시대에는 신비체험을 한 신비가가 매우 많았지만, 당시는 그 사람들이 스스로를 신비가라고 칭하지는 않았다. 신비주의는 산업화가 일어난 18세기에 들어서면서 현저하게 줄어들었다가 최근에 다시 관심이 일고 있다.

마지막으로 언급할 점은 역자주에 관해서다. 이 책을 펼친 독자들은 논문처럼 주석이 많음에 의아해할 것이다. 역자주를 많이 단 이유는 독자들이 역자주를 통해 예거 신부의 글을 더 잘 이해할 수 있기를 바라는 마음 때문이다. 또한 이 책을 통해 종교학적인 앎의 영역이 한 단계 더 도약할 수 있기를 바라는 마음에서 붙였다.

누구나
깨달음에 이를 수 있다

『장자莊子』에는 이런 이야기가 실려 있다. "우물 안의 개구리가 바다에 대해 말할 수 없는 이유는 우물에 구속되어 있기 때문이요, 여름에만 사는 벌레가 얼음에 대해 말할 수 없는 이유는 자기가 사는 여름만 시절인 줄 굳게 믿기 때문이며, 식견이 좁은 선비가 도에 대해 말할 수 없는 이유는 속된 가르침에 속박

되어 있기 때문이다(『장자』 17 秋 水)." "너는 우물 안 개구리라는 소리를 듣지 못했느냐? 어느 날 이 개구리가 동해에 사는 자라에게 '나는 즐겁다. 나는 우물 안의 난간 위에까지 뛰어오르기도 하고 우물 안으로 들어가서는 깨진 벽돌 가에서 쉬기도 하며 물 속에서는 양 겨드랑이로 수면에 떠서 턱을 물 위로 내밀기도 하고 진흙을 타면 발이 파묻혀 발등까지 흙에 파묻힌다. 저 장구벌레나 게, 올챙이 따위가 나를 따를 수 있겠는가? 나는 한 우물의 물을 독차지해서 멋대로 노는 즐거움이 지극한데, 당신은 어째서 때때로 와서 구경하지 않는가?'라고 물었다. 동해의 자라가 이 말을 듣고 그 우물로 와서 들어가려 하는데 왼쪽 다리가 채 들어가기도 전에 오른쪽 무릎이 걸려 버렸다. 자라는 엉금엉금 물러 나와 개구리에게 이렇게 말했다. '대저 천 리라는 먼 거리로도 바다의 넓이를 형용할 수가 없고 천 길이란 높이로도 바다의 깊이를 다 나타낼 수 없다.' …… 우물 안 개구리는 그 소리를 듣고 깜짝 놀라 정신을 잃었다고 하더라(『장자』 17 秋 水)."

이제는 서구의 사제들까지 한 종교 안에 갇히지 않고 종교다원주의를 받아들이고 있다. 예거 신부는 명상을 통해 신을 체험하라고 말한다. 아무도 가보지 못했던 천국의 교리에 매달리기보다는 이미 주어진 생명과 시간을 바탕으로 '지금 여기에서' 행복을 느끼라고 권한다. 그 행복은 내 안에 존재하는 궁극적인 실재와 하나가 되는 것이다.

또한 이제는 내 종교, 네 종교에서 벗어나 깨달음으로 가는 산 정상에서 각각의 종교가 만나 지구라는 자연공동체 안에서 우주중심으로 나아가야만 한다. 각자가 '주어진' 혹은 '선택한' 이 종교 저 종교에 속하되, 예거 신부가 주장하는 신비주의에 들어가 내면의 신을 만나는 게 오늘을 사는 인류의 공통분모가 될 것이다. 모든 종교인은 도덕성과 휴머니즘을 지닌 채 지구라는 같은 비행기를 타고 있는 생명체이다. 이제는 어느 특정 종교의 독점물이 없어진 세상이다. 그런 의미에서 가톨릭의 예거 신부는 선 역시 불교의 특정물로 보지 않고 그리스도교 안에서 새롭게 접속하려고 노력하였다.

이 책에서 예거 신부는 그리스도교 신비주의에 관한 새로운 해석뿐 아니라 타 종교에 대한 진지한 이해를 바탕으로 종교간 새로운 화합을 시도하고 있다. 그리스도교 신자뿐만 아니라 타 종교를 믿는 사람, 혹은 특정 종교를 믿지 않지만 내 안에 있는 신을 찾고자 하는 사람이라면 누구나 예거 신부의 이야기에 깊이 공감할 수 있을 것이다. 독자들은 특정 종파를 떠나 이 책에서 깨달음에 이르는 길을 구하기 바란다.

양태자

지은이의 말
신의 본질은 하나다

이 책은 성당이나 교회에서 영세나 세례를 받지 않았거나, 영세나 세례를 받고 신앙생활을 하더라도 교회에 소속감을 느끼지 못하는 이들에게 도움을 주고 싶어 만들었습니다.

신은 창조자로서 본체론적으로 다른 세계에 존재하지 않습니다. 신의 존재Sein와 비존재Nicht-Sein를 통합하여 하나의 관점에서 신을 바라보아야 합니다. 신과 세상, 정신과 물질, 존재와 비존재는 결코 둘로 나누어져 있지 않습니다. 서구에서 신이라고 말하는 존재는 사실 '궁극적인 실재'인데, '궁극적인 실재'는 다양한 모습과 형태로 현현하지만 그 본질은 하나입니다. 이를 바다에 비유해 보지요. 바다에서 파도가 일고 물결이 일어났다가 사라지지만 그것이 어떤 형태든 물(바다)의 요소라는 점에는 변함이 없는 것과 같은 이치입니다.

나는 일본에 장기간 체류하면서 동양의 지혜를 통찰하게 되었고 서구 그리스도교의 믿음 체계를 바깥에서 객관적으로 바라볼 수 있었습니다. 또한 우리는 누구나 자신만의 종교적인 모델을 갖고 있음을 확신하게 되었습니다. 사람들은 자신이 가진 종교적 모델에 따라 자기 자신과 지금 사는 세상을 설명하고 해석합니다. 모델이라는 것은 요구(원망)로 생겨난, 그야말로 유형일 뿐이지 결코 궁극적인 실재 자체는 아닙니다.

예를 들어 학자들이 다루기 어려운 선례와 범례를 설명하기 위해 어떤 모델을 만들었다고 가정할 때, 우리는 이 모델이 결코 핵심이 아니며 해석을 돕기 위한 표본일 뿐이라는 사실을 알고 있습니다. 따라서 이런 모델은 새 이론이 등장하면 버리거나 바꾸어야 합니다. 이를 종교에 대비해 볼까요? 종교에서도 이런 모델을 신자에게 보여줍니다. 세상의 시각과 시대정신이 바뀌고 변했다면 종교 역시 변화의 조짐에 동참해야 합니다. 하지만 제도권 종교들은 새 모델을 제시하여 사람들에게 길을 열어주기는커녕 오히려 시대정신의 확산을 막고 진화를 지체시키고 있습니다.

이 책에서 다루고 있는 내용이 기존 그리스도의 교리와 많이 다르다고 불안해하는 사람이 있을 것입니다. 나 역시 이 점을 깊이 의식하고 있습니다. 이 책에서 기존 그리스도교에 대해 약간은 도발적으로 보일 수 있는 태도와 견해를 저변에 깔고 종교와 신비주의에 관해 새로운 대화를 나누었지만 현존하는 종교 관념을 평가절하하려는 의도는 아니었습니다. 단지 낡고 시대의 유행에 뒤처진 묵은 교리들을 다른 시각에서 조명해 보고 싶었을 뿐입니다. 기존 종교의 명성을 떨어뜨리고 비난하기보다는, 이런 통찰을 통하여 존재의 현존하는 의미를 밝혀보고 싶었습니다.

나는 장기간 사목 활동을 하면서 많은 사람을 만났는데, 그들이 가슴 깊은 곳에서 대화를 원하고 있음을 느꼈습니다. 그리스도교적인 믿음의 길로 가고 있는 사람들이 나의 책에서 힘과 원기를 북돋고 도움을 받았으면 합니다. 또한 오늘날에는 어떤 종파에도 소속되어 있지 않지만 경건한 종교적 믿음을 지닌 사람도 많은데, 이들에게도 이 책이 유용하리라고 생각합니다.

나는 어릴 때부터 삶의 의미를 진지하게 물었습니다. 나는 왜 사는가? 예순, 일흔 아니면 여든 살까지 사는 동안 나의 생이, 이 광대한 우주, 그 안에서도 보잘것없는 작은 먼지 알갱이에 불과한 지구 한 귀퉁이에서 어떤 의미로 남을지 늘 궁금했습니다. 그러다가 일본에서 동양의 영성을 체험하면서 영성의 깊은 의미를 발견하였습니다. 나는 동양의 영성이 그리스도교의 신비주의와 다르지 않고 절대적으로 동등함을 깨달았습니다. 또한 동양과 서양의 신비학을 공부하면서 나는 어렸을 때부터 물었던 질문에 답을 찾을 수 있었습니다.

신비주의는 위기에 빠진 서양 신학을 구할 수 있을 것입니다. 불교와 힌두교에는 신앙교리성[8]이라는 기관이 없습니다. 하지만 가톨릭에는 인간이 무엇을 믿어야 하는지 규정하는 신앙교리성이라는 기관이 존재합니다. 시대정신은 늘 쇄신을 요구하고, 신비가의 경험과 지혜를 통해 이를 달성할 수 있음에도 종교 안에 이런 부서를 두면서까지 신자들의 믿음을 제한하고 있는 것이 안타깝습니다. 물론 동양 종교에도 믿음 체계와 종교적인 실행 부분에서 어두운 면이 있지만, 경험을

---

8 신앙교리성(信仰敎理省, Glaubenskongregation)은 교황청 소속이며 가톨릭 교리를 감독하는 곳이다. 1542년 교황 바오로 3세가 당시 이단 교리를 막기 위해 세운 곳인데, 중세의 고문과 사형 집행을 종교재판이라는 이름으로 행했던 기관의 연장선이다. 인간의 정신과 사고는 경계 없이 끝없이 날고 있는데 "이것만을 믿어라! 저것은 믿지 마라!"라고 규정한다는 자체가 모순으로 여겨진다. 종교의 다원주의가 범람하고 매스컴이 급속도로 발달한 시대에 사는 신앙인들에게 이런 기관이 어느 정도의 역할을 해낼 수 있을지 의문스럽다.

통해 깨달음을 얻고 지혜로운 신비가의 신비체험으로 종교가 성장하고 발달했다는 점에서 그리스도교와는 분명 다른 점이 있습니다.

우연인지 운명인지, 나는 지금 부르스펠데Bursfelde 수도원(옛 베네딕도 수도원)에서 이 글을 쓰고 있습니다. 마침 이곳에서 명상 코스가 열리고 있기 때문입니다. 이 수도원은 중세 시대 종교개혁을 처음 시도한 곳 중 하나입니다. 신비적인 믿음이 팽배하던 때에 평신도들은 경건한 신앙 형태, 즉 '새로운 경건성die devotio moderna'9을 적극 받아들였는데 그 운동이 이곳 수도원에까지 미쳤습니다. 부르스펠데의 개혁운동은 여러 곳으로 퍼졌고, 특히 베네딕도 수도원은 이를 받아들여 명상적인 기도 방식과 전례 예식을 아침과 저녁의 개인적인 명상에 끼워 넣었습니다. 우연인지 운명인지 몇백 년의 세월이 흐른 후, 이러한 성향의 신자들이 모여 만든 단체가 관상 기도를 하기 위하여 이곳에 모였다는 사실이 흥미롭습니다. 이들이 추구하는 종교의 새로운 융합과 새로운 성향이 이 책을 통해 더욱 고무되기를 바랍니다.

빌리기스 예거Willigis Jäger

---

9 'Die devotio moderna'는 라틴어에서 '새로운 경건성'을 뜻하는 말로, 중세 후기에 나타난 새로운 종교적인 운동이다. 14세기 초 네덜란드에서 출발한 이 운동은 점차 확산하여 15세기에는 북부 독일까지 그 영향을 미쳤지만 16세기에 들어서면서부터 그 힘을 잃었다. 이 운동은 후에 독일의 르네상스-인본주의와 종교개혁에 지대한 영향을 미쳤다.

마이스터 에크하르트는 성서에 나온 마리아와 마르다의 일화를 새롭게 해석한 바 있습니다. 그는 예수의 발자취를 따르며 황홀경에 빠져 있는 마리아보다 지칠 정도로 열심히 예수에게 봉사한 마르다가 더 영성적인 길을 가고 있다고 말했습니다. 마리아는 황홀경을 체험한 뒤 일상으로 돌아오는 과정을 치르지 않았지만, 마르다는 일상생활 속에서 신비적인 영성을 체험했다는 것입니다. 우리는 이처럼 일상에서 하는 단순한 일로도 신비체험을 할 수 있습니다. 신은 결코 추앙받기만을 원하지 않습니다. 신은 인간 안에서 살아 움직이기를 원합니다. 이런 이유로 우리가 인간이 된 것입니다. 신은 우리 안에서 인간이 되길 원합니다.

1

새로운 시대, 새로운 영성의 물결

네 안에 잠자고 있는 영성을 깨워라

낡은 도그마는 버려라.
시대가 신비적인 영성을 부른다

신은 다른 세계에 존재하지 않습니다. 신의 존재와 비존재를 통합하여 하나의 관점에서 신을 바라보아야 합니다. 신과 세상, 정신과 물질, 존재와 비존재는 결코 둘로 나누어져 있지 않습니다. 서구인이 신이라고 칭하는 존재는 '궁극적인 실재'인데, '궁극적인 실재'는 다양한 모습과 형태로 현현하지만 그 본질은 하나입니다. 바다에서는 파도가 일고 물결이 일어났다가 사라지지만 그것이 어떤 형태든 물(바다)의 요소라는 점에 변함이 없는 것과 같은 이치입니다.

신부님은 뷔르츠부르크 성 베네딕도 수도원 중앙센터의 지도자로서 많은 사람을 만나고 있습니다. 이곳을 찾는 사람은 자신만의 방법으로 영성을 찾고 있습니다. 신부님은 대화를 통해 그들의 두려움이나 희망을 함께 나누고 계시지요?

이곳을 찾는 사람은 대부분 조상 대대로 이어온 그리스도교를 믿는 신자입니다. 신앙 안에서 내 집 같은 포근함을 느껴야 하는데 실제는 그렇지 못한 데다, 믿음체계를 답습했지만 늘 한계상황에 맞닥뜨린 사람들입니다. 이런 믿음 체계로는 일상에서 성취감을 느끼거나 어려움을 극복하지 못합니다. 이는 개인적인 문제 때문이 아니라 그리스도교 믿음체계가 세상의 모습과 일치하지 않기 때문입니다. 시대는 이미 변했습니다. 천체물리학이 우리에게 가르쳐 준 사실이 있습니다. 인간은 우주의 배꼽이 아니라는 사실이지요. 지구는 우주의 언저리에 있는 먼지처럼 작은 은하계에 속해 있습니다.[10] 은하계는 250억

---

10 "만물의 중심에는 태양이 있다"고 '태양중심설'을 주장한 니콜라우스 코페르니쿠스(Nicolaus Copernicus, 1473~1543)와 "지구는 태양을 중심으로 공전한다"며 '지동설'을 주장한 갈릴레오 갈릴레이(Galileo Galilei, 1564~1642)의 주장은 모든 것이 '지구를 중심으로 이루어졌다'는 당시 교황청의 '천동설'을 뒤흔든 발언이어서 둘은 즉각 종교재판에 회부되었다. 동양철학자 김용옥 교수는 그의 저서 『동양학 어떻게 할 것인가?』(통나무, 1990)에서 다음과 같은 재미있는 표현으로 이 사건을 비판하고 있다. "천동설에 따르면 우주의 중심은 지구이며 지구의 중심은 이태리 바티칸이고 바티칸의 중심은 교황이다. 교황은 우주의 중심이고 우주의 모든 권위가 신의 대행자인 교황으로부터 나온다. 반면 지동설에 따르면 지구는 저 은하계의 먼지가 되며 바티칸은 저 먼지의 먼지가 되며 바티칸에 앉아 있는 저 교황은 저 먼지의 먼지의 먼지가 되어버리고 만다(60쪽)."

년 전에 생겼다고 과학자는 말합니다. 인간이 상상할 수 없는 어느 시기에 대폭발로 시작된 은하계는 빛의 속도와 유사하게 팽창했고, 오래된 별들이 밀집하여 공 모양으로 만들어졌습니다. 그 중심인 핵 주위에는 먼지와 가스, 푸른 별 등이 원판을 만들어 돌고 있습니다.[11] 우주는 어느 때에 이르면 다시 한 점으로 녹을 수도 있습니다. 과학기술의 발달로 오늘날 우리는 이 모든 사실을 알고 있습니다. 하지만 종교 쪽으로 눈을 돌려보면 그 사정은 어떤가요? 수백 년 동안 굳게 믿고 있던 교회의 교리는 이런 시대상을 반영하지 못하고 있습니다. 교회의 도그마는 지구가 평평하다고 믿었던 중세 시대에 생긴 것입니다. 그리스도교 교리는 창공에 별 구멍이 있다고 생각했을 때 생긴 것이지요.[12]

---

11 우주에는 보이지 않는 생명이 충만해 있다. 지구만이 아니라 다른 혹성에도 우글거린다. 생명체에 있어서 동맥, 정맥을 통해서 피가 돌고 오장육부가 맡은 바 책임을 다하듯이 은하계도, 지구도 그렇게 빈틈없이 운행하고 있다……(대행, 『한마음 요전』, 한마음선원, 서울 불기 2537년, 426쪽).
12 1925년 미국에서 소위 원숭이 재판이 열려 한 교사가 100달러의 벌금을 물었다. 이 교사가 학생들에게 진화론을 가르쳤기 때문이다. 1900년대는 진화론을 금기한 때이긴 하지만, 여기서 파악할 수 있는 점은 특정 종교가 인간의 합리성이나 과학적 발전을 무시하는 엉터리 판단을 했다는 사실이다(오강남·성해영, 『종교, 이제는 깨달음이다』, 북성재, 2011, 48쪽). 동양 철학자 김용옥 교수는 허버트 조지 웰스를 인용하면서 다음과 같이 말했다. "찰스 다윈(1809~1982)의 진화론이 나오기 전까지만 해도 서양의 학교에서는 우주가 B.C 4004년에 창조되었다고 가르쳤고, 학계 권위자들은 그 사건이 그해 봄에 일어났는가 가을에 일어났는가를 둘러싸고 열면 과학 논쟁을 벌이고 있었다(김용옥, 『절차탁마대기만성』, 통나무, 1990, 200쪽)." 이런 발언을 한 이가 바로 당시 주교였던 제임스 어서(James Ussher, 1581~1656)이다. 그는 영국-아일랜드 출신의 신학자이자 대주교였다. 1650년에 출간한 유명한 그의 저서 『The Annals Of The World』에서 그는 천지창조는 기원전 4004년 10월 23일에 일어났다고 말했고 홍수는 기원전 2501년에 일어났으며 지구의 나이는 약 6000세라고 주장했다. 여기에서 더 우스운 점

사람들의 앎이 이토록 진화했음에도, 왜 아직도 사람들은 그와 모순되는 종교를 믿는 것일까요?

우리에게는 종교적인 관념이 필요하기 때문입니다. 종교적인 관념은 우리에게 희망을 주고 생의 의미를 부여합니다. 희망과 의미가 없으면 인간은 살 수 없어요. 그래서 우리에게는 종교가 필요합니다. 또한 인간은 스스로 생각할 수 있는 존재입니다. 스스로 생각할 수 있다는 것은 인생의 의미―고통과 죽음, 환생 등을 생각하고 되새긴다는 뜻이지요. 융 Carl Gustav Jung 이 이렇게 말한 바 있습니다.

"종교는 고대의 제식과 관념을 통해 세상에 모습을 드러내고 자신을 표현한다. 이런 형태는 중세 때에는 그다지 큰 불편과 어려움을 초래하지 않았다. 하지만 오늘날에는 이런 개념과 제식을 받아들이기 어렵다. 종교와 세상의 불일치에도 세상에는 아직도 종교를 문자 그

은 앞에서 인용한 김용옥 교수의 글처럼 그 사건이 그해 봄에 일어났는가 가을에 일어났는가를 둘러싸고 열띤 과학적 논쟁을 벌였다는 점이다. 다른 예를 보자. 100년마다 열리는 세계종교회의가 있다. 118년 전인 1895년에 열렸던 세계종교회의에서 당시 교황 레오 12세는 100년마다 열리는 종교회의에 대해서 '앞으로 무분별한 이런 집회'에 가톨릭이 참석하는 것을 엄금한다는 경고까지 했다. 불과 100여 년 전의 이런 발언에서 우리는 어떤 의미를 찾을 수 있는가? 오늘날에도 이런 집회를 과연 '무분별한 이런 집회'라고 말할 수 있을까? 예거 신부의 명상(선) 코스에는 영적으로 목마른 신자가 모여들고 있다. 왜일까? 그들이 그리스도교 교회 안에 있긴 하지만 영적으로는 여전히 목이 마르다는 뜻이자 교회의 정렬된 이론보다도 실제 생활에 도움이 되는 영성을 찾고 있다는 증거이다. 여기에서 우리는 총체적으로 생각할 수 있다. 지금도 이런저런 유사한 상황이나 교리를 가지고 열띤 싸움이나 논쟁을 하고 있지는 않은지 말이다. 시대정신은 끊임없이 변화하는 과정에 있다는 것을 명심한다면 이런 논쟁으로 에너지를 소비하는 일은 지양해야 할 듯하다.

대로 받아들이는 사람이 적지 않다. 이는 최근 세기의 정신적인 발달과 견주어보면 올바르게 가치평가를 할 수 없는 것들이다. 그렇다 보니 공공연하게 절망하고 자포자기하며 심연을 모르는 절벽으로 떨어지는 사람이 많다." 옛날에 만들어진 세계 모형을 이제는 품고 있어서는 안 됩니다. 사람들은 왜 사는지 모르겠다며 의심을 품고 있어요.

<u>이런 이유로 신부님을 찾는 사람이 많은가요?</u>

그 사람들이 전부는 아닙니다. 믿음이 두텁고 종교적인 실천을 잘하고 있는 신자들도 찾아옵니다. 깊은 신앙심을 가졌지만, 자신의 믿음에 대해 스스로 의문을 던지는 이들이지요. 자신이 어릴 때부터 취한 신앙이 일상생활을 통해 지탱하기 어렵다는 것을 알게 된 이후 나를 찾아오는 경우가 많습니다. 특히 자신이 죽고 사는 문제를 옛날에 만들어진 믿음체계를 통해 확연히 알 수 없다며 답답해합니다.
또한 우리 수도원에는 교회나 어떤 종파에도 소속되지 않은 이들도 찾아옵니다. 이들은 성당이나 교회에서 영세나 세례를 받지는 않았지만 돈독한 신앙심을 가지고 있어요. 지금까지 자기 인생에 결정적인 역할은 하지 않았지만 자신을 좌우하는 무엇인가가 있음을 감지하고 있습니다. 생의 진정한 의미를 찾으려는 사람들이지요.

생의 진정한 의미를 찾으려는 이유는 무엇일까요?

단순하게 답할 수는 없지만 몇 가지는 말할 수 있습니다. 최근 사람들은 물질적으로 포만감을 느끼고 있어요. 특히 서구인들은 풍족한 재화와 물질 덕분에 크나큰 축복을 받았지요. 하지만 그 때문에 궁극에 가서는 생의 의미를 잃고 물질적인 축복이 내게 무엇을 가져다주고 있는지 알 수 없는 지경에 이르게 되었지요. 매스컴을 통해 온 세상의 소식이 급속하게 전달되는 요즈음, 지나친 정보의 전달 또한 상황 파악을 힘들게 하고 있습니다. 정치가들이 하는 말에는 진심이 없을 뿐만 아니라 짜증이 날 정도로 암담하며 주로 선전용임도 알게 되었습니다. 사람들은 불안해하고 있습니다. 그래서 다른 유용한 제도나 질서를 찾게 된 것입니다. 유용한 제도와 질서를 기초로 삼아 남과 더불어 살아갈 때, 우리는 진정 하나 되는 세상을 이루게 될 것입니다.

몇 세기에 걸쳐서 서구의 인본주의는 총괄적이고 보편적인 가치체계를 제공해 왔습니다. 그렇지만 인본주의가 인간을 나쁜 쪽으로 끌어들였다는 견해도 있습니다. 철학자 페터 슬로터다이크[Peter Sloterdijk][13]도 인본주의에 대해 비판적인 견해를 남겼습니다. 인본주의가 인간의 고유한 윤리적인 요구에 상응하는 존재양식과 본성에 파고들지 못했

---

13 1947년에 태어난 독일 철학자이자 문화학자이다. 그의 사상과 저서는 독일에서 지금 많은 논쟁을 불러일으키고 있다. 그는 기존의 인본주의가 이제는 인간을 구제할 수 없다며 공개적인 강연에서 생명공학을 인간에게 적용하자고 주장하고 있다.

다는 것입니다. 그는 새로운 규정을 가진 미래의 '인간 농장Menschen Park'을 만들자고 주장하고 있습니다. 많은 사람이 함께 협력하고 공존하는 인간 농장입니다.

<u>협력하고 공존하는 것이 오늘날의 사람들에게 꼭 필요한 것인지요?</u>

슬로터다이크의 표현과 주장 속에는 거대하고 진지한 질문이 도사리고 있습니다. 그는 호모 사피엔스가 어디로 가고 있는지 묻고 있어요. 호모 사피엔스라는 말에는 '아직 미숙한' '때가 되지 않은'이라는 뜻이 담겨 있습니다. 그간 종교뿐만 아니라 마르크스주의, 실존주의Existenzialumus14 역시 인간의 본질을 향상시키기 위한 방향을 제시하지 못했습니다. 인본주의는 고대 그리스 로마 시대는 물론 계몽주의 시절에도 인간을 현저하게 성숙시키지 못했습니다. 오히려 폐해는 뚜렷했지요. 20세기에 스탈린, 히틀러, 폴포트 같은 인간 혐오자들이 등장한 이유도 이 때문입니다. 아프리카의 종족 전쟁, 라틴 아메리카의 처절한 가난 등 세상에는 인간이 저지른 범죄가 급속도로 늘고 있습니다. 이는 인본주의가 제 능력을 발휘하지 못했다는 뜻입니다. 이제는 인간의 모습과 형상에 대해 다시 질문해야 합니다.

이런 의미에서 보면 철학자 슬로터다이크의 말도 일리가 있습니다.

---

14 실존주의는 프랑스의 실천 철학자 장 폴 사르트르, 시몬느 드 보브와르, 가브리엘 마르셀 등에 의해 시작된 것으로 '인간이 바로 그의 실존이다'라는 뜻을 내포하고 있다(Der Mensch ist seine Existenz).

슬로터다이크가 인용한 니체는 벌써 100년 전 『차라투스트라는 이렇게 말했다』에서 낙타를 비유로 들어 그의 젊은 시절을 이야기한 바 있습니다. 많은 짐을 실은 낙타는 죽을힘을 다해 뒤뚱거리면서 사막으로 향합니다. 그 사막에서 낙타는 사자로 변모합니다. 낙타는 끌려가면 갈수록 더 강한 사자로 변모합니다. 그러다가 낙타에서 모습을 바꾼 사자는 마침내 용을 죽입니다. 사자가 죽인 용의 이름은 바로 '마땅히 ~해야 한다' '~하지 않으면 안 된다(du sollst)'입니다.[15] 사자는 이 용을 죽인 후 다시 어린이로 변모합니다. 이 어린이는 인간의 가장 깊은 마음에서 시작한 진화라고 볼 수 있습니다.

니체는 위의 비유를 사제나 교사에게 대입했습니다. 니체는 사제나 교사를 교정, 징계, 징벌전매권을 가진 이들로 보았지요. 여기에서 오해의 여지는 없어야 합니다. 니체는 교육을 무시하거나 낮추어 본 게 아닙니다. 다만 니체는 인간이 모든 일을 해낼 수 없다고 의심했을 뿐입니다. 어떻게 인간이 인간에게서 나온 것으로 인간을 교정한다는 말입니까? 이처럼 종교나 신학, 철학을 통해 혹은 학교나 정치를 통해 인간을 만드는 교육에는 엄청난 결핍이 도사리고 있습니다. 이런 결핍으로 말미암아 우리는 "교육이 과연 무엇인가?" 하는 질문을 던지게 되었습니다. 인간의 사회화는 가능할까요? 사회화되면 진짜 인간의 가치를 보증할 수 있을까요?

---

15 인간이 '마땅히 ~해야 한다' 혹은 '~하지 않으면 안 된다'는 식으로 바깥으로부터 오는 교육에 끌려 다니다가는 지쳐 결국은 망가진다는 뜻이다. 예거 신부는 외부에서 오는 교육으로는 결코 어떤 것도 이룰 수 없다고 강조한다.

슬로터다이크는 이런 질문을 통해 모든 도덕적인 조직과 결사에서 벗어나는 방법을 제안했습니다. 그는 사람들이 더 이상 신학과 철학에서 이런 질문을 해서는 안 된다고 생각했습니다. 그는 인본주의 교육 대신에 인류적인 기술을 그의 중심 표어로 내걸었습니다. 이에 대해 신부님은 어떻게 생각하십니까?

기술의 진보, 아직 태어나지 않은 자궁 속 아이의 성별을 진단하고 선별하는 문제, 그리고 유전자 조작 등의 주제들이 우리를 두려움 속으로 빠뜨립니다. 누구도 인간의 미래가 어떻게 전개될지 모릅니다. 슬로터다이크는 '인간의 교육과 훈련Zaehmung des Menschen'이 공공연하게 '도덕적인 계명이나 금지Gebot und Verbot'를 통해 이루어져서는 안 된다고 강조합니다. 그는 인간이 함께 살기 위해서는 규범과 규칙이 필요하고 다양한 사람들이 함께 협력하며 공존하는 인간 농장이 필요하다고 말합니다.

그렇지만 진정한 인간은 길들여지지 않습니다. 오늘날 우리의 이성은 '아(에고)'의 발달로 위험할 정도로 부패하고 타락했습니다. 그 길의 끝에는 무엇이 있을까요? '이성'이라는 영양과다가 깊숙이 뿌리를 내린 채 인간을 기묘하게 조종하고 있을 것입니다. 이런 것들에는 파괴적인 자기도취 증세가 끈끈하게 연결되어 있습니다.

하지만 해결책은 있습니다. 진정한 인본주의는 계율을 통해서가 아니라 인식을 통해, 즉 모든 존재와 서로 하나되는 신비체험을 통해 이루어진다는 사실을 깨닫는 것입니다. 우리는 진정한 근원으로 돌아가야 합니다. 우리의 본질적인 존재와 신적인 존재 그리고 명명할 수 있는 다른 이름을 포함해서 말입니다. 바깥에서 안으로 침입해오는 윤리는 이제는 인간의 마음에 자리를 잡지 못합니다.

다만 어린이들에게는 여전히 교육적인 시도를 해야 합니다. 어떻게 하면 어린이들이 이성적으로 현존할 수 있는지 최소한의 계율은 존재해야 합니다. 우리는 계율을 정할 필요가 있습니다. 하지만 이 계율은 붉은 신호등을 통해 사회적인 책임감이 미칠 수 있는 범위까지만 한정하는 것이 좋습니다. 진정한 인간의 변화는 계율이 아니라 존재의 깊이에서 오기 때문입니다.[16]

<u>그렇다면 우리는 어떤 방법으로 내면의 변화를 추구할 수 있을까요?</u>

어렵지 않습니다. 우리 인간은 내재적으로 그런 관념과 상념을 이미 지니고 있습니다. 우리 안에 모든 것을 묻고 답할 수 있는 힘이 있습니다. 사람들은 점점 더 이것을 요구하고 있습니다. 우리 수도원의 명상코스를 찾아오는 사람들은 궁극에 다다를 수 있는 무언가를 찾고 있습니다. 한 부인이 자신은 무신론자의 집에서 성장했다고 말한 적이 있습니다. 그녀는 여섯 살 때 부모가 거짓말을 하고 있음을 알

---

16 "눈이 먼 사람에게는 지팡이가 필요하고, 다리를 다친 사람에게는 목발이 필요하듯 공부하는 사람에게는 스승이 필요하다. 장님이 눈을 뜨고 나면 제 눈이 있어 지팡이가 필요하지 않듯이 참 나가 발현하면 스승이 따로 없어도 된다. 그러나 그때까지는 스승을 믿고 따라야 한다(대행,『한마음 요전』, 한마음선원, 서울 불기 2537년, 1637쪽)."

스스로 몰래 교회를 찾아갔다고 하더군요.

<u>신부님은 이런 사람들에게 무엇을 제공하며, 이들은 신부님에게서 무엇을 발견할 수 있을까요?</u>

나는 이런 사람들과 더불어 영성의 길을 가고 있습니다. 그들이 여러 종교의 경전에서 알려주었던 명상적인 경험을 할 수 있도록 이끌고 있습니다. 이는 전례와 성사에서 축제한 것이며, 교회가 사람들에게 근원적으로 약속했던 것을 찾아가는 과정이자 각 종교에서 최종적인 깨달음으로 인도하는 길입니다. 말하자면 신, 신적인 상태, 공空, 브라만 등의 상태입니다. 이런 말 속에 궁극적인 실재가 숨어 있습니다.

<u>신부님은 '교회가 사람들에게 근원적으로 약속했던 것'이라고 말씀하셨는데, 그럼 교회가 이런 약속을 더는 이행할 수 없다고 보십니까? 교회에서 이제는 종교적이고 영성적인 체험을 할 수 없다는 뜻인가요?</u>

그럴 수도 있고 아닐 수도 있습니다. 우리 수도원에 오는 이들은 종교적인 경험을 하고자 하는 사람들도 있지만 이미 경험한 이들도 있습니다. 이를 알고 이런 관념을 지닌 사람들에게는 공통점이 있습니다. 단순히 지성적인 믿음으로는 더 이상 만족하지 못한다는 것입니다. 인간은 단지 인식적인 방법으로는 인생의 의미를 묻는 말에 만족할

만한 답을 발견할 수 없습니다.

교회와 성당을 찾는 사람이 점점 줄어들고, 종교에 대한 지속적인 관심을 잃어버린 세태가 그 이유가 될 수 있을까요?

교회는 이미 신비롭고 영성적인 큰 보물을 갖고 있음에도 이를 가볍게 여기고 안에서 실행하고 있지 않습니다. 그리스도교의 신비적 요소들은 교회 안에서 미미한 형태로 가까스로 숨을 붙이고 있습니다. 그렇다 보니 20세기의 자연과학자들, 하이젠베르크Heisenberg나 볼프강 파울리Wolfgang Pauli, 혹은 슈뢰딩거Schroedinger17 등이 영성적인 연구를 하기 위하여 찾은 언어는 그리스도교가 아니라 불교나 힌두교였습니다. 그들이 그리스도교에 신비적이고 영성적인 전통이 있다는 사실을 몰랐을까요? 혹은 그리스도교가 동양 교리의 지혜와 깊이에 못 미쳤기 때문일까요? 아닙니다. 우리도 마이스터 에크하르트Meister Eckhart, 요하네스 타울러Johannes Tauler 혹은 쿠에스의 니콜라우스Nikolaus von Kues18 같

---

17 하이젠베르크(1901~1976)는 독일 출신으로 20세기 유명한 양자역학의 대가로 인정받는 자연과학자이자 노벨상 수상자이다. 볼프강 파울리(1900~1958)는 오스트리아 출신으로 20세기의 대표하는 물리학자이며 1945년 노벨 물리학상을 받았다. 슈뢰딩거(1887~1961)는 오스트리아 태생의 물리학자이다.

18 마이스터 에크하르트는 약 1260년에 태어나 1328년에 죽은 수도사로, 중세 후기 신비주의 신학에 큰 영향력을 끼쳤다. 요하네스 타울러는 약 1300년경에 태어나 1361년에 죽은 독일의 신학자이자 설교가, 도미니크회의 수도사로 신플라톤주의에 속하며 마이스터 에크하르트 후기 영성학자이다. 쿠에스의 니콜라우스는 1401년에서 1464년까지 살았던 신학자이다.

은 신비가가 있지만 교회에서는 이들을 오랫동안 잊고 있었을 뿐입니다.

그리스도교에 이런 큰 보물이 있는데 신학이 이를 감추려고 한 이유는 무엇일까요?

큰 종파의 신학에서는 신비체험을 매우 하찮게 여깁니다. 800쪽이나 되는 로마 교리서에도 신비주의라는 단어는 단 한 번도 언급되어 있지 않습니다. 가톨릭교회에서는 신비주의를 도그마에 부속시켜 놓았지요. 신비주의는 이성적인 교리에 의해 늘 통제 당합니다. 도그마에 언급된 기회가 한 번 나오기는 하는데, 그것은 신비주의가 단지 이성적인 믿음체계에서 개념적인 지식이나 이해력과 연결되었을 때뿐입니다. 그리스도교의 신비주의를 도그마를 통해 조절하는 것은 적지 않은 문제를 일으켰어요. 그리스도교의 신비주의는 자신의 신비한 경험을 전달하고자 할 때 도그마라는 필터를 통과하지 않으면 안 됩니다. 이렇게 되면 신비주의의 직접적이고 근원적인 체험은 사라지고 중요한 뇌관이 제거된 문제만 남습니다. 그렇기 때문에 그리스도교에서 신비주의의 전통이 매우 낮은 역할을 하게 된 것입니다. 반면에 불교나 힌두교에서는 신비주의의 영향력이 탁월합니다. 이슬람교에서도 신비주의가 약간 제지당하는 점은 있지만 아직 영향력이 남아 있습니다. 이들 종교는 도그마의 머슴이나 하녀가 된 그리스도교의 신비주의와 비교하면 탁월하고 자유롭게 발달할 수 있었습니다.

그리스도교에서 신비주의가 두 날개를 접게 된 이유는 단지 도그마의 권력 때문인가요? 아니면 도그마를 지배하고 있는 신학 때문인가요?

이 질문에 답하기는 매우 어렵습니다. 사실 200년 전의 그리스도교 신학에는 신비주의를 위한 자리가 없었습니다. 신학자들은 철저하게 '이성적인' 믿음에 관여했고 '비이성적인' 신비주의에 대해서는 알려고도 하지 않았지요. 이들은 자연과학자가 과학에 대해 생각하듯 신학이 학문적인 규범으로 충분하다고 믿었습니다. 하지만 이것은 오해였고 또 현재에도 마찬가지입니다. 모든 종교의 지혜서는 '관념과 이성적인 인식의 건너편에서 진짜를 발견할 수 있다'는 주장에 의견을 같이 합니다.

어떻게 해서 그리스도교에 '이성 만능주의'라는 잘못된 견해가 자리를 잡게 된 것일까요?

그 근원을 거슬러 올라가 보면 아리스토텔레스^{Aristotle}의 철학이 자리 잡고 있습니다. 그리스도교 신학은 아리스토텔레스 철학 덕분에 발달했고, 이렇게 발달한 신학이 그리스도교의 모든 영역을 지배하고 있습니다. 아리스토텔레스는 신이 모든 곳에 존재한다고 생각하지 않았어요. 아리스토텔레스의 신은 창조의 꼭지점에 있을 뿐 창조에는 존재하지 않습니다. 신은 서서히 꼭지점을 향해 노력해 가는 목적일 뿐이지 창조에서 함께 흐르는 존재가 아니었습니다. 아리스토텔레스의 신은 드러내는 창조자로서 넘쳐흐르는 충만이 아닙니다. 이런 아리스토텔레스의 정신을 이은 알베르트Albert der Grosse와 토마스 아퀴나스Thomas Aquinas[19] 등의 철학이 중세 그리스도교 신학에 지대한 영향을 미쳤습니다. 이 관념이 점점 굳어져 신은 바깥 어디에서 존재한다는 교리가 그리스도교에 지배적으로 자리 잡게 되었습니다. 즉 신은 옛 이스라엘의 야훼처럼 바깥 어디에 살면서 이 세상의 운명을 결정하는 존재가 된 것입니다. 이 때문에 그리스도교 안에서 신비주의가 점점 설 자리를 잃었습니다.

<u>그리스도교 신학의 일신론적인 수행의 결과를 무엇이라고 말할 수 있을까요?</u>

유신론[20]은 신과 세상 사이에 커다란 간격을 지닌 이분법의 세계를 만

---

19 알베르트는 알베르투스 마그누스(Albertus Magnus)라고도 불린다. 1193년경 독일의 도나우 부근에서 태어나 1280년 쾰른에서 죽은 독일의 학자이자 주교이다. 토마스 아퀴나스는 약 1225년에 태어나 1274년에 죽은 도미니크회의 수도사이자 철학자, 신학자다.

20 유신론(Theismus)은 초월적이고 유일한 창조신을 믿는데 여기서는 신이 세상의 모든 것을 지배한다. 유신론에는 여러 갈래가 있다. 첫째, 유일신교(Monotheismus)는 세상에는 신이 단지 하나밖에 없다(Es gibt nur einen Gott). 둘째, 단일신교(Henotheismus)는 세상에는 여러 신이 있는데 그 중 하나만이 최고의 신이다(Es gibt mehrere Götter und unter ihnen einen Höchsten). 셋째, 일신숭배(Monolatrie)는 세상에는 많은 신이 있지만 그 중 한 신만을 믿는다(Es gibt mehrere Götter, aber ich verehre nur Einen). 넷째, 다신론(Polytheismus)은 세상에는 많은 신과 여신이 존재한다(Es gibt mehrere Götter/Göttinnen)고 말한다. 하지만 대다수의 다

들었습니다. 그후 이 둘은 본체론적인 차별성을 두고 갈라졌습니다. 신과 세상을 스스로 각자 현존하는 실재로 본 것입니다. 또한 이 세상은 눈물의 골짜기로 변모했습니다. 이런 눈물의 골짜기를 극복하기 위해 십자가에서 죽은 예수를 통해 구원을 받아야 한다는 구원론이 등장했습니다. 그리스도교에서 예수는 구원자이며 유일신이라는 사상은 여기에서 태동한 것입니다. 종말론, 그리스도론, 희생신학 등은 '유일신 사상'이라는 배경 속에서 의미가 있게 되지요. 또한 '그리스도의 십자가'라는 구원의 다리를 건너야만 눈물의 세상에서 도망갈 수 있다고 보게 된 것입니다.

예수가 자신을 구원자 혹은 구세주라고 전혀 자처하지 않았고, 구원의 땅 등도 언급하지 않았다는 이야기인가요? 그렇다면 이런 특색과 명칭이 유신론적인 해석이라는 것인가요?

예수가 그의 교리와 그의 생을 유신론적인 의미로 이따금 촉진한 점은 확실히 있습니다. 하지만 우리는 이것이 어디에서 비롯되었는지 살펴보아야 합니다. 이는 당시 언어의 본성 때문입니다. 구원신학 역

신주의는 엄밀히 말하면 위의 정의에 상응하지는 않는다. 그 이유는 다신주의(Polytheisten)에는 기독교의 천지창조처럼 세상을 건물처럼 지어낸다는 특이하고 명시적인 창조설이 없기 때문이다. 여기서 'XX주의(XX-ismus)' 자체도 서양인들이 타 문화를 습득한 후에 붙인 이름이다. 이런 신을 섬기는 모습은 지구에 인간이 생존한 이래 늘 각 민족에게 있었던 것이다. 후에 서구인들이 학계에서부터 시작하여 자기들의 편의용으로 혹은 유일신 비판 개념으로 사용하기 위해서 'XX주의(XX-ismus)'를 사용하게 된 것이다.

시 예수에게서 비롯된 게 아니라 사도 바울이 신약에 넣은 덫이라는 점을 알아야 합니다. 구원신학은 오늘날에는 받아들이기 어려운 이야기지요. 2000년 전 한 인간이 우리의 죄를 탕감하기 위해 대신 십자가에 매달려 죽어갔다는 이야기를 계몽된 현대인에게 설파하기는 매우 어렵습니다. 이 세상에서 주어진 삶의 자리를 경시하고 업신여겼다는 점 또한 오늘날의 사고로는 이해할 수 없습니다. 초기 그리스도교에서 말하는 지구, 자연, 여성, 몸, 성性 등에 담긴 경멸의 의미를 오늘날의 시각으로는 이해할 수 없듯이 말입니다. 나는 이런 진술의 총체성에 대해 잘 알고 있습니다. 그렇지만 내 생각으로는 2000년간의 그리스도교를 뒤돌아보면 대부분의 진리가 바로 이런 구원 진술에 놓여 있는 듯합니다.

이런 이분법이 그리스도교 안에만 있는 것은 아니지 않을까요?

맞는 말입니다. 유신론적이고 이분법적인 관심은 그리스도교와 이슬람교, 유대교뿐만 아니라 불교나 힌두교에서도 발견되지요. 이 종교들은 창시자가 남기고 간 진짜 신비적인 방법을 따르지 않는 한 이분법 역시 생길 수밖에 없습니다. 예를 들어보면 불교의 아미타 사상도 사실은 그리스도교와 별반 차이가 없습니다. 인도의 동물 희생제를 본 적이 있는데 칼리Kali[21]의 신성을 달래기 위해 희생물을 이용하더군

21　칼리는 산스크리스트어로 검은색이란 뜻이다. 힌두교에서는 매우 중요하게 생각하는 죽음과 파괴 그리고 탄생과 부활을 의미하는 여신이다.

요. 이들 역시 신과 세상 사이의 벌어진 틈에 이런 제도를 만들고 나중에 구원을 해주겠다고 약속하고 있습니다.

―※―

큰 종교들이 저마다 이분법적인 요소를 가진다는 말에 의문이 생깁니다. 유신론이 생긴 이유는 지적인 존재를 탐구하는 인간의 본성 때문이 아닐까요? 유신론이 아닌 신학에서도 이런 상상이 가능할까요? 비 유신론적인 신학은 생각할 수 없을까요? 유일신주의는 유신론 외에서도 이야기할 수 있는 것이 아닐까요?

지나치게 광범위한 이야기군요. 철학사로 눈을 돌리면 우리는 확실히 알 수 있습니다. 모든 철학자가 이분법적인 유신론 성향을 가지고 있었던 것은 아닙니다. 아리스토텔레스의 스승인 플라톤은 서구에서는 특이하게 유일신의 신학에 속하지 않았습니다. 그는 본체론적인 이분법을 주창하지 않았습니다. 그의 철학은 서구 정신사에서 비주류로 남아 이어지고 있는데 신비주의에서는 더더욱 그렇습니다. 3세기의 프로클로스Proklos와 플로틴Plotin [22], 4세기의 디오니시우스Dionysius와 폰티쿠스Evagrius Pontikus [23], 마이스터 에크하르트, 쿠에스의 니콜라우스 그리고 라이프니츠의 신비주의는 모두 플라톤의 철학에 기인합니다. 플

---

[22] 프로클로스(410~485)는 신플라톤주의의 대표자이다. 이론은 물론 실천에서도 '일자一者와의 신비적 합일을 추구한 그리스 철학자이다. 플로틴 역시 그리스 철학자이지만 로마에서 철학자로 활동했는데 54개의 주제로 묶인 그의 강연이 제자인 포르피리우스(Porphyrios)에 의해 출간되었다.

[23] 폰티쿠스(345~399)는 수도사이며 사막교부로 활동하였다.

라톤 철학에서는 신이 세상뿐만 아니라 세상 밖에도 존재한다고 강조합니다.

<u>플라톤 철학의 세계관을 구체적으로 설명해 주세요.</u>

플라톤 철학에서는 신이 이 세상뿐만 아니라 저쪽세상에도 있다고 봅니다. 물질 그 자체로는 현존하지 않지만 이 물질은 끝없는 이데아^{Ideen}를 통해 실재가 됩니다. 그리고 이데아는 물질 안에서 현존합니다. 여기에서 주목할 점은 이상주의^{Idealismus}가 현대 자연과학에서 새로운 관점을 발견했다는 것입니다. 양자역학^{Quantenmechanik}[24]에서는 이와 관련하여 간접증거를 제시합니다. 양자역학에서는 세계의 모상이 움직이며 돌아가는 모습을 보여주고 있고, 이런 세계상은 곧 플라톤의 사상을 떠올리게 합니다. 나는 이를 확실히 알고 있습니다. 물론 플라톤이 진짜 그렇게 이해했는지에 관해서도 토론할 수 있습니다.

---

[24] 양자역학은 분자와 원자, 전자와 같은 작은 크기를 갖는 계의 물리학을 연구하는 분야이다. 19세기 중반까지의 실험은 뉴턴의 고전역학으로 설명할 수 있었다. 그러나 19세기 후반부터 20세기 초반까지 이루어진 전자와 양성자, 중성자 등의 아원자 입자에 관련된 실험들의 결과는 고전역학으로 설명을 시도하면 모순이 발생하여 이를 해결하기 위한 새로운 역학 체계가 필요하게 되었다. 이 양자역학은 막스 플랑크의 양자 가설을 계기로 하여 슈뢰딩거, 하이젠베르크, 폴 디랙 등에 의해 만들어진, 전적으로 20세기에 이루어진 학문이다. 양자역학은 모든 역학과 전자기학(일반상대성이론은 제외)을 포함하는 고전 이론을 일반화하며, 고전역학으로 설명되지 않는 현상에 대한 정확한 설명을 제공한다. 양자역학의 효과는 거시적으로는 관측이 어렵지만 고체의 성질을 연구하는 과정에서 양자역학 개념이 필수적이다(www.Google.de).

어쨌든 신비가들은 플라톤의 사상을 붙잡고 이를 신비주의에 집어넣어 발전시켜 왔습니다.

플라톤 철학의 어떤 점이 신비주의와 일치하는지요?

둘 사이의 가장 중요한 공통분모는 신과 인간 사이를 분리하지 않고 세상은 신의 모상 그대로라고 주장하는 점입니다. 또한 구원은 둘 사이의 틈을 벌리는 게 아니라 진정한 본질로 향하는 깨달음으로 보고 있습니다. 이런 점들은 모든 현자와 종교의 창시자가 추구했던 본질적인 목적이며, 어둡고 불안한 상황에 부딪힌 인간을 자유롭게 하고 궁극에 가서는 인간을 신적인 경험으로 이끌어줍니다. 구원이라는 것은 모든 현자와 종교의 창시자가 말한 이런 '인식'으로 이해해야 합니다. 진정한 예수의 의미는 여기에 있습니다.

예수는 인간의 죄를 속죄하기 위해 십자가의 죽음을 택하지 않았습니다. 그는 우리에게 신적인 근원과 합일에 이르는 길을 제시했습니다. 그는 신을 '아버지'라고 불렀을 뿐만 아니라 "나와 아버지는 하나다" 혹은 "누가 나를 보았다면 아버지를 본 것이다"라고 이야기했습니다. 그는 "아브라함이 있기 전에 내가 있다"는 말도 했지요. 그리스도를 따르고자 한다면 신비적인 의식의 과정에 참여하고 자각해야 합니다. 그리스도를 모방한다는 것은 신비적인 의식 속에서 신비적인 인식의 과정에 종사하는 것입니다.

영성과 신비주의에 관한 의식이 이처럼 교회에서 번지고 있는데, 그리스도적이며 종교적인 경험을 찾아 나서는 이들이 왜 기존 교회 문을 두드리지 않고 종교 밖에서 구원을 찾는 것일까요?

유럽에는 신비주의와 관련하여 그리스도교와는 관계가 없는 작은 종교적인 그룹이나 단체가 많이 만들어졌습니다. 이 때문에 신비주의가 교회를 떠난 것처럼 보일 수도 있습니다. 또한 유사 신비주의가 판을 치고 있는 것도 사실입니다. 유사 신비주의는 엉터리 야바위꾼들이 말하는, 소위 의식을 제공하는 시장에서 사람들을 휘몰고 다녔지요. 뉴에이지 운동도 사실은 많은 문제점을 일으켰습니다. 이런 곳에 참여한 사람들은 진지하게 진리를 찾았지만 진정한 진리를 찾지 못했으니까요.

신부님을 찾아오는 많은 이가 이미 정체성 문제로 갈등을 겪고 혼돈 상태에 있다고 말했습니다. 신부님은 이런 정체성과 관련된 문제가 왜 커지고 있다고 생각하십니까?

우리 사회의 삶의 스타일 때문이라고 말하고 싶습니다. 요즘은 결혼과 가족이라는 전통적이고 표본적인 것들이 많이 사라져 가고 있습니다. 지역이나 국가적인 정체성 또한 사라져 가고 있고요. 우리가 체험하는 것은 모든 생의 영역에서 매우 빠르게 변화하고 있습니다. 그렇다 보니 인간은 늘 지치고 만족을 느끼지 못하게 되었지요. 내가 이끄는 명상 코스 중에는 '경영과 영성을 위한 분야'까지 있습니다.

그곳에서 나는 사람들의 고통을 듣습니다. 직업적으로는 성공했지만 진정 만족감을 느끼지 못하는 사람이 많습니다. 또한 주위의 동료가 이른 나이에 심장마비를 겪거나 아니면 심리적으로 완전히 지쳐 일에서 물러나는 경우를 지켜본 사람들도 많습니다. 흔들리는 심리 또는 정서는 특히 높은 직위에 있는 기업가나 고용주에게 자주 나타납니다. 그렇다고 한탄만 하고 있어서는 안 됩니다. 위기가 기회일 수 있어요. 이런 상황을 빨리 인지하고 탈출하기 위해 노력하면 매우 긍정적으로 변할 수 있습니다. 그렇지만 유감스럽게도 많은 사람이 이런 기회를 인지하지 못하고 있습니다.[25]

---

25 우리는 위기가 바로 기회라는 말을 자주 한다. 예거 신부의 말을 구체적으로 이해하기 위해서 한국 선승의 이야기를 옮겨본다. "역경에 부딪혔을 때 '내게는 왜 이렇게 어려운 일이 닥치는가?' 하고 의기소침할 일은 아니다. 그런 때일수록 '이제야 성숙할 기회를 맞았구나' 하고 생각해야 한다. 이 두 가지 중에서 어느 편을 선택하느냐가 곧 자기의 미래를 좌우한다. 결정권은 바로 지금 자신에게 주어져 있다(대행, 『한마음 요전』, 한마음선원, 서울 불기 2537년, 613쪽)." "……그러기에 자기를 돌아보라 하는 것이니 현실의 고나 인과 등은 그대로 수련 과정인 셈이다. 바람이 불고 비가 내리치면 오히려 나쁜 공기와 먼지 그리고 불결한 것들을 다 청소시켜주니, 현실의 고는 오히려 자기를 정화해 주는 부처요 보살이다(대행, 『한마음 요전』, 한마음선원, 서울 불기 2537년, 624쪽)."
"모난 돌을 쪼는데 정을 쓰듯이 경계란 것은 나로 하여금 둘 아닌 도리를 알게 하는 것이다. 주인공(하느님/부처님/예거 신부에 의하면 궁극적 실제)이 나를 둥글게 다스리기 위해 이심전심으로 상대를 통해 나를 치는 것이다. 그러니 어떤 경계가 닥쳐온들 감사하지 않을 수 있겠는가. 참으로 감사하고 또 감사해야 할 일이니 남을 증오할 것도 배신할 것도 없다. 오직 주인공에 감사하는 환희의 웃음 띤 얼굴만이 공부하는 이의 모습일 것이다." 그리고 "깨닫지 못한 사람은 순경계가 오면 좋아하고 깨달은 사람은 역경계가 닥치더라도 껄껄 웃어버린다. 깨닫지 못한 사람은 역경계가 닥치면 슬퍼하고 안절부절못하지만 깨달은 사람은 순경계가 와도 묵연히 흘려 보낸다. 닥쳐오는 경계는 같건만 그것에 응대함은 어찌

위기가 기회라는 것을 왜 사람들이 인지하지 못할까요?

대개 이런 이들은 혼자인 경우가 많습니다. 현대인의 문제점 중 하나가 고독이라는 것은 잘 알려진 사실입니다. 고독을 떨치기 위해 인터넷으로 세상 사람들과 소통한다 할지라도 쉽게 떨쳐낼 수 없습니다. 결혼한 부부도 마찬가지입니다. 이들은 보이지 않는 허상의 인터넷 속에서 각자 시간을 보내고 소통하고 있지만 진짜 고독은 해결할 수 없습니다. 인터넷 세상에서는 진짜 살아 있는 인간관계를 맺기가 어렵습니다. 또 가상의 세계만을 찾다 보면 현실을 잊고 현실에서 활발하고 원기 있게 살아가고 있는 파트너를 잊을 수 있습니다. 인간이 진정으로 찾고자 하는 것은 인터넷에서는 찾을 수 없습니다. 가상의 세계를 찾는 사람은 고독만 가중될 뿐입니다.

무언가를 잃고 길에서 머물며 방황하는 많은 사람이 신부님이 말한 진정한 신비로운 길인 영성을 발견하지 못하고 있군요. 고향과 정체성을 묻는 설문을 보면 안전함을 추구하는 대다수가 오히려 교회에 무엇인가를 기대했던 사람임을 알 수 있습니다. 교회로부터 등을 돌리고 나면 쉽게 갈 수 있는 곳이 바로 확실한 보장을 약속하는 신흥종교 쪽이 아닐까요?

이리도 서로 다르겠는가! 실로 수행자의 도덕은 경계에 닥쳐야 분명히 드러난다 (대행, 『한마음 요전』, 한마음선원, 서울 불기 2537년, 614쪽).”

많은 현대인이 고향을 잃었습니다. 그들에게는 두 가지 길이 있습니다. 이 사실을 수용하거나 아니면 상실감을 동인으로 받아들인 뒤 자기의 정체성을 찾기 위해 다른 고향을 만들거나 모임 등을 통해 대리 고향을 찾는 것입니다. 대리 고향은 사람들에게 안전과 행복을 제공하겠다고 쉽게 약속합니다. 이 부분에서 종교 근본주의자가 생길 수 있습니다. 여기에 속한 이들은 절망하고 자포자기한 나머지 상황을 제대로 파악하지 못하고 방향을 잃었습니다.

신흥종교 단체는 간단하게 치유를 내세우면서 사람들을 유인합니다. "만약 당신이 이것과 저것을 행하고 우리 공동체에 경건함과 신뢰를 가지고 머문다면 천국으로 갈 수 있습니다." 이렇게 사람들을 유인하는 종파가 매우 많지만, 실제 도움을 준 적은 별로 없다는 사실을 인지해야 합니다.

하지만 단순하게 구원을 약속하는 곳이 기존의 교회만은 아니지요?

물론입니다. 구원 약속은 교회만 하지 않습니다. 힌두교와 불교, 이슬람교에도 이런 간단한 논리가 있다고 알고 있습니다. "우리의 계명을 따르라. 그러면 너는 죽은 후에 구원을 받을 것이다. 적어도 너에게 다시 더 나은 다음생으로의 환생을 약속해 줄 수 있다." 이는 종교의 외면적인 현상과 양태라고 볼 수 있습니다. 이런 현상과 양태는 사실 신비주의의 핵심적인 차원과 뚜렷하게 구별할 수 없으므로 그 식별과 구분이 어렵습니다.

오늘날 주위를 돌아보면 이런 관습적인 종교성은 많은 사람이 멀리하는 듯합니다. 하지만 기이한 점은 이들이 마지막에 가서는 다시 도그마로 빠지거나 근본주의로 돌아간다는 점입니다. 왜 그럴까요?

두 가지 경우가 있습니다. 첫째는 순박하고 단순한 종교성을 가진 사람들입니다. 아프리카나 남아메리카에 사는 사람은 대부분 신에게 단순하게 도움을 청할 뿐 신학적이거나 실존적인 질문은 하지 않습니다. 이와 같은 단순하고 소박한 신앙심을 서구인이나 현대인은 잃어가고 있습니다. 서구에서는 두 번째 경우, 길을 잃고 후퇴해서 근본주의와 종파주의로 향하는 사람이 많지만, 이를 자연 그대로의 솔직한 경건함이라고 보기는 어렵습니다.

만약 그리스도교에서 세상과 인간 형상에 대한 개념을 정정한다면 어떻게 될까요? 로마 가톨릭은 특히 시대정신에 접근하려고 하지 않나요?

이는 시대정신에 접근하는 문제가 아니라, 현대의 학자들이 준비한 새로운 인식 문제를 진지하게 받아들이라는 의미로 해석할 수 있습니다. 먼저 오래되고 낡은 도그마를 내버려두지 않고 새롭게 해석해야 합니다. 이 밖에도 교회 안에는 다른 문제점이 있습니다. 교회에서 말하는 신의 모상은 케케묵은 세계관에서 나왔습니다. 현대 자연과학자의 영향을 받은 동시대인과 소통하기 위해서라도 교회는 신학적인 새로운 발언을 숙고하지 않으면 안 됩니다. 교회 안에서 체계적인 믿음체계를 끄집어내어 새로운 항목으로 변형시킬 수 있는 용기 있고 대담한 신학자들이 나와주기를 기대합니다.

신은 신비적인 영성에서 어떤 의미를 지닙니까?

신학적 동료 다수가 이제는 지성의 눈으로만 신의 모상을 보지 않습니다. 신비주의에 들어서지 못하게 입구를 막아선 존재는 좁은 소견을 가진 신학입니다. 정신만 강조하고, 인간의 삶에 없어서는 안 되는 몸의 차원을 등한시한다면 제대로 된 신학이 아닙니다. 우리는 몸과 마음을 함께 움직여 종교적인 체험을 해야 합니다. 사람들이 즐기기 위해 롤러 스케이팅이나 패러글라이딩 같은 스포츠에 열광하는 모습을 보세요. 많은 사람이 몸의 체험을 통해 건강을 다지고 있습니다. 몸의 체험은 교회에서 제공하는 체험보다 훨씬 더 매력적이지요.

그렇다면 스포츠가 종교의 대안이 될 수 있을까요?

왜 '대안 종교' 혹은 '종교 대안'이 나왔겠습니까? 롤러 스케이팅이나 패러글라이딩에도 교회의 전례에서 볼 수 있는 많은 종교성이 스며 있습니다. 영성의 의미를 설명하기 위해 내가 자주 사용하는 문구가 있습니다. "종교는 우리의 삶입니다. 그리고 이 삶 자체를 완성하는 것이 본연의 종교입니다. 신은 추앙받기를 원하지 않습니다. 신은 인간과 더불어 살기를 원합니다." 물론 이런 말들에 대해 다양한 반대의견이 있음을 잘 알고 있습니다. 하지만 몸이 이성보다 우리의 본질에 더 가깝다는 사실은 부정할 수 없습니다. 몸에 현존하는 종교성이 있다는 점을 잊지 말아야 합니다. 다만 이런 종교성이 그리스도교의 경건서 영역에 포함되지 않았을 뿐입니다. 그리스도적인 믿음을 지닌 삶에 몸의 요소를 더하여 의식을 더욱 풍요롭게 해야 합니다. 나는 이 부분의 확산을 여성에게 기대합니다.

<u>여성이 남성보다도 더 영성적일 수 있다는 뜻인가요?</u>

여성이 남성보다 신비주의를 확산할 가능성이 더 많다고 생각합니다. 여성에게는 전인적이고 총체적인 능력이 있어요. 여성이 자신의 총체적인 능력을 깨닫고 이를 향상하는 방향으로 나아간다면 초월적인 범주에 더 가까이 다가갈 수 있습니다. 대부분의 남성은 왼쪽 뇌를 쓰지만, 여성은 양쪽 뇌로 생각할 수 있는 영역이 남성보다도 훨씬 많습니다. 만약 이런 온전하고 총체적인 사상과 사고를 일컬어 '여성다움Weiblich'이라고 표현한다면, 서구사회는 여성성이 다른 곳에 비해 부족한 듯합니다. 그렇다고 모든 남성이 '여성스럽게' 변할 필요는 없습니다. 여성스럽게 옷을 입거나 말하자는 뜻이 아니라 돈이나 권력, 출세, 업적 등의 남성적 선호에서 벗어나 온전히 통일체적이고 여성적인 삶의 스타일로 나아가라는 의미입니다.

신부님이 표현하는 '여성적'이라는 말을 좀 더 구체적으로 설명해 주시겠습니까?

직관과 감성, 개방과 솔직, 공명정대 그리고 전체를 이해하고 고려하는 마음씨, 주위를 살피는 행동, 헌신과 사랑 등을 여성적인 특징이라고 말할 수 있습니다. 그간 남성 위주의 가부장제 사회에서는 여성적인 면을 낯설어 했어요. 우리 사회에서는 먼저 배려하고 주의 깊게 살피는 상냥한 마음씨를 인정하지 않았고 오히려 멸시했지요. '여성스러움'은 사회의 발전 과정에서 큰 소리를 낼 만큼 영향력도 없었고 발전하지도 못했습니다.

여성은 두 가지 영역인 개인적인 삶과 생업 사이에서 상심한 채 살아왔습니다. 긍정적인 측면이라면 여성은 '아-영역'과 '우리-영역' 사이의 연쇄 결합 역할로 존재할 수 있다는 것이지요. 두 범주를 서로 연결하는 것이 지금 우리 사회의 큰 과제입니다. 우리 시대는 완전히 '남성적인 에고'에 도취해 있습니다. 그곳으로 완전히 침몰하기 전에 우리는 '아-영역'을 줄이고 '우리-영역'을 다시 찾아야 합니다.

'우리-영역'에는 여성적인 지혜를 혼합하는 큰 의미가 담겨 있습니다. '우리-영역'은 인간과 자연에 대한 배려와 존중, 타인의 의견에 대한 경청, 공동체에 대한 기쁨, 그리고 시장경제, 자본주의의 사회 환경에 이르기까지 다양합니다. 우리는 생에 대한 기쁨과 창조성, 미적인 예술감각 그리고 다른 활기 있는 견해를 되살려야 합니다. 사무적인 거래와 이윤만을 추구하느라 팍팍해진 우리 삶에 새로운 인간성을 부여해야 합니다. 우리 내면에서부터 변화가 필요합니다. 다시 말해서 내면과 외면의 가치를 융합해야 합니다.[26]

신부님의 말씀대로 하려면 교회에서 먼저 시작해야겠군요. 교회는 총제적인 경건함을 실천하기 위해 구체적으로 어떻게 해야 할까요?

몸을 재발견하면 됩니다. 독일 뷔르츠부르크에 있는 수도원에서는 영성을 기르기 위해 '몸짓기도 체험'을 합니다. 몸짓기도는 움직이지 않고 그냥 의자에 앉아 있는 것이 아니라 몸을 미사에 전적으로 내맡기고 적극 참여하는 행위입니다. 몸의 기도를 통해, 아니면 명상적인 춤을 통해 몸은 종교적인 언어의 매개가 되곤 합니다. 이렇게 하다 보면 몸을 등한시함으로써 상실했던 종교성을 일상생활의 영역으로 다시 돌릴 수 있습니다. 동료인 베아트릭이 그림을 그리고 내가 쓴 『하늘은 네 안에Der Himmel in dir』라는 책이 있습니다. 그 책에서 나는 몸과 종교 사이의 벌어진 틈을 다시 메우는 방법에 대해 시도해 보았지요.

---

26 이 말을 물리학자인 프리조프 카프라의 말과도 연관 지어 본다. 그는 동양의 양(+)과 음(-)이라는 개념을 통해 서양 사회와 동양 사회를 분석했다. 즉 서양은 지나치게 양이 우세하고 동양은 음이 우세하다는 것이다. 여기서 음과 양은 단어 그 자체가 나타내는 것처럼 대비적인 요소이다. 하지만 역자는 이런 글을 접하면 '프리조프 카프라처럼, 아니면 예거 신부가 얘기하는 성향들이 과연 그대로였던가?' 하는 의문을 던져본다. '동양이 과연 여성성을 진정으로 강조한 사회였던가?' 이런 서양인들의 지적은 때로는 비판 의식을 가지고 들여다볼 필요가 있다.

신비주의와 몸, 영성과 일상은 서로 연관성이 있을까요?

영성과 일상은 서로 스며들고 퍼집니다. 화가 요제프 보이스Joseph Heinrich Beuys27는 "신비는 역 앞에서 전개된다"고 말한 적이 있습니다. 매일 마주치는 일상 속에서 신비로움을 발견할 수 있다는 뜻입니다. 마이스터 에크하르트도 성서에 나온 마리아와 마르다의 일화를 새롭게 해석한 바 있습니다. 그는 예수의 발자취를 따르며 황홀경에 빠져 있는 마리아보다 지칠 정도로 열심히 예수에게 봉사한 마르다가 더 영성적인 길을 가고 있다고 말했습니다. 마리아는 황홀경을 체험한 뒤 일상으로 돌아오는 과정을 치르지 않았지만, 마르다는 일상생활 속에서 신비적인 영성을 체험했다는 것입니다. 우리는 이처럼 일상에서 하는 단순한 일로도 신비체험을 할 수 있습니다. 다시 한 번 말하지만, 신은 결코 추앙받기만을 원하지 않습니다. 신은 인간 안에서 살아 움직이기를 원합니다. 이런 이유로 우리가 인간이 된 것입니다. 신은 우리 안에서 인간이 되길 원합니다.

이 말은 뒤르크하임Karfried Grof Duerckheim이 표현했던 것처럼 "우리의 일상사가 모두 연습의 장이 된다"는 뜻인가요?

---

27   요제프 보이스(1921~1986)는 독일의 유명한 예술가로, 백남준이 요제프 보이스의 영향을 많이 받았다.

매일의 삶 속에서 살아 움직이는 종교성을 발견하고 이를 진지하게 내면으로 받아들이세요. 롤러 스케이팅과 패러글라이딩을 배우려면 먼저 충분히 투자해야 하겠지요? 교회에서 기도하는 행동, 종교적인 표현 형태를 인지하는 것도 이와 유사합니다. 다만 여기, 그리고 지금 이 순간만이 궁극적인 실재와 대화할 가능성의 기회가 됩니다. 내가 지금 어디에 있느냐는 아무런 역할도 하지 못하고 도움도 될 수가 없습니다. 이에 대해 에크하르트가 말한 바 있습니다.

"너는 가장 내면적인 깊은 근원으로부터 모든 활동을 하되 '왜?'라는 이유를 붙이지 말고 행하라. 나는 진실로 말한다. 하늘나라를 위해서든 아니면 신을 위해서든, 아니면 너의 영원한 환희나 열락을 위해서든 간에 네가 지금 하고 있는 것을 하라. 하지만 바깥으로부터 온 것을 행한다면 이는 너를 위해 진실로 올바르게 나아가는 것은 아니다. 진실로 말하는데 사람들이 기도할 때 신으로 다가갈 수 있는 내면적인 성향 안에서, 깊은 마음을 기울인 가운데서, 달콤한 황홀경 속에서 신의 은총을 받을 수 있다. 마구간이나 부엌 같은 일상적인 삶에서 보다 더 많은 신의 특별한 은총을 발견할 수 있다. 신을 네 안에 수용했다면 신을 겉옷으로 둘둘 말아 싸두거나 의자 밑에 밀어 넣어두지 마라. 기도할 때 그냥 입으로 줄줄 외우며 신을 찾는다면 결코 숨어 있는 신을 만날 수 없다. 이런 기도 방법이 아니라면 언제든 신을 파악할 수 있다. 신은 인간 안에 그대로 존재하기 때문이다. 내 안에서 신을 만난 이들은 태양과 함께 사는 것이다. 신은 생 그 자체이다. 누군가가 '왜 너는 사느냐?'고 질문한다면 다음과 같이 대답하라. '나는 살고 있기에 다만 살 뿐이다.' 그렇게 대답하는 이유는 생은 근원에서 출발하기 때문이다. 그리고 자기의 깊은 충심에서 뿜어 나오기 때문이다. '왜?'라는 질문 없이 살아야 하는 근거는 스스로 그렇게 살기 때문이다. 자기의 근원으로부터 이행하는 진실한 사람이 왜 너는 너의 일을 하면서 사느냐고 묻는다면, 그에게는 당연하고 적법하게 다음과 같이 대답하라. '내가 행하기 때문에 나는 행한다'고 말이다."

가톨릭의 미사나 성체조배 중에 몸으로 종교적인 경험을 하기 위해서는 어떤 전제가 필요할까요?

몸과 종교가 한데 어우러지는 일상이 새로운 종교적 차원이 될 수 있습니다. 그러면 일상이 기도가 됩니다. 명상 코스를 마치는 제자들에게 내가 꼭 들려주는 이야기가 있습니다. "여기에서 명상했던 날들은 앞으로 다가올 일상을 위한 훈련이다. 당신은 지금까지 생의 연습을 하였다. 당신이 행하는 발걸음이 이 코스의 연장임을 명심하라. 걷는 것이 기도다. 걷는 것으로서 신적인 실재의 표현법을 체험할 수 있다."

　서 있는 행동 역시 기도가 될 수 있습니다. 버스를 기다리는 시간조차 말입니다. 유대인들에게 전해지는 이야기가 있습니다. 제자들이 스승 랍비에게 "스승님이 가진 지혜는 무엇입니까?"라고 질문했습니다. 스승이 그들에게 대답했지만, 제자들은 스승이 자신들의 말을 잘못 이해했다고 생각하여 다시 스승에게 질문했습니다. "스승님, 우리는 스승님의 그 높고 깊은 지혜의 비밀이 어디에서 나오느냐고 물었습니다." 스승이 다시 대답했습니다. "만약에 내가 앉으면 나는 그냥 앉는다. 내가 서면 나는 그냥 선다. 내가 걸으면 나는 그냥 걷는다." 그러자 제자들은 스승의 대답에 화가 나서 다시 물었습니다. "스승님이 하는 행동은 우리도 하고 있습니다. 우리도 그렇게 했지만 스승님이 성취한 진리와 비교하면 발끝도 따라가지 못합니다." 그러자 스승은 웃으면서 고개를 흔들었습니다. "너희는 앉으면 벌써 서 있다. 너희가 서 있으면 벌써 출발한다. 너희가 가면 이미 돌아서 와 있다."

일화를 통해 우리의 문제를 일깨워주신 것으로 받아들이겠습니다. 지혜로운 스승이 되려면 역 앞에서도 신비를 발견해야 하겠군요.

일상과 영성의 통로(Durchdringung von Alltag und Spiritualitaet)는 신적인 표현이 아닌 것이 없습니다. 신적인 매일의 일상에서 영성과 일상이라는 관찰 경험을 전제로 했습니다. 이처럼 생을 완성하는 것 자체가 곧 종교입니다. 종교의 기도와 제식이 다 무엇이겠습니까? 우리가 숭상한 진리와 찬미를 일정한 틀에 짜 맞추어 넣은 것입니다. 우리에게 주어진 종교적 과제는 자신에게 주어진 삶을 완성하는 것입니다. 지혜로운 랍비처럼 늘 어느 정도의 조건을 갖추고 살아야 합니다. 스스로 영성적인 길로 가기 위해서는 철저한 마음의 준비를 해야 합니다.

일반적으로 우리는 영성과 신비주의를 한데 묶어 생각합니다. 그리고 영성을 일상의 통로라고 생각하지 않고 세상에서 도망치는 것, 극기의 길을 가는 것이라고 생각합니다.

가지고 있던 생의 습과 속박, 구속을 스스로 벗어 던지는 행동이 영성의 길로 나아가는 첫 걸음입니다. 그렇지만 이 때문에 금욕을 해서는 안 됩니다. 영성은 조건 지어진 것으로부터 이탈하는 자유입니다. 사실 쉽게 포기하기는 어렵지요. 비유를 하나 들어보겠습니다.

숲 언저리에서 나무를 패며 생활하던 한 남자가 어느 날 은수자를 만났습니다. 나무꾼은 그에게 생이 무엇인지 물었지요. 은수자가 대답했습니다. "깊은 숲 속으로 가거라!" 나무꾼은 도끼를 들고 깊은 숲으로 들어가서 우람한 나무를 발견했습니다. 그는 나무를 베어 많은 돈을 벌었습니다. 그러다 어느 날 그는 은수자의 말을 기억해 냅니다. "깊은 숲 속으로 가거라!" 그는 다시 길을 떠나 은광을 발견하고 큰 부자가 되었습니다. 몇 년 후 그는 다시 은수자의 말을 기억해 내지요. "깊은 숲 속으로 가거라!" 그는 다시 깊은 숲으로 들어가서 값나가는 보석과 보물을 발견합니다. 이것은 해탈^{Erleuchtung}을 비유한 예화입니다. 그는 매우 기뻐했습니다. 훗날 나무꾼은 다시 한 번 은수자의 말을 생각하게 되었습니다. "깊은 숲 속으로 가거라!" 그는 깊은 숲 속으로 길을 떠났지요. 어느 날 아침 예전 그 숲 언저리를 발견하고 길을 따라갔는데 그곳은 바로 몇 년 전 그가 소박하게 나무를 하던 곳이자 은수자를 만난 곳이었습니다.

이 예화가 말하는 것은 무엇일까요? 영성적인 경험을 끝까지 했다면 반드시 깊게 변모된 인간으로서 다시 일상으로 돌아가야 한다는 뜻입니다. 라이엔 팡Laien Pang이 여기에 대해 언급했습니다. "얼마나 충만한가! 내가 지금 나무를 쪼개고 물을 지니고 있다." 도마복음28에 도 유사한 말이 나옵니다. "나무 한 조각을 갈라보라. 나는 거기에 있다. 돌 하나를 들어보라. 그곳에서 나를 발견할 것이다."

지금까지의 논의를 정리해 보지요. 우리는 지금 어떤 한계 상황에 이르렀고 인간은 점점 더 위기에 부딪히고 있습니다. 이 모든 것은 가속도가 붙어 빠르게 변화하는 사회 때문입니다. 인간은 삶의 의미를 잊고 점점 더 위기 상황에 몰려 있으며, 이로 인해 영성적인 동경과 갈망도 증가하고 있습니다. 한편 이런 위기가 영성적인 길로 들어가는 출발점이 되기도 합니다. 피오레의 요아힘Joachim von Fiore29은 다가오는 세기는 정신이 지배하는 세상이 될 것이라고 했습니다. 카를 라너Karl Rahner30 역시 미래의

28　예수의 어록을 기록한 도마복음은 예수의 수난과 부활을 포함하지 않아서 신약에는 들어가지 못하고 성서 외전으로 불린다.

29　피오레의 요하임은 12세기경의 수도사로서 『신약과 구약의 일치성(Uebereinstimmungen im neuen und alten Testament)』 등 많은 저서를 남겼다.

30　독일의 유명 신학자 카를 요셉 에리히 라너(1904~1984)는 '익명의 그리스도인'이라는 표명으로 독일 신학계에서 열화와 같은 찬사를 받았다. 그들은 카를 라너의 이 말을 가지고 자신들이 열린 교회이자 관용의 그리스도교라고 자화자찬했다. 과연 그러한가? 이들이 일방적으로 이런 말을 하기 전에 엄밀히 먼저 지켜야 할 다른 문화 내지는 종교에 대한 예의가 필요하다. 다름 아닌 그리스도교인들은 불교인이나 힌두교인이 '익명의 그리스도인'이 되고 싶은지 먼저 정중히 물어야 한다. 예를 들어보자. 그리스도교인이 이런 안건을 가지고 불교인에게 묻게

그리스도는 신비가로 존재하거나 아닐 수도 있다고 말했습니다. 이는 단지 그리스도만이 아니라 미래의 인간이 모두 신비가로 존재할 수 있다는 이야기이기도 합니다. 우리는 지금 영성적인 길목에 들어선 것일까요?

"미래인이 모두 신비가가 될 것이다"는 요아힘의 비전에 나는 완전히 동의합니다. 다음 세기까지 기다릴 필요도 없습니다. 21세기인 지금도 가능한 일이니까요. 21세기는 형이상학^{Metaphysik}의 세기입니다. 그 원동력은 철학이나 신학이 아니라 자연과학에서 찾을 수 있습니다. 자연과학을 통해 우리는 궁극적인 실재를 깨달을 수 있습니다.[31] 그동안은 궁극적 실재를 이성적으로 증명할 수 없었지만 이제는 모든 종교가 지금까지 신이라고 믿어 의심치 않았던 존재들에 대해 회의하고 질문을 던지고 있습니다. 지금 우리는 근본적이며 크나큰 변혁

된다면 "당신은 불교인일지라도 '익명의 그리스도인'이 되고 싶으세요?"라고 반드시 양해를 구하고 먼저 물어야 한다는 뜻이다. 그의 사상에는 그리스도교 우월주의와 함께 모든 종교의 중심은 그리스도교라는 사고가 밑바탕에 깔려 있다. 우리는 서양의 유명 신학자의 말을 무조건 답습하기보다는 다시 재해석해 보면서 비판 의식을 가져야 한다. 이들의 우월주의를 표명하는 이야기 하나를 옮겨보자. 그리스도교를 등에 업은 식민주의가 판을 치고 있을 때다. 당시에 아프리카에 사는 많은 본토인이 강제로 노예 신분으로 아메리카에 끌려갔다. 당시 미국으로 끌려가던 노예들은 자기들은 그나마 행운아에 속한다고 무척이나 기뻐했다고 한다. 자기들은 이런 방법으로 그리스도교에 접목되었으니 구원받을 수 있지만, 아프리카에 남은 동족들은 구원받을 수 없다면서 고향 땅에 남아 있는 동족들의 인생에 대해 매우 슬퍼했다는 것이다. 구원이라는 교리를 가진 그리스도교가 당시 비참하게 노예로 끌려가는 아프리카인들에게 이렇게 세뇌를 시켰던 것이다. 유감스럽게도 이 책의 출처는 지금 찾기 어렵다. 이는 역자가 비교문화학 세미나에서 들었던 발표 중 한 대목이다.

31 현대 물리학자 프리조프 카프라는 그의 저서 『Das Tao der Physik』에서 물리학은 모든 사물의 근원을 파헤치고 연구하는 학문이라고 말했다. 이런 맥락에서 보면 현대 물리학과 신비주의의 연관성도 충분히 가능하다.

의 상태에 들어섰습니다. 나는 인류가 가속적인 진화의 시작점에 있음을 어렴풋이 느끼고 있습니다. 사실 진화를 간파했더라도 우리가 어디로 향하게 될지는 모릅니다.

<u>무엇이 이런 진보를 가능하게 하는 것일까요?</u>

우리 안에는 선잠을 자고 있는 어떤 가능성이 잠재되어 있지만, 이를 미처 깨우지 못했습니다. 지금까지 우리는 '인간 종족이 어떻게 하면 살아남을 수 있을지'를 고민하면서 살았습니다. 다음 단계는 알려지지 않은 우리 내면의 잠재된 힘을 깨우는 것입니다. 이런 능력이 모든 민족에게 주어지지는 않았지만, 어쨌든 많은 민족이 이런 능력을 발전시켜 왔습니다. 호주의 원주민과 석 달을 함께 살았던 의사 말로 모건Marlo Morgan[32]은 원주민의 천부적인 재능과 품성을 관찰하여 이들이 어려운 상황이 부딪히면 놀라운 능력을 발휘한다는 사실을 알아냈습니다. 원주민들은 텔레파시(Telepathie, 이심전심, 독심술)나 호메오파티(Homoeopathie, 유사치료법) 등을 사용했습니다.

피아노에 7개의 음이 있는데도 늘 한 옥타브만으로 서툴게 연주하는 피아노 연주자로 예를 들 수도 있습니다. 우리 역시 피아노 연주자처럼 다른 능력을 무시하고 감각적이고 물질적인 능력만을 사용하고 있지는 않을까요? 의식의 깊은 곳에서 무기력하게 선잠을 자는 무한

---

32 말로 모건은 예방의학을 전공한 의사로 『무탄트 메시지』의 저자이다. 이 책은 호주에서 원주민들과 함께 살았던 이야기를 기록한 것이다.

한 힘이 있음을 우리는 잘 모릅니다. 만약 삶이 점점 더 발전하게 된다면 우리 안에 있는 이런 힘은 생존을 위해 매우 필요할 것입니다.

지난 세기를 비추어 보아도 급격한 변화는 짐작할 수 있습니다. 만약 지구에 새 기술이 점점 더 넘쳐난다면, 인간을 복제하고 노동력을 무가치하게 만드는 로봇을 점점 더 만들어 나간다면, 지구의 인구가 10억 명이라는 경계선을 넘어서서 앞으로 태어날 태아를 선별하는 단계에까지 이른다면 어떻게 될까요? 지금까지 지녔던 정신의 용량으로는 이런 문제를 해결하기 어렵습니다. 유일한 희망은 인간의식이 진화를 거듭하며 진보하는 것입니다. 인간종족의 능력이 자라서 새로운 의식의 힘을 자유롭게 풀어놓는 것만이 그 대안이 될 수 있습니다. 이를 위해 우리의 의식은 스스로 진화하고 발달합니다.

시간이 흘러 언젠가 도달해야 할 '저쪽세계'는 사실 없습니다. 시간의 상대적 측면일 뿐입니다. 그것을 확연하게 인지하면 죽음 이후에 사는 삶 그리고 부활을 더 이상 생각하지 않을 것입니다. 부활은 어느 시기에 어떤 장소에서 일어나는 게 아닙니다. 중요한 사실은 지금, 그리고 여기이고, 우리의 구체적인 삶 안에서 일어나는 신적인 완성입니다. 신적인 완성은 일상의 삶 안에서 챙겨야 합니다.

2

신비적인 영성이란 무엇인가

파도가 바다다

신비체험을 하면 이분법이 사라진다.
바다는 모두 파도고 모든 파도는 바다다

신비체험을 하게 되면 물결인 나가 바다에 융합되어 섞이고, 바다 역시 물결을 체험하게 되면서 두 개가 하나된 상태를 체험할 수 있습니다. 궁극적인 실재는 나의 맞은편에 서 있는 어떤 것, 저 멀리 하늘에 존재하는 신이 아닙니다. 우리는 바깥에서가 아니라 내면에서 실재를 찾아야 합니다. 파도와 바다는 표현만 다를 뿐 같습니다. 바다는 모두 파도고 모든 파도는 바다입니다. 모든 것은 우주고 우주 안의 모든 것은 우주적인 존재의 표현입니다.

신비주의는 비성이적이고 비밀스러운 존재라고 생각하는 사람이 많습니다. 특히 계몽주의자는 신비주의를 금지된 그 무엇이라고 생각합니다. 신부님은 이런 추정과 가정에 대해 어떻게 생각하십니까?

신비주의는 그동안 잘못 인식되어 왔습니다. 그동안은 광신도, 편협한 신심을 가진 이, 별로 달갑지 않은 성향, 비의(秘儀, Esoterik) 등을 지칭하는 말로 쓰였습니다. 또한 비밀스러운 집단이나 엘리트적인 신성을 뜻하는 말로 알려지기도 했습니다. 하지만 이는 신비주의의 본뜻이 아닙니다. 신비주의의 개념을 다시 세울 필요가 있습니다. 신비주의는 '실재성의 현실화' 또는 '실현'을 뜻하는 말입니다.

실재성의 현실화 또는 실현이라는 말은 마치 실재성이 다시 한 번 명확하게 현실화되지 않으면 안 된다는 뜻으로 들리는군요.

이 말이 낯설게 들리는 이유는 우리가 정말 실재라고 여기는 것이 실재가 아니기 때문입니다.[33] 진짜 실재는 우리의 일상 안에서 아집(나 의식)에서 벗어나 높은 의식 차원으로 들어가는 것입니다. 그때 진짜

---

33 "종교적인 체험에서 초월적인 실재와 하나가 되는 그 기쁨, 지극한 이 기쁨과 더불어 말로 표현할 수 없는 통찰을 얻었고, 기쁨에 찬 그 체험이 두렵기까지 했다." "우리가 살고 있는 이 세계는 진짜가 아니다." "가짜는 아니지만 진짜 진짜는 아니다(It's not the whole story)."(오강남·성해영, 『종교, 이제는 깨달음이다』, 북성재, 2011).

실재성이 열리고 의식의 꽃이 핍니다. 이 의식의 영역은 '아-의식'과는 대조적인 초월의식이라고 말할 수 있습니다.

신비체험이란 매우 높은 의식 수준으로 뛰어오르는 것을 말하는군요. 이 의식의 영역은 무엇을 의미하는지요?

시대를 앞서 가는 심리학자들은 이미 인간이 다양한 의식의 차이를 구별할 수 있다고 정의 내린 바 있습니다. 의식의 발달단계에 대해서는 장 겝서Jean Gebser[34]가 연구했고 의식의 스펙트럼에 대해서는 미국의 심리연구가인 켄 윌버Ken Wilber[35]가 그 기초를 쌓았습니다. 켄 윌버는 의식단계를 '전先개아' '개아' 그리고 '초월개아'로 구별하였지요. 그리고 그는 '초월개아'를 다시 3개의 영역으로 나누어 '미세층' '원인증명층' 그리고 '우주의식'으로 구별했습니다.

윌버가 말한 의식의 스펙트럼을 살펴보겠습니다. 첫째, 전개아 또는 전 이성적인 의식 단계는 몸이나 감각, 지각, 감지, 인지, 감정, 정서의 단계, 간단한 형상이나 상징적인 인식 그리고 신화적인 상태입니다. 아직 확연한 인식 단계는 아닙니다. 둘째, 개아적인 의식 영역은 우리가 지금 지니고 있는 '아-의식' 단계입니다. 이 개념은 일상적

---

[34] 장 겝서(1905~1973)는 독일계 스위스의 철학자, 작가 그리고 번역가이다. 그는 의식구조가 과거 어떻게 흘러왔으며 어디를 향해 가는지 '적분 이론(Integralen Theorie)'을 통해 설명하고 있다.

[35] 켄 윌버(1949~)는 미국을 대표하는 트랜스퍼널 심리학의 대가이자 의식연구의 아인슈타인이라고 불린다.

인 생활에서 우리가 추구하는 이성, 논리 그리고 추리로 이루어집니다. 이 단계는 학문적인 영역이고 개념적인 세상 추론에 속합니다. 셋째, 초월개아 상태는 인격적인 의식입니다. 여기서부터 인간은 '아-의식'을 초월합니다. 여기에 이르면 '아'라는 것을 넘어서 초월적인 의식 상태가 됩니다.

초월개아는 다음과 같이 나뉘지요. 첫째, 미세 영역에서는 상징과 심볼의 형태로 나타납니다. 비전이나 예언적인 영역입니다. 둘째, 원인 증명 영역에서는 마주한 것이나 상대하는 것과 일치를 느낍니다. 즉 인격적인 신과 하나가 되는 경험의 단계인데 브라만, 야훼, 알라의 상태라고 말할 수 있습니다.

<u>초월개아의 우주적인 영역에서는 어떤 일이 일어납니까?</u>

초월개아의 우주적인 의식 단계에서는 신비체험을 할 수 있습니다. 무無의 체험, 칭호가 없는 '신성' 체험입니다. 매우 선명하고 '투명한 현존'을 체험합니다. 모든 것에서 흘러나오는 근원적인 체험이라고 할 수 있습니다. 디오니시우스 아에로파기타 Dionysius Areopagita [36]는 그의 시에서 이 상태를 매우 아름답게 묘사한 바 있습니다. "모든 것의 첫 근원은 존재도 현존도 아니고 또한 삶Leben도 아니다. 첫 근원은 존재와 삶을 창조할 때 함께하였기 때문이다. 첫 근원은 개념도 아니고 이상도 아

---

36 디오니시우스 아에로파기타는 아테네의 가톨릭교회 첫 주교였다.

니다. 개념과 이성이 만들어질 때 이미 함께한 것이 첫 근원이다."

신비한 경험에서는 형태와 비움이 하나가 됩니다. 궁극적인 실재와 고유의 아이덴티티가 합일합니다. 여기에 도달하는 것이 영성 훈련의 목적입니다. 이렇게 신비체험을 하게 되면 매우 다른 사람으로 변모합니다. 이 상태에서 종교적인 수행을 완성하는 행위는 죽음을 의미하기도 하지요. 전통적인 신비주의에서는 이를 '아-죽음'이라고 말하고 있습니다.

<u>인간은 '아'를 벗어나야 한다는 뜻이군요. 신부님은 '아'라는 말을 부정적으로 생각하시나요?</u>

그렇지 않아요. 신비주의는 '아-의식'과 싸우지 않습니다. '아'를 옆으로 밀쳐둘 뿐입니다. 단지 '거짓-아'를 경계선과 제한선 밖으로 추방할 뿐이지요. 그러기 위해 '아'의 진짜 정체가 무엇인지 알아야 합니다. 우리에게는 각각 '개아'를 위한 중앙조직이 있는데, 이 중앙조직은 우리 삶에서 포기할 수 없는 존재입니다. 우리 인간을 규정하니까요. 신비주의에서도 마찬가지입니다. 신비주의를 경험하면 인간은 더 이상 '개아'를 전면에 두지 않고 이와 동일시하지도 않습니다. 이런 방법을 통해 존재가 자유로워지면 '아'가 우리를 지배하지 않게 되지요.[37]

---

37 우리가 '아'를 완전히 버리면 일상을 살아갈 수 없으므로 신비주의에 들어갈 때는 '아'를 잠시 옆으로 밀쳐두고 본연의 궁극적 실재와 만나야 한다는 뜻이다. 궁극적인 실재가 안에서 살아 움직이면 '아'는 그 역할이 미미해질 것이다. 성서 데살로니가전서 5:16-18에도 "항상 기뻐하고 쉬지 말고 기도하라. 그리고 어떤

신부님은 서구 사고의 근원을 떠나려는 것인가요? 동양의 영성과는 달리 서구에서는 '아'에 큰 무게를 두고 있지 않습니까? 동양과 서양의 신비적인 영성 전통은 어떻게 다른가요?

서구와 동양의 영성, 그리고 신비와 비신비는 영성의 차이 때문에 일어나는 게 아닙니다. 에크하르트와 십자가의 성 요한Johannes vom krenz38의 진술에 의하면 서양 전통과 동양 전통은 같은 선상에 있습니다. 이들은 '아'라는 존재를 인간이 태어난 이래 살아가면서 습득한 상황이자 모든 상황에서 얻는 하나의 덩어리라고 생각합니다. 즉 우리는 알게 모르게 '아'라고 명명하는 존재를 만들고 있습니다. '아'는 가정과 학교, 종교와 사회에서 생기고 친구 관계, 사고나 관념, 편견, 환상 등에서 생길 수도 있습니다. 이 경험의 조각을 우리 안에 차곡차곡 모아두었다가 이를 우리와 동일시합니다. 때때로 우리는 '아'를 분노나 두려움과 맞대결시키기도 합니다. '아'를 통해 자신과 타인을 판단하고 평가하며 비난하기도 합니다. '아'를 통해 스스로 뽐내기도 하고 상실이라는 감정도 만듭니다. 이런 행위를 통해 '아'의 환상을 더욱더 키워나갑니다. '아'는 실존에서 실체를 갖고 있지 않습니다. '아'는 살아가면서 습득한 구조 속에서 생성된 것이며 단지 기능 작용의 중심일 뿐입니

처지에서도 감사하라"는 구절이 등장하는데, 이것은 우리가 일상에서 표면적인 '아'로 살아가기보다는 '아'를 옆으로 밀쳐두고 궁극적인 실재와 나아가야 한다는 뜻이다.

38 십자가의 성 요한(1542~1591)은 신비가인 동시에 성인이다.

다. 그 기능적인 구조는 우리가 가진 진정한 본질의 도움을 받아야 사용할 수 있습니다. 마치 음악을 만들기 위해 악기를 사용하듯 말입니다. '아'는 죽음과 함께 영원히 사라지고 우리에게는 진정한 신적인 본질만 남게 됩니다. 개인적인 연속성이 죽음 후에 계속되는지 아닌지는 중요하지 않습니다. 진정으로 중요한 것은 신적인 것입니다. 이는 태어나지도 죽지도 않습니다. 이게 우리의 진정한 정체성입니다.

그렇다면 신비주의를 통해 이런 것을 경험할 수 있을까요?

신비주의에서 '아'는 원시실재의 표명으로 경험할 수 있습니다. 그 과정을 겪으면서 '소아'가 아닌 '대아'의 상태로 성장합니다. 신비가는 '아'의 취소나 철회를 경험한 바 있기 때문에 '아'를 잃어도 분실이나 상실로 생각하지 않습니다. 신비가는 매우 강한 인격을 지녔습니다. 자신의 신념을 지키기 위해 때로는 기꺼이 불구덩이 속으로 걸어가 화형을 당하기도 했지요.

그렇지만 오늘날의 현대인들은 '아'를 어떻게 무시해야 할지 모릅니다. 오늘날의 시대적인 현상과 삶의 느낌, 사회적인 규정이 아직도 '아'에게 가능성을 열어주고 있습니다. 신비주의를 추구하면서도 오늘날의 시대정신과 좋은 관계를 맺고 이와 일치하는 경험을 할 수 있을까요?

'아'에 큰 무게를 두는 행위는 시대정신만이 아닙니다. 한 세기 이상 종교와 교육이 '아'를 키웠다고 볼 수 있습니다. 삶에서 지은 행동을 언젠가 신 앞에서 정직하고 공정하게 심판받아야 한다고 믿는 사람이 아직 많습니다. 이들은 자신이 하는 좋은 행위나 미혹되지 않은 믿음을 자랑하며 견고하게 붙들고 있습니다. '아'를 위한 업적으로 증명하기 위해서지요.

반면에 신비주의는 모든 인간에게 자신을 내려놓으라고 말합니다. 신비주의는 삶에서 '아-만족감'도, 자기실현의 정당성도 인정하지 않습니다. '아'에서 시작한 행위나 종교적인 행위를 현재의 조건과 비교하고 통찰하며 일일이 검열할 뿐입니다.

종교적인 행동을 수행하거나 믿음고백(사도신경)을 음송한다고 해서 신비주의에 도달할 수는 없습니다. 이런 경우는 표면적인 자기만족일 뿐입니다. 사람들은 "네가 주기에 나도 준다"는 본보기에 지나치게 고착되어 있는데, 이는 '개아'적인 범주를 넘어서 의지와 의도의 무능력을 세상에 드러내는 행위입니다.

성과나 업적을 기본적인 가치로 알고 사는 현대인이 이런 개념을 받아들이기는 어렵지 않을까요?

그렇습니다. 이런 시대정신이 각 종교 안에 딱딱하게 들러붙어 있습니다. 하지만 이를 무시하고 흔들어야 합니다. '아'를 떼어버리지 못하면 '아'의 힘은 더욱 강해지고, 결국 자기가 만든 감옥에 자꾸 빠지게 됩니다.

<u>그 말은 신부님께서 종교를 비판하는 것으로 들리는군요.</u>

각 종교의 내부를 들여다보면 여러 가지 단계가 있고 그들만의 고유한 특성이 있습니다. 이 단계 중 하나만 알고 그곳에 머물면서 이를 마치 그 종교의 전부라고 인식하는 행동이 안타깝습니다. '아' 역시 종교의 윤리적인 방침과 한 종교가 가진 믿음체계의 진리에 준수하고 복종하는 행동에 만족하면 안됩니다. 또한 이를 타인에게 요구해서도 안 됩니다.

   신비적인 영성은 신앙을 초월하는 단계로 우리를 이끕니다. 이 단계에서는 체험의 영역이 확실해질수록 '아'의 집착에서 벗어날 수 있습니다. 동일한 진리라도 단계마다 다른 의미를 제공합니다. 이는 모든 종교가 마찬가지입니다. 불교와 힌두교, 이슬람교, 그리스도교까지 말이지요.

<u>신부님은 종파적인 영역에서 초종파적인 영역으로 넘어가는 것은 개아 의식이 초월개아 의식으로 뛰어오르는 것과 같다고 하셨습니다. 또한 이런 통과 과정을 반쯤 깨인 의식 상태에서 진정한 궁극적인 실재로 나아간다고 표현했습니다. 그럼 이 모든 것은 서로 어떤 연관성과 공통점을 갖고 있을까요?</u>

어느 의식 차원에 있는지에 따라 궁극적인 실재는 전혀 다른 빛으로

나타납니다. 그러나 높은 의식 차원에 이르게 되면 지금까지 진짜라고 여겼던 의식이 우리의 일부분에 불과하다는 사실을 깨달을 수 있습니다. 사람들은 계몽주의 이래 지성과 의식의 차원에서만 움직여 왔습니다. 이런 세상에서는 '아-의식' 너머에 있는 존재들을 상상하지 못하였기에 이성을 매개로 인식하고 지배하려고만 했습니다. 대표적인 의식이 이미 언급한 유일신론입니다. 그러나 현대인은 과학적이고 실증주의적인 세계관을 가지고 있습니다. 이들은 모든 생의 과정을 단지 생리적으로 또는 심리적으로 설명합니다.

<u>과학적인 세계관을 가지고 궁극적인 실재를 요약하면 어떨까요?</u>

실증주의자는 인간 존재의 요체와 선회점이 뇌에 있다고 말합니다. 복합적인 신경학의 선례에 따라 뇌가 의식을 만들어 낸다고 주장하지만, 신비주의는 그 주장에 반대합니다. 신비주의에서는 뇌가 의식을 만들어 내는 게 아니라 의식이 형태와 뇌를 창조한다고 생각하지요. 사람의 본질을 규정하는 것은 복합적이고 생화학적인 세포구조와 조직이 아니라 정신입니다. 지성은 정신세계의 특정한 표명이며 뇌는 정신적인 에너지가 물질적으로 응고되고 농축된 존재입니다. 따라서 정신적인 실체만으로도 신비체험을 할 수 있습니다. 이런 상황이 되면 정신이 스스럼없이 달려오지요. 다른 한편으로 보면 정신이 이성의 영역에서는 주-객의 이분법으로 갈라져서 나타나지만 말입니다.

신비주의는 이런 이분법을 지양하는 건가요?

신비주의 의식영역은 초월개아(우주의식)입니다. 초월적인 영역의 신비주의에서는 '아'는 객관적인 세계에 대한 자주적인 주체로서 더 이상 아무런 주장을 하지 않습니다. 신비주의 영역에서 '아'는 객관적인 세상과 하나가 되면 다른 형태의 가치를 지니게 되지요. 광신이나 기적 신앙은 아닙니다. 본질적인 면에서는 현대 자연과학자의 인식과 일치합니다.

우리는 이해되지 않는 내용을 믿으라고 누구에게도 부당하게 요구할 수 없습니다. 또한 그런 영역의 의식이 있는 것인지 끈질기게 논쟁하려는 사람은 신비체험을 하기가 어렵습니다. 이들은 설령 논증이 되었다 하더라도 신비주의의 진리 영역을 이해할 수 없을 것입니다. 신비주의는 믿음의 체계가 아니고 경험의 세계이기 때문입니다.

융이 이런 말을 했습니다. "종교적인 경험은 절대적이다. 사람들은 이런 부분에 대해 논쟁할 수 없다. 단지 '그런 경험은 결코 할 수 없다'고 말할 수는 있다. 그러면 상대방은 이렇게 말할 것이다. '유감스럽지만 나는 그런 경험이 있다.' 이와 동시에 그 논쟁은 끝난다. 이 예와 똑같다. 종교적인 체험을 한 사람들은 자신 안에 커다란 보물을 지닌 자들이다. 이런 소지품은 생의 의미와 미의 근원을 느끼게 한다. 그리고 이 체험은 세상과 인간에 대한 새로운 섬광을 준다."[39]

---

[39] 저자주 : C.G. Jung, 『동서양 종교의 심리학으로』, 2번째 권, 올텐, 1971, 116쪽.

그렇다면 초월의식의 영역이 존재한다는 것을 사람들에게 이해시킬 수 있을까요?

그리스도교에서는 이런 상황을 은총이라고 표현합니다. 물질적인 것으로 점철된 인간에게 초월의식을 설명하는 행위는, 비유하자면 시각장애인에게 색상에 대해 설명하는 행동과 같습니다. 한마디로 불가능하다는 뜻입니다. 초월적인 실재는 이런 방법으로는 파악할 수 없습니다. 이는 인간이 지켜야 할 계명과도 다릅니다. 물론 정신적인 영역을 고집하는 인간과 연관 지을 경우에 말입니다. 누구도 정신적인 실재를 누군가에게 이해시킬 수 없습니다. 동시에 이에 관해 논증할 수도 없지요. 초월의식은 자기 안에서 문이 열려야 알 수 있습니다. 만약 어떤 위기에 부딪혀 지금까지 자신의 삶에 대한 질문을 받게 된다면 그때서야 비로소 깨달을 수 있을지도 모릅니다.

이것은 실증주의자가 주장하는 진리에 대한 하나의 조약입니까?

그렇지는 않습니다만 어리석음에 대한 조약일 수는 있습니다. 완고한 실증주의자는 자신을 스스로 파괴하다가 결국은 망치고 맙니다. 초월의식이 더 넓고 풍성함을 인정하지 않은 채 이를 측량하고 재고를 헤아리기만 한다면 말입니다.
　한스 페터 뒤르Hans-Peter Duerr는 말했습니다. "자연과학자가 나에게 도움을 준 점은 경계선을 인식시켰다는 점이다. 세속인 평신도로서 나는 학문적인 영역에서 매우 낙관적인 개념과 관념을 가지게 되었다. 학문은 내게 사상의 경계를 알려주었다. 이는 학문을 물속에 던져 버리거나 꾀한 바를 포기하고 내팽개친다는 뜻은 아니다. …… 우리는 해결점의 근원에 연계되어 있다. 그 마지막 근원으로부터 우리는 해결점을 찾지 않으면 안 된다."[40] 우리는 결국 문제를 풀 수 있는 근원에 연계되어 있습니다. 이 근원이 초월적인 의식영역입니다.

<u>신부님은 생각영역에 고착된 현상이 근대적인 현상이라고 말씀하시는 군요. 이 말은 전체적으로 보면 사람이 여러 가지의 의식 차원을 횡단할 수 있다는 뜻인가요?</u>

그렇습니다. 앞으로 더욱더 전진해야지요. 사실은 벌써 의식혁명이 일어나고 있습니다. 장 겝서와 켄 윌버 및 다른 이들이 말했듯이 말입니다. 태고대의 전의식에서 출발하여 오랜 세월에 걸쳐 마법 같은 불가사의한 의식으로 진화하며 발달하고 있습니다. 우리에게는 신화적인 전승이나 동화의 자취가 많이 남아 있습니다. 그러다 더 이상 발전이 안 되는 의식 차원의 한 지점에 도달했습니다. 하지만 다시 진화해서 신화의 영역에 다다랐습니다. 지금 여기에는 신적인 하늘이 있습니다. 혹은 유일신이라고 할까요? 이 신은 세상을 조직하고 보호

---

40 저자주 : W. Ebert, 『진화, 창조성 그리고 교육』, 트로스베르크, 1995, 149쪽.

했기 때문에 그곳에서 많은 종교가 생겼습니다. 오늘날 종교는 사람의 삶을 형성하고 각인시키는 동시에 영향력을 행사합니다. 이제 종교가 모든 삶의 영역을 포괄하는 시대는 지났지요. 하지만 의식은 계속하여 다른 단계에 도달하고 있습니다.

의식은 뚜렷한 각인과 연속적인 발전을 거듭하였지만 현재는 어떤 한계에 직면한 상황입니다. 이 한계를 학문과 기술적인 방법으로 확장하고 있지만 이성이라는 힘으로는 넘지 못하고 있습니다. 우리는 지금까지 무기력하게 졸면서 정지 상태에 있었던 힘과 능력을 꺼내 자유롭게 발전시켜야 합니다. 이 능력을 통해 초월적인 실재가 무엇인지 체험해야 합니다. 정지 상태에 있는 이 의식을 자유롭게 하는 힘은 초개아적인 의식이며 이를 신비주의라고 합니다.

마치 신비주의가 의식혁명의 마지막 단계라는 말로 들립니다. 좀 민감한 이야기지만, 잘 알려진 신비가는 대부분 1000년 전 사람입니다. 부처는 2500년 전, 마이스터 에크하르트는 800년 전 사람입니다.

맞습니다. 그렇지만 이는 의식혁명의 수용에 대한 논증으로는 타당하지 않습니다. 우리의 정신이 인류사가 탄생한 이래 신비적인 능력을 부여 받았다고 가정한다면, 모든 시대마다 신비가가 탄생하는 게 옳겠지요. 지금 언급한 사람들은 신비주의에서 선구자로 인정하고 있지만, 전체적으로 보면 매우 미미한 숫자입니다. 하지만 인류사는 아직 끝나지 않았고 계속 진화하고 있습니다. 신비가는 앞으로도 계속 나타날 것입니다.

정말 신비가들이 계속 나타날 수 있을까요?

우리 의식은 스스로 발전했습니다. 장 겝서는 그의 연구에서 4~5억 년 전에 태양계가 생겼다고 말했습니다. 그리고 600만 년 전에 지구에 첫 생물체가 형성되었고 370만 년 전 척추동물이 생겨났다고 말했습니다. 3억 년 전부터 인간이 원숭이에서 진화했다고 하고요. 이런 발전 과정으로 보면 발전이나 진화가 지금 상태에 머물러 있을 이유가 없습니다.

지금까지 신비체험에 대해 많은 이야기를 나누었는데, 신비주의는 체험한 바를 표현하기 어렵다고 언급하셨지요. 이런 경험은 의식 상태에서 만들어지는데 우리의 언어와 관념 그리고 논리나 추리의 매개체로는 적절하게 표현할 수 없기 때문이라고 하셨습니다. 그렇지만 많은 신비가가 불가능한 말이나 형상 안에 자신의 체험을 대입하여 이야기에 옷을 입히려고 해 왔습니다. 신부님의 신비체험은 어떠했습니까?

먼저 말할 수 있는 점은 신비가가 형상이나 상징을 사용했다는 것입니다. 그렇지만 이런 상징과 형상은 모두 신비체험을 한 후에 나오는 표현입니다. 중국의 청원선사는 이렇게 말했습니다. "만약 영적 세계를 표현하기 위해 단어를 사용했다면, 그는 영적 세계를 제대로 파악하지 못한 것이다. 그렇지만 단어를 사용하지 않고 영성적인 세계를 그려낸다면, 그 또한 영적 세계를 파악하지 못한 것이다."

왜 그럴까요?

상징, 즉 인간의 언어는 항상 변화라는 과정에 놓여 있기 때문입니다. 반면에 신적인 언어는 어느 것의 영향도 받지 않고 스스로 온전한 상태로 있습니다. 마이스터 에크하르트는 이렇게 말했습니다. "내가 만약에 인지할 수 있는 신을 가지고 있다면 그는 결코 신으로 볼 수 없다."[41] 십자가의 성 요한이 신에 대해 말할 때 왜 "나다 나다Nada nada"라고 말했는지 아십니까? 이는 "이것도 아니고 저것도 아니다"라는 뜻입니다. 결국 신에 대해서는 말로 다 설명할 수 없다는 뜻입니다. 다른 종교의 신비가도 같은 이야기를 했습니다.

일본의 선승 다이오 코쿠시Daio Kokushi는 이런 말을 했습니다. "여기에 하나의 실재가 있다. 이 실재는 스스로 하늘과 땅에 앞서 선행한다. 이것은 형태도 없다. 그러니 이름이 있겠는가? 이를 찾는다 할지라도 그것을 보지는 못한다. 이것은 말도 소리도 없다. 그러기에 들을 수가 없다. 나의 친애하는 친구들이여! 만약에 너희가 다르마의 우레와 같은 소리를 듣고자 한다면 너희의 말을 고정해라. 생각을 다 쏟

---

[41] 설교집 52

아 버려라. 그러면 한 존재와 본질을 인지할 수 있다."

비트겐슈타인^{Wittgenstein 42}의 유명한 말 중 하나인 "그것에 대해 말할 수 없을 때에는 침묵하라"는 말도 명심할 필요가 있겠군요.

신비체험을 말할 때는 비유와 은유, 우화와 그림, 상징 등에 비유하여 설명합니다. 예를 들어 궁극적인 실재를 태평양이라고 하고 우리를 그 바다에서 생기는 파도라고 합시다. 우리가 파도나 물결만 체험하고 "나는 바다다^{Ich bin das Meer}"라고 말한다면 바다와 파도 두 개의 현상이 존재하게 됩니다. 그러나 신비체험을 하게 되면 이분법이 사라집니다. 파도인 내가 바다에 융합되고, 바다 역시 파도를 체험하게 되면서 두 개가 하나인 상태를 체험할 수 있습니다.

신비가는 궁극적인 실재를 나의 맞은편에 서 있는 어떤 것, 저 멀리 하늘에 존재하는 신이라고 생각하지 않습니다. 그들은 바깥에서가 아니라 내면에서 실재를 찾습니다.

신비가는 파도와 바다가 동시에 하나라는 사실을 압니다. 파도와 바다는 표현만 다를 뿐 같습니다. 또한 바다는 모두 파도고 모든 파도는 바다입니다. 마찬가지로 모든 것은 우주고, 우주 안의 모든 것 또한 우주적인 존재의 표현입니다.

신비가는 실재하는 존재와 그것의 드러남에 차이를 두지 않습니다.

---

42 루트비히 비트겐슈타인(1889~1951)은 오스트리아-영국의 철학자이다.

신비주의는 신과 세상이 우리 반대편에 있다고 생각하지 않습니다. 신비주의에서는 신과 세상이 함께합니다. 신과 세상은 분리될 수 없는 하나라는 뜻입니다. 그러므로 둘 사이에 긴장감이 없습니다. 파도와 바다, 가지와 나무 사이에도 긴장감이 없습니다. 바다는 파도로서 나타내 보일 뿐입니다. 사람들은 바다와 파도를 서로 다른 이름으로 부르지만 이들의 본질은 같습니다. 손은 두 면이 있습니다. 이성적인 눈으로 본다면 한 면을 보고 다시 다른 면을 보지 않으면 안 되지요. 그렇지만 내면에서 보면 이 두 면은 단지 하나의 손일 뿐입니다. 완전한 비움은 완전한 채움이라고 말할 수 있는 이유도 이 때문입니다.

많은 사람이 '텅 빈'이라는 단어를 부정적으로 생각합니다. 하지만 동양적인 영성에서는 '비움'이란 단어가 자극적이고 매력적으로 받아들여지고 있습니다. 이 단어를 서구 신비주의와 어떻게 연관 지을 수 있을까요?

비움은 통과입니다. 그렇지만 그 자체가 목적은 아닙니다. 선에서 보는 목적은 비움과 형상입니다. 열반^{Nirvana}은 지금, 그리고 여기의 경험일 뿐이지 언젠가 도래할 미래의 상황이 아닙니다. 비움은 단순히 비어 있는 상태가 아닙니다. 우리는 동양의 선에 대해 세 가지 오류를 정정해야만 합니다.

첫째, 동양의 신비주의는 비움만을 강조한다는 주장입니다. 비움만을 강조하는 주장을 동양의 선사는 '죽은 선$^{\text{Totes Zen}}$'이라고 말합니다. 선사는 비움에는 항상 채움이 같이 해야 한다고 말합니다. 즉 비움은 혼자 존재하는 것이 아니고 우주적인 것들과 함께 존재하면서 경험할 수 있다는 이야기입니다. 서구의 신비가 역시 같은 말을 했습니다. 마이스터 에크하르트는 '가르침의 연설'에서 말했습니다. "누군가 자신의 존재 속에서 신을 신적으로 소유했다면 그는 신을 신성하고 숭고하게 받아들인 것이다. 신은 자신의 모든 피조물, 특히 인간에게 자신의 형상을 비추고 모든 피조물은 자신 안에서 신의 형상을 드러낸다. 그러므로 신은 언제나 자신의 피조물 안에서 빛을 발하고 있다." 라마나 마하리쉬^{Ramana Maharishi}43도 해탈에 대해 언급했습니다. "진리를 수용한 자는 신의 보증을 직접 수용하는 것이다." 황홀과 망아, 열광과 광휘 등은 결코 신비가의 목적이 아닙니다. 이는 지나가는 과정일 뿐입니다.

<u>동양의 선에 대해 두 번째로 정정할 오류는 무엇입니까?</u>

동양의 선사가 단지 자신의 구원을 위해 선 수련을 했다는 비난입니다. 신비주의에서 말하는 구원은 '실재의 인지'나 '실재의 경험'을 통해 실현할 수 있습니다. 동양의 선사는 자신을 비웠기 때문에 현존하는 실재의 상태로 나아갈 수 있었습니다. 그런데 그리스도교인들은 지나치게 멀리 있는 줄을 잡고 실재가 내 앞에 오기만을 기다리고 있습니다. 좋은 업을 쌓아 하늘나라에 들어가기 위해서 말입니다.

---

43 인도의 구루 라마나 마하쉬(1879~1950)는 영성을 찾아 헤매는 이들에게 많은 답을 들려주었다.

세 번째로 우리가 잘못 생각하고 있는 점은 무엇입니까?

신비체험은 매우 주관적이라는 점입니다. 누군가 신비체험을 했다면 이를 주관적으로 표현할 수밖에 없습니다. 신비체험을 한 사람이 비유적으로 이 모든 자신의 경험을 표현한다면 우리는 그 표현 뒤에 숨은 본질을 인지해야 합니다. 나는 일본의 『1200 하이쿠』 책을 가지고 있습니다. 짧은 시구이지만 이 속에는 매우 깊은 의미가 들어 있습니다. 이 책 속의 그 누구도 여기에 자신이 체험하지 않은 내용을 마치 체험한 듯 쓰지는 않았을 것입니다.

신부님의 신비체험을 듣고 싶은데, 말씀해 주실 수 있나요?

나의 신비체험을 말씀 드리기 전에, 이러한 신비체험은 늘 체험 후의 묘사라는 점을 먼저 말씀 드립니다. 나의 체험이다 보니 어쩔 수 없이 '나'라는 단어로 표현할 때가 많은데, 사실 신비체험 속에서는 '나의 아'는 전혀 없습니다. 신비한 경험은 텅 빈 것이며 또한 아무것도 아닌 '공(空, Leerheit, Leere)'의 상태입니다. 거기서부터 소리와 색, 느낌과 생각이 나옵니다. '공'은 초월변화적이고 우주적인 비움(Leerheit, Leere)입니다. 즉 나(아)와 비움, 비움과 신적인 것Gottheit이 통합된 상태입니다. 십자가의 성 요한이 말한 '나다Nada' 역시 '가득 찬 상태Fuelle'를 뜻합니다. 채움이라는 단어를 임신한 여인에 빗대어 설명하겠습니다. 임신은 힘과 창조성을 내포하고 있으며 모든 근원을 포괄합니다. 웃는다는 행동은 어떤 사물에 대한 웃음이 아니고 단순히 그냥 '웃는다'입니다. 행복 역시 어떤 것에 대한 행복감이 아니고 그냥 행복입니다. 끝없는 사랑이라는 말도 "내가 너를 사랑한다"가 아니라 사랑일 뿐입니다. 즉, 사랑도 증오도 없고 죽음도 삶도 없으며 너도나도 없고 경계선도 없고 공간도 시간도 없는 게 공의 상태로, 이는 신비한 경험입니다.

이 궁극적인 실재ES[44]는 모든 양극을 접어 버린 상태입니다. 어떤 존재도 절대적이지 않지만 모든 것이 똑똑하게 드러납니다. 진주가 아무것도 없는 조개 속에서 만들어지듯 음향 역시 무에서 울려 나와 그대로 사라집니다. 궁극적인 실재는 안쪽도 아니고 바깥쪽도 아닙니다. 가기도 하고 보기도 하며 느끼기도 하고, 생각이 음향처럼 일어났다가 다시 사라지기도 합니다. 이게 나의 신비체험입니다. 내 이야기가 일상적인 내용이 아닌 말로 들리다 보니 오해를 받을 때도 있습니다. 하지만 이는 나의 지성적 의식에서 나온 말이 아닙니다. 내 경험을 부인할 수 없으므로 달리 표현할 길이 없습니다.

신부님이 지금까지 묘사한 내용은 전통적인 그리스도교의 일치체험 Unio Mystika[45]**이라고 말할 수 있습니까?**

44　보통 독일어에서 es는 '그 어떤 것'이라는 뜻이다. 하지만 예거 신부는 이 es를 둘 다 대문자로 ES로 표시했는데, 그것은 궁극적인 어떤 실재를 표명하려는 것이라고 역자는 생각한다.

45　유니오 뮈스티카는 종교적이고 영성적인 체험을 의미하고, 동양적인 의미로는 '해탈'이라는 뜻으로도 사용된다.

그렇습니다. 일치체험은 우주적, 초심리적 그리고 초인격적인 하나를 말하는데 이는 그리스도교적인 표현입니다. 다른 종교나 문화권에서는 비움空, 해탈解脫, 자유, 해방, 득도Satori, 열반Nirvana, 삼매Samadhi 등으로 표현합니다. 즉 깊은 근원에 대한 투명한 체험들을 말하는 단어입니다. 이것들은 원초적으로 존재했으며 투명한 현존에 대한 동일한 경험을 다른 언어로 표명했습니다. 늘 그렇게 존재했고 늘 완전하게 존재했던 것을 경험한 결과를 표현하는 단어입니다.

투명한 현존에는 실체나 본질이 없습니다. 만족하다 만족하지 않다, 기쁘다 슬프다가 없습니다. "나는 기쁘다"고 한다면 이 말은 이미 '기쁘지 않은', 즉 '아-영역'으로 들어갈 소질이 있습니다. 궁극적인 실재를 느끼게 되면 매우 기쁜 것도, 매우 행복한 것도 없습니다. 감각이나 지각은 늘 내 개인적인 '아-영역'에 바탕을 둔 것입니다. 여기에는 기쁨 자체가 있을 뿐이지 "내가 기쁘다"는 없습니다. 행복의 대환희나 축복은 있지만 '내가 행복함'은 없습니다. 황홀함도 마찬가지로 황홀함은 있을지라도 '내가 황홀함'은 없습니다.

<u>그리스도교의 신비체험이 다른 종교의 영성보다 앞서 있다고 주장하는 사람들이 있는데, 신부님은 어떻게 생각하십니까?</u>

특별히 그런 점은 없습니다. 십자가의 성 요한의 글을 읽어보면 다른 종교의 신비가와 다를 바가 없습니다. 그의 시 두 편을 들어 보겠습니다. "나는 발을 들여 놓았다. 하지만 어딘지는 모른다······"와 "나는 그

원천이 어떠한지를 잘 안다……"입니다. 이 텍스트를 보면 개인적이고 그리스도교적인 내용을 전혀 발견할 수 없지요.

    그리스도교인이자 20세기 중반 영성적인 길의 동행자이자 조언자로서 사람들에게 큰 역할을 하였던 존 채프먼John Chapman은 이렇게 말한 바 있습니다. "십자가의 성 요한은 그리스도교를 완전하게 흡수하고 빨아들인 스펀지와 같은 사람이다. 사람들이 이 모든 내용을 다 빼버리고 나면 남는 내용은 오직 신비이론뿐이다. 그래서 나는 십자가의 성 요한을 15년간 싫어하기까지 했다. 그를 그리스도교인이라기보다는 불교 신자라고 생각했다. 반면에 아빌라의 성녀 데레사는 좋아했다. 나는 그녀에 관한 글을 읽고 또 읽었다. 그녀야말로 그리스도교인이자 신비가라고 생각했다. 그 뒤 나는 내 생각이 잘못되었다는 것을 깨달았으며 15년을 허비했음을 알게 되었다. 이후 십자가의 성 요한은 수십 년간 나의 길에 동행했다."

사람들은 종교 속에서 염원을 실현하고 발견할 수 있으며, 이런 체험은 각각의 경험에 따라 다른 이름으로 주어진다는 이야기인가요?

모든 종교마다 신비체험으로 향하는 길이 있습니다. 따라서 어느 종교도 자기들만 유일하게 신적인 존재를 소유했다고 주장할 수 없습니다. 하나의 형상으로 설명해 드리겠습니다. 종교는 교회의 아름다운 창문과 유사합니다. 교회 창문을 관통하는 빛은 각 종교에 특수한 구조를 부여했습니다. 빛이 통과하지 않은 곳은 당연히 희미하고 생기를 잃기 때문에 이 빛은 매우 결정적인 역할을 합니다. 불행하게도 우리는 이 빛을 직접 볼 수 없습니다. 빛은 스스로 보일 수 있게 만들 뿐이지 우리 눈으로 볼 수는 없습니다. 색을 통과시켰을 때나 조직화했을 때만 볼 수 있습니다. 각 종교는 빛을 통과시켰을 때 나오는 신적인 모습의 변형입니다. 빛을 통해 잘려 나왔을 뿐인데, 이를 마치 온전한 종교로 여기고 그 모습을 유지하기 위하여 온 힘을 기울이는 행위는 어리석은 행동이 아닐까요? 또 다른 어리석음은 유리창문이 빛과는 관계없이 스스로 고유한 발광력을 가지고 있다고 믿는 것입니다. 신은 모든 종교에서 현현합니다. 하지만 종교들이 신비체험에 대해 문을 열지 않는다면, 종교 안에 그 빛이 가득 차 있더라도 신비체험을 경험할 수 없습니다.

우리가 신을 직접 체험하기 위해서는 교회의 어두운 부분에서 빠져 나와 밝은 하늘 아래로 나와야만 한다는 뜻이지요?

나는 신적인 존재가 다른 구조의 저쪽에 존재한다고 믿지 않습니다. 신은 형태Form와 무형태Nicht-Form 모두에 존재합니다. 빛이 비치더라도 신비체험을 하지 못했다면 그 발광을 인지할 수 없고 빛이 발산되지 않는 곳에서는 그 빛을 볼 수 없습니다. '열반Beleuchtetetes'이라고 칭하는 존재는 사실 다발로 묶인 빛으로 볼 수 있습니다. 다른 말로 표현해 볼까요? 단지 빛이 있습니다. 이 빛은 스스로 빛나며 빛을 발합니다. 마찬가지로 다만 신이 있습니다. 왜냐하면 신은 스스로 존재하니까요. 모든 것은 존재의 발현, 다발로 뭉쳐진 존재라고 말할 수 있습니다. 신비가는 이런 것을 체험합니다.

신비가는 종교 저편에 있는, 단지 벌거벗고 초라한 신을 체험하지 않습니다. 그는 교회 문 앞에 서서 똑바로 태양을 바라보지도 않습니다('플라톤의 동굴'에서 말하는 것처럼 빛을 보게 된다면 반드시 눈을 다치게 되겠지요). 신비가는 자기 자신을 포함하여 신의 현존을 체험합니다. 이 우주는 신의 현현입니다. 하나의 총체적이고 신적인 존재입니다. 진정한 신비가는 환생이론도 뛰어넘습니다. 인과 자체도 신의 현현으로 돌릴 수 있습니다. 만약 환생이 주어진다면 새로 태어남은 신의 원칙이라고 볼 수 있습니다. 그렇지만 동양의 신비가뿐만 아니라 서양의 신비가 누구도 환생에 대해서 말하지 않습니다. 지금 이 순간이 바로 신이 현존하는 장소라고 생각하기 때문입니다.

지금 이 순간, 신이 현존한다는 것을 우리가 어떻게 이해해야만 합니까?

신과 인간의 관계는 금과 반지와의 관계와 같습니다. 둘은 사실 매우 다른 존재입니다. 금은 반지가 아니고 반지도 금이 아니니까요. 그렇지만 금으로 만든 반지는 이들이 함께 들어가 현존하게 되었습니다. 금은 형상을 만들기 위해 형식을 원하고 반지는 스스로 발현하기 위해 재료가 필요합니다. 이렇게 되면 금과 반지는 둘이 아닙니다. 금이 반지로 현현했으니까요. 마찬가지로 신도 인간으로 현현한 것입니다. 그러니 함께 현존할 수밖에 없지요. 이런 비유 속에서 나는 인간이 된 예수의 현현을 봅니다. 우리의 모든 게 신의 현현입니다. 사물의 매우 작은 원자에서부터 관념으로 도달할 수 없는 정신적인 형태에까지 신이 존재합니다. 우리는 '신적인 인간'입니다. 신은 인간으로 현현해 우리 안의 모든 곳에 존재합니다.

<u>신부님의 말씀은 우리가 신이라는 이야기인가요?</u>

그렇습니다. 이 말이 그리스도교인들에게는 엄청나게 이단적인 표현으로 들릴 것입니다. 신비가는 나와 너라는 이분법적인 관계가 사라진 일치체험을 한 사람을 말합니다. 또한 신비가는 그리스도교에서 말하는 유일신과는 다른 의미에서 '신'을 받아들입니다. 우리가 지금 말한 신적인 것과 궁극적인 실재, 우주의식 역시 그리스도교에서는 '신'이라 명하지만, 이 신을 우리와 마주 서 있는 존재 또는 상대편에 서 있는 것으로 해석합니다. 유일신에서는 반드시 하나의 신이 필요하고 그 신은 특별한 방법으로 인간을 구제한다고 표현합니다. 그러나 신비가에게는 궁극적인 실재가 내 안에 있기 때문에 그 관점에서 보면 구원론은 신비체험에 대한 다른 비유일 뿐입니다. 신비체험 속에서 인간은 구원을 늘 뛰어넘습니다.

<u>그렇다면 전통적인 구원 교리는 이제 떨쳐버려야 할까요?</u>

그렇지는 않습니다. 종교성은 낮은 단계부터 높은 단계에 이르기까지 차이가 있기 때문입니다. 인류는 하나의 종교적인 영역에 오래 머무는 동안, 이 영역 안에서 구원자를 통해 구원된다는 관념을 만들어 왔습니다. 이런 진술을 폄하하려는 의도는 없습니다. 다만 자기의 종교적인 세계관을 넘어서는 초월적인 의식이 있음을 수용하기 바랍니다. 사람들이 이를 수용하게 되면 "왜 사느냐?"라는 질문에 관한 답을 자기 안에서 찾으며 영성적인 길로 들어설 수 있습니다.

내 안의 영성을 받아들이는 사람들에게는 어떤 변화가 일어날 수 있을까요?

먼저 신비가가 말하는 '정화의 과정'을 알 수 있습니다. 심리학적으로는 '개체화 과정'이라고 말합니다. 이 과정에서는 교육과 사회, 종교적인 교리를 통해 영성적으로 차단되고 봉쇄되었던 조건을 투명하게 바라볼 수 있습니다. 이런 각인을 단순히 그냥 벗고 내려놓기보다는, 사려 깊고 분별 있게 바라본 뒤 자신의 의식 쪽으로 몰고 와서 수용하는 자세가 필요합니다. 그럴 때 우리 영혼은 투명해집니다. 이렇게 되면 우리가 어릴 때 하늘에 있는 신에게 기도하던 행동들이 자연스럽게 깨지고 부서지게 되지요.[46] 많은 이가 니체^{Nitsche}의 "신은 죽었

---

46 우리는 이 문장을 성서의 구절과 비교할 수 있다. "내가 어렸을 때는 말하는 것이 어린이와 같고 깨닫는 것이 어린이와 같으며 생각하는 것이 어린이와 같았다. 장성한 사람이 되어서야 어린아이의 일을 버렸노라."

다"는 말에 대해 부정하고 있는데, 이 말은 신이 패배했다는 뜻이 아니라 신의 모상이 파괴되었다는 뜻입니다.

클라우디아 미차 에이블Claudia Mitscha-Eibl[47]이 쓴 베스트셀러가 있습니다. 그녀는 이 책에서 인간의 감성에 대해 적절한 표현을 했습니다. "하늘은 지나치게 조용해졌다. 침묵을 통해 어떤 말도 뚫고 지나가지 않는다. 거기에 있었던 그는 죽었는가? 아니면 그는 은밀하고 내밀하게 비밀스러운 무언가를 진행하고 실행하는가?"

이런 상황은 많은 사람에게 무거운 부담감을 주지요. 지금 그리스도교를 믿는 사람은 어디로 가야 할지, 무엇을 붙들고 신뢰해야 할지 혼란스러워 합니다. 그렇지만 이런 위기 상황에도 내적인 길로 떠나는 다음 단계의 구간이 있고, 그 안에서 영성이 움트고 있습니다. 이런 상황에 다다르면 의식을 비우거나 혹은 의식을 일치시키며 자연스럽게 영성적인 상태로 나아가게 되지요. 물론 그 방법은 각각 자신이 가진 종교 전통에 따르게 되겠지만요.

<u>의식을 비우거나 일치시키려면 어떻게 해야 할까요?</u>
의식의 흐름을 특정 방향으로 진행하면서 다른 쪽을 향해 돌리려면 하나의 단어나 소리, 음성에 몰입하세요. 혹은 동양적인 범주에서 만트라Mantra를 보거나 아니면 특정한 움직임을 수행하십시오. 이 모든 행위는 산만하게 흐트러진 의식을 모아줍니다. 또 다른 방법은 의식을

---

47 클라우디아 미차 에이블(1958~)은 교사이자 작곡가이다.

비우는 것입니다. 비움에 이르면 '아'는 활동을 멈추고 움직임을 중단합니다. 그때는 투명하게 깨어 있는 현존의 상태에 머물러야 합니다. 생각은 오기도 하고 가기도 하므로 고정할 수 없습니다. 물론 비움의 상태로 가는 것은 쉽지 않습니다. 인간은 지나치게 이성적이기 때문입니다. 이성의 머리에서는 늘 사고하고 구조화하면서 생각을 만들어 내고 있습니다. 이런 길이 '아'의 인식을 향해 한 점으로 모입니다. 하지만 이곳이 지금까지 나라고 인정한 곳은 아닙니다. 그러면 '아-동질성'이 무너지고 우리의 에고보다 더 깊게 뻗어 있는 동질성이 자태를 드러내게 됩니다. 즉 파도와 바다가 하나가 된 상태에 이릅니다.

객관적인 대상물에게서도 신비체험을 할 수 있나요? 말하자면 샤먼 shaman[48]에게서 주로 나오는 황홀경 같은 것 말입니다. 이런 것들은 샤먼에게서 어떻게 나타납니까?

샤먼에게서 동물이나 다른 존재와 동일시하는 현상이 잘 나타나는 이유는 본인의 '아-정체성'을 극복하기 위해서입니다. 그러나 동물이나 다른 존재와 동일시하는 행위는 명상에 방해가 됩니다. 샤먼은 피조물에 동질성을 가지고 '아' 정체성을 극복하려고 하는데, 나는 샤먼을 명상의 방해자라고 생각합니다. 이런 행동을 한 사람은 총체적

---

48 시베리아의 퉁구스어로 망아 상태 중에 지식을 얻는 종교적 능력자를 의미하는 '사먼(saman)'에서 유래한 말이다. 샤먼은 인간계와 영계(靈界) 생자(生者)와 사자(死者), 인간과 동물 사회 간의 매개자로 수호령이나 수호신으로부터 힘을 받아 예언, 질병의 치료, 꿈의 해석, 악령이나 적으로부터 집단을 지키는 역할을 한다.

인 신비체험에 도달하지 못하고 단지 자기를 피조물과 동일하게 해석한 뒤 그 상태에 안주해 버리는 경우가 많습니다. 이분법을 극복하지 못하기 때문입니다. 나는 샤먼의 길을 가고 있는 한 여인을 보았는데, 그녀는 빛의 현현을 잘 보는 탁월한 능력을 지녔지만 더 이상 나아감이 없었습니다. 영성 세계에서는 무능력에 속하지만, 그녀는 스스로 이런 비전을 통해 고상한 샤먼이 되었다고 느끼고 있었고 그 순간 '아'에 고착되어 버렸습니다. 그녀는 궁전의 앞방에는 머물 수는 있었지만 더 이상 신비체험을 하지는 못했습니다.[49]

---

[49] 서암 큰스님의 법어집 『훨훨 털고 같이 가세』(정토출판, 1996)에는 이런 구절이 나와 있다. "산상 기도를 한다고 깊은 산중에 가서 옆 사람의 충동을 받고 열심히 하다 보면 눈에 허깨비도 보이고 귀에 이상한 것도 들리고 이럽니다. 이러면 아이쿠 신이 계시한 것이라고 그만 미쳐버리는 것입니다(19쪽)." "참선해서 의식이 밝아지면 간혹 기이한 능력을 발휘하기도 하는데 그것에 빠져서는 안 됩니다. …… 이것은 머릿속의 혼란과 산란함이 없어져 마음의 빛이 조금 비쳐볼 수 있었던 것에 불과하니 어떠한 경우에도 그것을 신비하게 여기며 속아서는 안 되겠습니다(68쪽)." 한마음선원의 대행 스님 역시 같은 말을 했다. "수행 중에는 특히 안으로부터 많은 경계가 일어남을 경험하게 된다. 그러할 때에 그 경계에 집착하지 않고 놓아 나가야 하는데 그렇지 못하고 그것을 붙잡게 되면 그 경계가 그대로 마가 되는 것이니 바로 중생심 가운데 미묘하게 숨어 있는 '좋은 것을 좋아하는 마음'의 유혹인 것이다. 그러한 유혹은 매우 은밀한 만족감을 낳게 되는바, 그 마를 물리치기가 쉽지 않을 것이나 좋은 경계든 싫은 경계든 집착하는 것은 바로 마에 사로잡힘이 된다(대행, 『한마음 요전』, 한마음선원, 서울 불기 2537년 618쪽)." 다른 책을 살펴보면 이런 구절이 눈에 띈다. "신비주의와 초자연적 현상은 다르다. 명상이 깊어지면서 생기는 초능력에 휩쓸리지 마라! 궁극적인 목표만 향하라! 텔레파시 같은 것이 신비주의라고 간주해서는 곤란하다. 신비주의를 그저 초자연 현상을 총칭하는 개념으로 간주해 버리면 그 핵심을 놓친다. 텔레파시, 임사체험, 유체이탈 등은 수행과정에서 자연발생적으로 나타난다. 그러나 신비주의는 아니다. 샤먼도 자신에게 주어진 능력을 더 키우고 수행을 통해 깨달음으로 나아간다면 신비주의자가 될 수 있다. 신비주의와 샤먼은 겹칠 수는 있다. 동시에 그러나 구분은 할 수 있다(129쪽). 점을 칠 줄 아느냐? 혹시 뭐 특별한 능력이 있느냐? 신비주의에 수반되는 초자연적 능력은 이기적인 목적으로 쓰이는 흑마술과 백마술 이타적인 목적인 백마술. 동기가 무엇인가에 따라 구분하

샤먼적인 신비체험을 하지 말라는 이야기인가요?

샤먼적인 신비체험을 하면 명상의 길에 진전이 없습니다. 나만의 주장이 아닙니다. 다른 종교에서도 이런 식으로 일어나는 신비체험을 경고하고 있습니다. 샤머니즘에서는 격동현상(물건을 건드리지 않고 움직이게 하는 심령현상)과 계시, 환상, 그리고 유사한 체험에 큰 의미를 부여합니다. 물론 이런 체험이 개인이나 공동체에 어떤 의미를 줄 수도 있지만, 이를 목적으로 삼아서는 안 됩니다. 무엇보다도 이런 표징만으로 자기가 선택된 존재라고 착각해서도 안 되고요. 사이비 심리학적인 능력은 신비적인 영성과는 관계가 없음을 분명히 말씀 드립니다. 이런 능력은 모든 사람이 지닐 수 있고 그 능력을 키울 수도 있습니다.[50] 물론 어떤 이들은 이런 능력 자체를 아예 갖고 있지 않을 수도 있습니다. 비유적으로 말한다면 음악 재능을 가지고 태어난 사람은 음악을 잘하지만, 이런 재능을 타고나지 않은 사람은 그런 방면에서 소질을 키우기 어려운 것과 같습니다.

라(오강남·성해영, 『종교 이제는 깨달음이다』, 2011, 131쪽).″

[50] 대행 스님은 이런 능력을 인간에게 내재한 육신통 능력으로 보고 있다. "마음은 자력, 광력, 전기력, 통신력을 다 갖추고 있다. 무한의 능력을 가졌기에 자력으로 끌어 오기도 하고 통신력으로 통하기도 하고 자유롭게 주고받을 수 있다. 그러므로 나를 내세움이 없는 가운데 매우 역력하게, 당당하게 두루 할 수 있는 것이다. …… 우리는 그대로 내 근본에서 빛보다 더 빠른 종합된 에너지가 나와서 법계에 두루 통하고 있음을 알면 된다. 그냥 컴퓨터의 키보드 누르듯이 자유롭게 하면 되는 것이다(대행, 『한마음 요전』, 한마음선원, 서울 불기 2537년, 376쪽).″

종교적인 영성의 길을 가지 않고서도 초월적인 신비체험을 할 수 있는 능력을 갖춘 사람이 있을까요?

모든 인간은 준비 없이도 영성적인 길로 들어설 수 있으므로 특별히 영성적인 연습을 할 필요는 없습니다. 횔덜린Hölderlin과 릴케Rilke[51] 혹은 니체[52] 같은 이들, 특히 니체는 질스마리아에 있는 한 암벽(am Felsen von Sils Maria)에서 깨달음을 체험했습니다. "신은 죽었다"고 한 그의 말은 신비체험으로 간주할 수 있습니다. 니체의 예를 통해서도 볼 수 있듯이 특별한 마음의 준비 없이도 순식간에 초월영역에 도달할 수 있습니다. 다만 니체는 그의 존재적인 체험을 그리스도교나 다른 종교와 연관 지어 생각하지 않았을 뿐입니다. 그는 신비가로서의 단계가 절반쯤에 이른 사람이라고 볼 수 있습니다. 니체는 초월적인 길로 돌진하기는 했지만 안타깝게도 더 이상 나아가지 못하고 방향을 잃었습니다.

니체에 대해 계속해서 설명해 주십시오.

---

51 프리드리히 횔덜린(1770~1843)과 라이너 마리아 릴케(1875~1926)는 독일의 유명한 서정시인이다.

52 프리드리히 빌헬름 니체(1844~1900)는 세계적으로 유명한 독일의 철학자다. 그는 건강 때문에 여러 지역을 다녔는데 여름을 질스마리아에서 보내면서 『차라투스트라는 이렇게 말했다』의 틀을 구상했다.

니체는 「이 사람을 보라Ecce homo」라는 글에서 이렇게 말했습니다. "우리는 남은 생에서 무엇을 할 것인가? 우리는 인생의 많은 부분을 아무것도 모르는 상태로 지나쳐 버렸다. 나는 차라투스트라에 대한 것을 언급한다. 이 작품의 근본구조인 영원회귀 사상과 쉽게 얻을 수 없는 긍정의 구조 형식을 나는 1881년 8월에 쓰기 시작했다. 나는 어느 날 실바플라나Silvaplana 호수를 따라 숲속을 걷고 있었다. 거대하게 쌓인 피라미드 형 바위 앞에서 나는 걸음을 멈추었다. 그날부터 몇 달 전으로 돌아가 회고해 보면, 나는 이 세상에 대한 하나의 계시로서 나의 취향, 특히 음악에 있어서의 매우 깊은 변화의 징조를 발견할 수 있었다. …… 계시의 개념은 단순히 사실을 설명하는 것에 불과하다. 말로 표현할 수 없는 확실함과 미묘함으로 갑자기 무엇인가를 보고 들을 수 있다는 생각이 나의 심연을 뒤흔들었다. 귀로 들었지만 찾지 않았고, 받아들였지만 누가 누군지는 묻지 않았다. 번갯불이 스치듯 한 생각이 떠올랐다. 나는 선택의 여지가 없었다. 황홀경 속에서, 표현할 수도, 알 수 없는 긴장감 속에서 나는 눈물을 흘렸다. 환희를 지닌 채 나는 발걸음을 다시 천천히 옮겼다." 많은 신비가가 자신이 온통 뒤흔들리거나 천당과 지옥을 오가는 체험을 했지만, 이런 체험을 스스로 글로 정리할 수 없었듯이 니체 역시 깊디깊은 절망감을 체험한 듯합니다.

니체도 처음에는 지성적인 힘으로 그의 경험을 표현하고 자신의 경험을 이해하려고 했습니다. 그렇지만 그런 능력이 적은 이들이 갑자기 신비체험을 한다면 매우 놀랄 듯하군요.

신비체험은 지금까지 확신하고 신뢰하던 '아-정체성'의 경계를 넘어서는 것이므로 갑자기 이를 경험한 사람은 불안감에 빠집니다. 특정 종교를 가지고 있지 않으면 그 불안은 더욱더 커질 뿐만 아니라 자신의 종교적 체험이나 종교적인 이해를 삶 속으로 융화시키기 어려울 것입니다. 어떤 이들은 자신이 미칠지도 모른다고 생각하며 심리치료를 받기도 합니다. 통찰력이 있는 심리학자 프로이트조차도 초월적인 경험에 대한 진정한 치료법을 제시하지 못했습니다. 그는 이런 이들을 비정상적으로 여겼고 정신병자로 간주했습니다.

프로이트만 그런 게 아닙니다. 잘 알려진 신비가 역시 신비체험을 한 뒤 처절한 두려움과 고통, 비참함을 느꼈다고 했습니다. 십자가의 성 요한도 이런 상황을 형이상학적으로 '어두운 밤'이라고 표현했습니다. 이것은 신을 향한 길로 향할 때 참아내지 않으면 안 되는 그 무엇인가요? 그렇다면 신비체험을 하면 마지막에 가서는 두려움을 느끼게 됩니까?

모두 그런 것은 아닙니다. 십자가의 성 요한이 고통스러워했던 이유는 정화의 과정 때문입니다. 그를 좀 더 이해하려면 그의 약력과 당시의 시대 환경을 살펴보아야 합니다. 그는 어린 시절과 유년시절에 평탄하고 안락한 삶을 살지 못했습니다. 그가 성장할 당시 가톨릭은 스페인에서 종교재판과 관련된 사건에 휘말려 있었습니다. 그렇다 보니 그는 그곳을 고향처럼 느끼지 못했고 편안한 감정 또한 가질 수 없었습니다. 그의 시가 있습니다. 시작 글귀는 "나는 들어갔다. 하지만 그곳이 어디인지 몰랐다"입니다. 신비체험은 그에게 단순한 문제가 아니었음을 알 수 있습니다. 네 차례나 종교재판에 회부되었지만 그는 신비체험과 관련된 그의 생각을 바꾸지 않고 초연하게 자기 견해를 고수했습니다. 당시 그의 감정과 그가 처한 어려운 상황을 오늘날의 시선으로 판단해서는 곤란합니다. 십자가의 성 요한은 보호받을 곳이 전혀 없었어요. 신앙의 동반자였던 아빌라의 데레사$^{\text{Teresa von Avila}}$53는 그보다는 덜 어려운 상황이었습니다. 그의 운문에 때때로 종교적인 범주와 영역이 나타나지 않는 이유는 그 때문입니다. 이것이 바로 그가 느낀 '어두운 밤'의 일부분입니다.

<u>내적인 길로 가는 단계에서 신비주의의 어두운 면이 필연적이고 불가피하게 나타난다는 뜻인가요?</u>

'신의 죽음'에 직면하면 두려움과 놀라움, 절망, 자포자기 등을 겪을 수 있습니다. 영성적인 길로 가는 과정에서 맞닥뜨릴 수는 있지만, 모두 이런 감정을 느끼지는 않습니다. 소수지만 큰 마찰 없이 가볍게 정상에 오른 사람도 있습니다. 정점에 오른 후 그냥 큰 웃음을 터뜨리는 사람도 있습니다. 나의 스승 야마다 로시$^{\text{Yamada koun roshi}}$54가 그 경

---

53 아빌라의 데레사(1515~1582)는 잘 알려진 중세의 유명한 신비가이다.
54 야마다 고운(山田耕雲 老師, 1907~1989)은 일본 선불교의 노사로 가마쿠라에 선

우인데, 그는 상응하는 정점에 오르자 3일 동안 그냥 웃기만 했습니다. 사람들은 그에게 미쳤다고 말했습니다. 그의 부인도 마찬가지였지요. 그가 웃은 이유는 '깨침'이 지나치게 간단하고 쉬웠기 때문입니다. 그는 영성에 눈뜨고 깨어남을 체험한 후부터는 이런 현실이 무의미함을 알았고, 동시에 그렇지만 모든 것은 완전한 가능성이 있다는 사실도 알게 되었지요. 그가 이렇게 말하더군요. 그동안 애쓰며 신봉했던 모든 학설과 철학이 단번에 우스워진다고요. 내 스승의 예에서도 알 수 있듯이 영성적인 변화는 사람과 방법에 따라 다릅니다. 이는 각 개인의 심리적인 성향과 성질, 소질에 좌우됩니다.

지금까지 신부님이 말씀한 내용을 전부 이해하기는 어렵습니다. 신비주의는 이처럼 근엄하고 심각하게 다가갈 수밖에 없습니까?

어느 정도는 인정합니다. 그렇지만 신비주의가 어려운 것은 서구에서 잘못 받아들여진 탓도 있습니다. 특히 가톨릭에는 신성을 매우 독특한 것으로 강조하고 있습니다. 가톨릭에는 웃는 성인이 거의 없습니다. 대부분 경건하고 탁월한 덕이나 기적을 지닌 사람이 성인으로 오릅니다. 이 모든 요소는 신비체험과 특별히 연관이 있지도 않습니다. 단지 도덕적인 카탈로그라고나 할까요? 가톨릭에서는 반대의 측면은 진짜 신성이 아니라고 거부합니다. 당시의 징표나 도덕적인 측면에

방을 열고 많은 제자를 길렀다.

맞아떨어지지 않기 때문입니다. 경건함과 도덕, 기적 같은 것은 당시를 지배하던 종파에 상응하는 것들이었습니다.

그렇지만 신비가 중에는 '거룩한 익살꾼, 멍청이heiligen Narren' 같은 이들도 더러 있지 않나요? 물론 이들은 종파를 초월한 사람들입니다. 이들은 이 지상에 절대적인 적법성이나 합법성은 없으며 오직 일시적인 것만 존재한다고 주장했습니다.

이런 사람들은 동시대인들에게 커다란 흥분과 격앙을 불러일으켰지요. 동양에도 '거룩한 익살꾼 또는 멍청이'에 관한 일화가 전해져 옵니다. 일본의 선사 잇큐소준Ikkayu55은 심지어 창녀촌까지 드나들었습니다. 그곳에서 일하는 여인들을 회개시키기 위해서였습니다. 예수의 일화에서도 이런 내용을 찾을 수 있습니다. 당시의 눈으로 봤을 때는 상스럽고 언짢은 행위로 보일 수도 있었습니다. 예수는 의심을 받는 여인과도 식사했고, 사람들이 경멸했던 세금징수관과도 만났습니다. 심지어 예수는 값진 향유를 자신의 발에 바르는 마리아를 야단치지 않고 그냥 놔두어서 그의 제자들을 실망시킨 적도 있습니다.

그 이야기는 신비체험을 한 이들은 사회적인 도덕이나 관념을 넘어선다

---

55 잇큐소준(一休禪師, 1394~1481)은 일본 무로마치 시대에 살았던 임제종의 고승이다.

는 이야기 같군요. 신비가는 선과 악의 저쪽에만 산다는 뜻입니까?

신비체험은 인간을 근본적으로 변화시킵니다. 신비체험은 도덕적인 규범을 일방적으로 따르지 않고 그때그때 처한 상황에 맞게 우리의 의식을 변화시킵니다. 신비체험을 한 사람에게 도덕은 그저 하나의 배경일 뿐이며 오직 사랑만이 모든 것을 결정할 수 있는 규정이 됩니다. 이 규정은 신비가의 행동에 자연스럽게 스며들어 표현됩니다. 아우구스티누스는 이런 말을 했습니다. "사랑하라, 그리고 네가 원하는 것을 하라." 우리가 사랑의 정신에 따라서 완벽하게 행동한다면 도덕적인 규정은 자동으로 우리의 행동 안에서 실행됨을 알 수 있습니다. 이런 상태에 이르면 관습과 전통을 무시하고 경솔하고 방자하게 행동하지 않게 됩니다. 그렇지만 이런 포용력으로 합일과 조화를 이루기는 상당히 어렵습니다.

도덕적인 인습과 관례가 철두철미하게 사랑의 정신에 위반되고 어긋날 때는 어떻게 됩니까?

신비체험은 언제나 둘이 아닌 하나를 지향합니다. 누가 다른 하나와 하나가 되는 경험을 하게 되면 도덕은 매우 다른 차원의 기초 원리로 나타나게 됩니다. 사랑은 진정한 사실체입니다. 그리고 궁극적인 실재의 경험으로부터 멀어진 곳에서 온 사랑은 다만 진화와 문화발전을 위한 원동력에 유효한 가치를 지닐 뿐입니다. 그럴 때 사랑은 종교와 문화의 도덕적인 근본신념으로 흘러들어 가지요. 다른 종교에서도 도덕적인 요구에 거의 차이가 없다고 말하고 있습니다. 신학자 한스 큉Hans Kueng이 제창한 '세계윤리'가 이런 의도라고 봅니다.

<hr />

도덕적인 계명을 복종한다는 게 강압적으로 신비체험에 들어간다는 뜻은 아니지요?

그렇지는 않습니다. 그리스도교 윤리학에서는 "만약 네가 좋은 표양을 하면 신을 볼 수 있을 것이다"라고 말했지만, 사실 그리 간단한 문제는 아닙니다. 도덕성이 신비체험을 하는 데 있어서 도움은 됩니다. 그렇지만 신비체험으로 끝까지 가는 길에 도덕성이 꼭 필요하지는 않습니다. 오히려 그 반대의 상황이 나타날 수 있습니다. 도덕적인 계명 안에는 항상 어떤 위험이 도사리고 있는데 이 위험은 주로 지나친 훈육과 금욕과 연결됩니다. 그런 곳에 지나친 '아'가 고착되기 쉬움을 알아야 합니다.

<hr />

신비적인 전망에서 나오는 모든 공적인 형태에 대항하는 신교도의 이론은 완벽할 정도의 어떤 절대적인 정당성을 지니게 된다는 말인가요?

가톨릭에서 속죄의 소동에 대한 비판도 그런 상황에서 나온 것입니다. 기독교도 가톨릭과 거의 비슷합니다. 그들은 '아'가 신 앞에서 정당성을 표명해야 한다고 주장합니다. 그러나 '아'는 신이 이 세상에 오게 하려고 뒤로 물러나서 궁극적인 실재인 신에게 자신의 자리를 마련해 주는 것이 그의 과제입니다.

에크하르트는 이렇게 말했습니다. "자! 사랑하는 사람들아 너에게 무슨 해가 된단 말인가? 만약에 네가 신에게 다 허락한다면 신은 네 안에서 존재할 것 아닌가?"

신부님은 다른 저서의 제목을 『이 순간이 현재 성사다』라고 지으셨지요? 이 뜻은 '교회에서 행하는 성사를 받아야만 언젠가 어떤 일이 신의 뜻에 따라 이루어진다'는 게 아니라 '지금, 그리고 여기 현존하는 삶'을, 특히 신비주의에 따라 살라고 주장하는 것 같습니다.

신은 지금, 그리고 여기에 현현하고 있습니다. 지금 이 순간이 성찬식이고 신과 접촉할 수 있는 순간입니다. 우리 삶 자체가 종교이며 신의 완전한 실현입니다. 신은 미미하고 보잘것없는 곳이나 숭고하고 장엄한 순간을 가리지 않고 현현합니다. 바로 여기에서 신과 함께 교류하는 행위가 신비주의의 지향점입니다.

종교적인 기도와 제식에서 우리는 궁극적인 실재와 함께 축제를 벌입니다. 내가 성찬식을 나누면서 빵과 포도주를 제대 위에 올려놓는다면, 나는 신과 창조물이 하나가 되는 축제를 연 것입니다. 빵과 포도주는 깨끗한 의식에서 나온 우주의 대표입니다. 축제는 이런 것입니다. 빵과 포도주라는 말은 하나의 화체(성찬의 빵과 포도주가 예수의 살과 피로 화하는 일)가 아니라 내 안에 들어 있는 신을 확인하고 재인식했다는 뜻입니다.

나는 영세를 줄 때 부모나 대부, 대모에게 말합니다. "여기에 다시 하늘이 열린다." 마치 예수가 영세를 받을 때 하늘에서 한 목소리를 들었던 것처럼 말합니다. 영세식에서 사용하는 물은 더러움을 씻어내는 용도가 아니라 신과 인간과의 일치를 다시 한 번 제식을 통해서 확인하는 도구입니다.

내가 가장 좋아하는 신비가 루미^{Rumi56}의 말을 인용하고 싶군요. "어디엔가 이 세상에 사랑하는 존재가 있다. 회교도들아, 그것이 나다. 어디엔가 믿음이 충만한 자 혹은 그리스도의 은수자가 있다. 그것이 바로 나다. 와인의 찌꺼기나 침전물, 궁정시인 그리고 가수들, 하프와 음악, 사랑하는 이들, 초, 주연 그리고 술 마시는 이의 기쁨에도 나는 있다. 세상에 72가지의 종파와 신흥종교는 그 실체가 없다. 나는 이를 신 앞에 맹세한다. 모든 종파, 모든 신흥종교가 바로 나다. 땅과 공기, 물과 불, 더욱이 몸과 영혼 이 모든 것이 나다. 나는 지옥의 불, 활활 타는 지옥문 앞 아니면 파라다이스에 있을 수도 있다. 에덴동산이나 낙원, 극락정토 그것이 나다. 이 땅, 이 하늘 그리고 안전하게 지킬 수 있는 모든 것, 천사, 상아, 기인, 괴짜 그리고 전 인류사, 그것이 나다."

---

56 루미(1207~1273)는 중세기 페르시아의 신비주의자이자 시인이다.

길은 여러 갈래지만 산 정상은 한 곳뿐이다

각자의 종교 안에서 신비체험을 하라.
방법은 달라도 신성은 같다

산을 오르는 여러 가지 길이 있습니다. 정상을 향해 오른쪽으로 가는 길이 있는가 하면 왼쪽으로 가는 길이 있고, 가파르거나 완만한 길이 있습니다. 중요한 것은 이런 방법을 통해서 모두 정상에 도달할 수 있다는 것입니다. 길이 여러 갈래인 것은 각자가 가진 종교적인 전통과 문화가 다르기 때문입니다. 각자 다른 환경이지만, 열심히 산에 오르다 보면 결국은 같은 산 정상에 도달합니다. 마지막에 구름에 다 걷힌 산 정상(궁극적인 실재)에서 내려다보세요. 우리가 같은 산을 여러 가지 길로 올랐다는 것을 알 수 있습니다.

신부님은 신비주의를 초교파적인 영성이라고 하셨는데, 마치 신비주의가 종교의 저쪽에 있는 또 하나의 종교라는 의미로 들립니다. 그렇다면 궁극적인 실재, 신비주의가 우리 안에 있다고 앞서 주장한 내용과는 상충되는 것이 아닐까요?

초교파적인 영성은 종교가 아니라 종교의 다른 차원인 종교성을 말합니다. 종교성은 인간 본성의 가장 기초적인 구조입니다. 종교성은 우리를 온전한 하나로 만들고, 살아 있는 모든 존재와 함께 이것을 나눕니다. 이 성향은 진화로 나아가기 위한 변화의 원동력이 됩니다. 이 원동력은 지금까지 세계의 다양한 종교에서 발현되어 왔습니다. 종교 밖에서는 몇 세기 동안 종교와 영성을 분리한 적이 없습니다. 하지만 지금 종교성은 인습적이고 상투적인 종교들 때문에 느슨하게 풀리고 있습니다. 나는 특정 종파에 속해 있지는 않지만 종교성을 가진 많은 사람을 만나고 있습니다. 이들에게서 앞선 의식혁명의 실마리를 찾고 증거를 인지합니다.

언젠가 미래에는 종교가 없어질 수도 있다는 이야기입니까?

좀 지나친 이야기 같군요. 미래에도 종교는 스스로 열릴 것입니다. 종교의 근본 목적이 종파를 초월하는 영성임을 통찰하고 판단하는 시대가 도래하리라고 생각합니다. 그와 동시에 초교파성^{Transkonfesionalitaet}

이 이미 각 종교 내부에 들어와 있음을 탐지하고 이를 밝혀낼 것입니다. 부처는 종교를 세우길 원하지 않았습니다. 예수도 마찬가지입니다. 그의 제자들이 스승의 체험을 형식 안에 끼워 넣어 제도화시킨 게 종교입니다. 이런 관점은 나에게는 거의 필연적인 과정입니다. 영성적인 체험에서 얻어지는 신성은 다시 전례와 신학이라는 형태로 표현됩니다. 광범위한 의미에서 종교적인 공동체가 생길 것입니다. 미래에는 교회 바깥에서도 많은 종교단체가 생겨날 것입니다.

<u>만약 인간 안에서 신적인 것을 경험할 수 있다면 어떻게 될까요?</u>

종교를 달에 비유해 봅시다. 달은 캄캄한 밤에 지구를 비춥니다. 달빛이 태양으로부터 나온다는 사실을 여러분은 알고 있습니다. 만약 달이 태양을 가리게 되면 모든 것이 암흑인 일식이 일어납니다. 달과 태양의 관계를 종교에 빗대어 볼까요? 태양은 신성입니다. 신성은 모든 종교를 환히 비춥니다. 또한 종교는 인간을 본연의 길로 갈 수 있도록 이끌어 줍니다. 그런데 우리가 하나의 종교만을 중요하게 받아들인다면, 그 종교가 신과 인간 사이에 끼어들어 신을 환히 비추기는커녕 신을 가리고 세상을 온통 어둡게 만들지 않을까요? 말하자면 일식 같은 작용이 일어나겠지요.

신비주의는 종교를 거부하지 않습니다. 신비주의는 스스로 자만하고 과대평가하는 종교들에게 경고하고 있을 뿐입니다. 신비주의에 영향을 받은 시인 카비르$^{Kabir\,57}$는 무슬림으로 태어나 나중에는 브라만의 추종자가 되었습니다. 그는 이슬람교와 힌두교의 경계를 넘나드는 사람입니다. 카비르는 종교의 경계선에서 매우 예민한 느낌을 가졌을 거예요. 그는 이렇게 말했습니다. "나를 숭배하는 너는 나를 어디서 찾느냐? 보라, 나는 너와 함께 있다. 나는 성전에도 이슬람교의 교당에도 제식에도 요가에도 없다. 그리고 체념이나 단념, 포기에도 없다. 만약 네가 진정으로 찾는 자이면, 너는 즉시 나를 볼 수 있다. 나를 순간적으로 만날 수 있다.…… 신은 모든 호흡 중의 호흡이다."

그렇지만 지금 종교는 모두 자신만의 고유한 종교적인 관습을 가지고 있습니다. 세월과 함께 전통이 쌓이고, 그 속에서 사람들은 동질성을 느끼고 있습니다. 만약 신부님이 계속해서 이런 이론을 주장한다면 많은 반대 여론에 부딪힐 듯한데, 어떻게 대처해 나가시겠습니까?

나는 누구에게도 자기가 믿는 종교를 버리라고 말하지 않습니다. 내가 나의 그리스도교를 떠나지 않듯이 말입니다. 그렇지만 종교는 궁극적인 실재가 아니고 길 안내자일 뿐입니다. 길 안내자의 뜻을 지나칠 정도로 중요하게 인지하고 수용하며 이를 붙들고 있기 원한다면, 언제나 그의 말에 따르게 되겠지요. 어릴 때부터 믿은 자신의 종교를 포기하기는 상당히 어렵습니다. 자신의 종교의 자명함에 대해 의심을 시작했다 하더라도 실제 자기 종교를 버리는 행위를 하기는 쉽지 않

---

57 카비르(1440~1518)는 인도의 신비가다.

습니다. 사실 일상적인 세상에 대한 이해와 전해 내려오는 종교적인 관념 사이의 불일치가 크면 클수록 이런 일들은 더 잘 일어나지요. 나를 찾아오는 사람 대부분이 위기에 들어서 있음을 나는 확신합니다. 갑자기 이들은 스스로 해결할 수 없는 질문에 부딪혀 고민합니다. "왜 사는가?" "나는 어디로 가는가?" "이런 일들이 왜 나에게 일어났는가?" 종교는 이런 질문에 답을 주기 위해 존재하지만, 이 시대의 종교는 만족할 만한 답을 주지 못하고 있습니다. 갑자기 인생의 실패를 맛보고 커다란 불안감에 휩싸여 나를 찾아오는 사람에게 나는 지금이 새로 시작할 기회라고 조언하고 있습니다. 그들이 어떤 종교를 믿는지는 아무 상관이 없습니다.

이때는 여러 가지의 길이 제시되겠지요. 요즘 동양의 명상에 관심을 두는 사람이 많습니다. 사람들은 공공연하게 동양의 명상이나 선 수련이 종교적인 영성을 갈망하는 이들에게 최고의 만족감을 준다고 말합니다. 달라이 라마는 그를 추종하는 서구인에게 그들이 태어날 때부터 믿었던 그리스도교적인 문화영역에 머무르라고 충고하기도 했습니다. 달라이 라마의 이런 생각을 신부님은 긍정하십니까?

나 역시 각자 다양한 영성적 전통에 머무는 게 좋다고 생각합니다. 이런 전통 안에서 영성을 이해하면 영성으로 나아가는 안내자를 발견할 수 있을 뿐만 아니라 신비체험도 할 수 있습니다. 전통적인 영성의 길은 마치 정신의 지도와 같습니다. 정신의 지도는 우리가 지금 어디에 서 있는지, 우리의 영성적인 성숙도가 어느 정도인지 정확하게 가르쳐 주지요. 물론 각자의 길에는 여러 가지 차이점이 있다는 전제를 하고요. 누구나 자기에게 맞는 길 안내자를 찾아 정진할 수 있습니다. 그렇지만 어떤 형태의 길 안내자를 가졌다 하더라도 이는 결국 동일한 선상에 이릅니다. 모든 길은 같은 정상으로 향하는 도상에 있으며, 궁극으로는 같은 정상에 도달합니다.[58]

신부님은 어느 영성적인 전통을 생각하십니까?

그리스도교에는 광대한 관상이라는 영성이 있지만 지금은 거의 잊힌 상황입니다. 불교에는 선과 위빠사나, 힌두교에는 크리야 요가Kriya-Yoga[59], 라자 요가Raja-Yoga, 파탄잘리 요가Patanjali-Yoga가 있습니다. 이슬람교에는 수피즘Sufismus, 유대교에는 카발라Kabbala가 있습니다.

이런 영성적인 길들은 서로 어떤 상관관계가 있습니까? 서로 배척하지 않는지요? 서로 보충하거나 두 가지 길을 한꺼번에 갈 수 있을까요? 아

58　오강남 교수는 예거 신부의 '정상에서 만난다'는 견해 대신 '서로가 서로를 이해하고 통한다'라는 견해를 밝히고 있다.

59　크리야 요가에서 크리는 행(handeln)한다는 뜻이고, 야는 인간 안에 있는 신적인 영혼(die gouttliche Seele im Menschen)을 의미한다. 단어를 붙여서 해석하면 신적인 의식에서의 행위(Handlungen im gouttlichen Bewusstsein)와 요가의 뜻인 하나 됨이나 훈련(Vereinigung, Einheit, Disziplin)을 뜻하는 말이다. 다른 유형인 라자 요가는 카타-우파니샤드(Katha-Upanishad)에 그 근원이 있다.

<u>니면 그중 한 가지만 선택해야 합니까?</u>

산을 오르는 여러 가지 길이 있습니다. 정상을 향해 오른쪽으로 가는 길이 있는가 하면 왼쪽으로 가는 길이 있고, 가파르거나 완만한 길도 있습니다. 중요한 점은 이런 방법을 통해 모두 정상에 도달할 수 있다는 것입니다.

길이 여러 갈래인 이유는 각자가 가진 종교적인 전통과 문화가 다르기 때문입니다. 산을 오를 때는 먼저 자기에게 주어진 환경(종교)에서 출발합니다. 처음에는 다른 편의 등성이(종교)에 어떤 길이 나 있는지 짐작하기 어렵습니다. 각자 다른 환경이지만, 열심히 산에 오르다 보면 결국은 같은 산 정상에 도달합니다. 마지막에 구름이 다 걷힌 산 정상(궁극적인 실재)에서 내려다보세요. 우리가 같은 산을 여러 가지 길로 올랐다는 것을 알 수 있습니다.

<u>그 말은 종교에 대한 비판 내지는 어떤 종파에 대한 비판으로 들리는군요.</u>

물론 나는 비판적인 입장에서 종교를 바라봅니다. 변화와 변모를 두려워하는 자세, 그리고 굳고 딱딱해진 구조를 비판합니다. 그렇지만 그럼에도 나의 그리스교가 나를 이런 길로 인도했다는 사실을 잘 알고 있습니다. 만약 그리스도교도가 아니었다면 나는 종교적으로 어느 곳에 있을지 모릅니다. 종교는 일종의 문지방 역할을 해줍니다. 많

은 이가 종교가 깔아놓은 문지방을 거쳐 영성적인 길에 도달합니다. 각 종교 안에는 고유의 가치가 있기 때문에 영성의 꼭대기에 도달하면 자신이 갖고 있는 종교적인 틀을 벗어날 수 있습니다. 우리는 신이 종파라는 틀에 갇혀 있지 않음을 즉시 인식할 수 있습니다. 이는 종교혼합주의Synkretismus를 뜻하는 것이 아닙니다. 오히려 그 반대입니다. 각 종교는 고유의 모습으로 서로 공존해야 합니다. 우리에게는 빛이 통과할 수 있는 많은 '유리창'이 필요합니다. 다만 이 유리창은 종교로서 이들의 관점이 지닌 절대성을 부여해서는 안 됩니다. 각 종교는 자신의 추종자나 신자를 성서와 지혜서에서 약속한 경험으로 이끌어 주어야 합니다. 그렇지만 이런 경험이 꼭 어떤 종파에 묶여 있을 필요는 없습니다.

어느 길이 진정한 영성의 길일까요?

자기가 가진 종교 안에서 신비체험을 했다면 남의 종교를 기웃거릴 필요가 없습니다. 하지만 그리스도교 전통에서는 이를 기대하기가 참으로 어렵습니다. 오늘날 교회에서는 관상을 가르치지 않습니다. 처음부터 신비체험을 목표로 가르치는 스승도 없고 영성의 길을 찾을 수도 없습니다. 그래서 영성을 추구하고 싶은 사람들이 다른 종교를 기웃거리게 된 것입니다. 나는 잠들어 있는 그리스도교 신비주의의 보물을 캐어내어 신자들에게 새로운 영성적인 삶을 가르치고 그들에게 깨어 있는 삶이 무엇인지 알려주고 싶습니다. 그리스도교의 영성도 동양의 선이나 명상에 견주어 봤을 때 결코 뒤지지 않는 전통을 가졌습니다.

그렇다면 신부님, 그리스도교 신비주의의 보물이 궁금한데, 엿볼 수 있게 해주세요. 대표적으로 어떤 신비가가 있을까요?

서구 신비주의의 근본을 이해하는 지적인 근원은 그리스의 철학자 플라톤에서 출발합니다. 그의 철학이 그리스도교 신비학에 개념과 은유를 제공했다고 이미 말했습니다. 그렇지만 플라톤보다 먼저 이를 주창한 철학자가 있습니다. 기원전 6세기경 이탈리아 철학자인 엘레나 학파의 파르메니데스$^{Parmenides\ von\ Elea}$[60]인데, 그는 플라톤보다 앞서 신과 합일하는 경험을 글로 썼습니다.

플라톤 이후는 신플라톤주의자인 프로클로스를 꼽을 수 있는데, 그는 플라톤에 바탕을 둔 신비철학을 가르쳤으며 '영원한 철학$^{Philosophia\ Perennis}$'[61]을 창시했습니다. 이들의 철학은 마이스터 에크하르트와 십자가의 성 요한, 쿠에스의 니콜라우스와 스피노자^{Spinoza},[62] 그

---

60 파르메니데스는 기원전 510~450년경 그리스에 살았으며 엘레아 학파의 대표적인 철학자였다. 그는 모든 진리의 바탕은 이성에서 기인하며 이성으로 생각할 수 없는 것은 존재하지도 않는다고 주장했다.
61 '영원한 철학(immerwauhrende Philosophie)'은 시간과 문화를 넘어 특정한 철학 관점을 가지는 것을 말한다.
62 스피노자(1632~1677)는 네덜란드 철학자로서 이성주의자였으며 현재적인 의미의 성서 비판가였다.

리고 다른 이들에게 전승되었습니다. 그리고 여성 신비가도 있습니다. 빙엔의 힐데가르트Hildegard von Bingen 와 마그데부르크의 메히틸드Mechthild von Magdeburg, 헬프타의 게르트루트Gertrud von Helfta 와 안트베르펜의 헤드비히Hadewijch von Antwerpen, 마르그리트 포레트Marguerite Porete [63] 와 아빌라의 데레사 등입니다. 마담 귀용Madame Guyon [64] 은 신비가로 낙인 찍혀 5년간 파리의 바스티유 감옥에서 지내기도 했습니다. 이외에도 민중 신비가 야코프 뵈메Jakob Beoeme [65], 안겔루스 질레지우스Angelius Silesius [66] 를 잊어서는 안 됩니다. 이들이 바로 그리스도교의 대표적 신비가입니다.

---

[63] 빙엔의 힐데가르트(약 1098~1179)는 베네딕도회 수녀로서 설교가, 명상가로 유명하다. 마그데부르크의 메히틸드(약 1207~1284)는 그리스도교 신비가였고, 헬프타의 게르트루트(1256~1301/1302)는 헬프타 수녀원의 수녀이자 신비가, 신학자였는데 마그데부르크의 메히틸드의 제자였다. 안트베르펜의 헤드비히의 정확한 출생연도는 알려지지 않았지만 13세기 중반에 살았던 신비가이자 점성학자로 알려져 있다. 마르그리트 포레트(약 1250/1260~1310)는 프랑스인으로 당시 평신도 여성 운동인 '베기네(Beginen, 중세의 평신도 여성 수도자)' 회원이자 탁월한 신비주의가였다.

[64] 마담 귀용(Jeanne Marie Guyon du Chesnoy, 1648~1717)은 정관파 신비주의Quitismus에 속하는 신비가였다. 시민 출신인 그녀는 어릴 때부터 신비주의 저서에 몰입하였고 수녀가 되기를 희망하였다. 그렇지만 현실적으로 어려워서 16세에 22세의 부자 귀족과 강제 결혼을 했다. 그녀의 결혼은 행복하지 않았다. 둘 사이엔 5명의 아이들이 있었지만 사랑하는 아들이 죽자 그녀는 고해 신부의 도움을 받아 신비주의 성향으로 몰입하게 되었다. 1676년 그녀의 남편이 죽자 그녀는 28세에 과부가 되었다. 후에 그녀는 그녀의 아이들이 살아갈 수 있는 장치를 마련해 두고 집을 떠난다. 후에 정관파 신비가로 유명세를 얻었지만 가톨릭과 많은 갈등을 일으켰다. 1698~1703년 동안 바스티유 감옥에 갇히기도 했다.

[65] 야코프 뵈메(1575~1624)는 신비가, 철학자 그리고 신학자였다. 헤겔은 그를 '최초의 독일 철학자ersten deutschen Philosophen'라고 칭했다.

[66] 안겔루스 질레지우스(1624~1677)는 독일 시인으로 신비주의에 관심을 가졌다.

검증된 신비가가 이미 그리스도교에 자리 잡고 있다면, 서구인이 굳이 불교나 힌두교의 신비주의와 손잡을 필요가 있을까요?

이 질문에 나는 답을 하지 않겠습니다. 다만 동양의 신비적인 전통에 전념하고 몰두하는 행위는 매우 유익하고 특별한 경험이 될 것이라고 말씀 드리고 싶습니다. 나는 일본에 장기간 체류하면서 동양의 선 지식을 접하게 되었는데, 동양의 신비주의가 서양의 그리스도교 신비주의와 매우 유사한 근원을 공유하고 있음을 깨달았습니다. 동양에서 선 지식을 섭렵한 후 나는 그리스도교 신비주의를 인지하고 그 가치와 진가를 더욱 인정하게 되었습니다.

신부님은 종교의 창시자들이 종교를 세울 의도가 없었다고 말씀하셨습니다. 그렇다면 부처와 예수는 신비주의 영역에서 어떤 의미가 있습니까?

부처와 예수는 우리가 도달하고자 하는 궁극적인 영역에 먼저 도달하였고 궁극적인 실재를 앞서 체험했습니다. 이들은 이런 체험을 다른 사람들에게 전수하려고 했을 뿐만 아니라, 일반인도 이런 길에 도달할 수 있는 방법을 제시했습니다. 그런 의미에서 나는 이들을 내면적인 영성의 길에 다다를 수 있도록 방법을 안내하는 사람, 즉 동행자라고 생각합니다.

이를 그리스도교에서 말하는 '계승자' '제자'라는 말과 어떻게 일치시킬 수 있을까요?

영성적인 내면의 길을 가려는 사람에게는 동일시하는 인물 또는 동질성을 가진 어떤 형상이 있어야 합니다. 동질성을 가진 형상이라는 말에는 모범적인 선례 이상의 큰 뜻이 함축되어 있습니다. 사람들은 이들을 단지 모방하기보다는 명상적인 몰두와 침잠을 하며 이들과 하나되는 경험을 하려고 합니다. 이것은 티베트 불교에서 많이 볼 수 있는 수련입니다. 티베트 불교에서는 시각화된 신적인 그림과 영적으로 하나가 되려고 합니다.

  이와 유사한 경우가 동방정교회의 성화 숭배입니다. 경건한 동방정교인들은 성화를 신이 들어오고 나가는 창구로 생각하고 있습니다. 그들은 성화를 통해서 초월적으로 나아갈 수 있다고 믿고 있습니다. 동방정교회에서는 성화를 신과 인간, 두 영역을 잇는 매개체라고 보는 것입니다.

의식혁명 또는 영성적인 시대정신의 문지방에 도달했다고 가정했을 때, 우리가 새롭게 동일시할 수 있는 인물이 등장하게 될까요? 새로운 종교 창시자나 정신적인 길 안내자 같은 사람 말입니다.

미래에는 지금까지 나타난 종교 창시자들과 견줄 만한 인물이 아마

나타나지 않을 겁니다. 대신 탁월한 영성적인 지도자는 나타나겠지요. 카리스마를 지닌 지도자 주위에 사람들이 몰리면 이들은 자신이 체험하고 경험한 길로 사람들을 이끌어 갈 것입니다. 그들은 산의 정상으로 안내하는 자이며 우리보다 앞서 영성적인 길로 나아가고 있는 사람들입니다. 영성적인 지도자 주위로 어떤 '학파'나 '종파'가 만들어질 가능성도 있지만, 이것은 중요하지 않습니다. 중요한 문제는 영성을 추구하는 사람들이 그들을 매개로 영적으로 높이 성장할 수 있다는 것입니다. 인간은 혼자서 자기 길을 가는 것보다는 다른 사람에게 매달리는 경우가 많습니다. 오늘날에도 적지 않은 사람이 구루^{Guru}에 매달려 살아가고 있지 않습니까?

영성의 책임자로서 제자나 추종자를 거느리는 것은 신부님에게 어떤 의미가 있습니까? 신부님 역시 그들에게는 우상이나 동일시되는 인물이 아닌가요?

나는 이런 위험성에서 벗어나기를 늘 희망하고 있습니다. 매우 긴 세월 동안 영성적인 길로 나아가고 있기 때문에, 내가 쌓았던 신비체험을 다른 사람과 나누고, 어떻게 하면 이 길을 일반인에게 더 잘 알릴 수 있을까 생각할 뿐입니다. 누군가가 이런 영성적인 길을 추구하고 갈구한다면 나는 "어서 오십시오"라고 문을 활짝 열어놓겠습니다. 나의 방법을 원치 않는다면 다른 동반자를 찾아도 됩니다.

그러고 보니 신부님은 자신만이 유일하고 특별한 영성의 길을 제공한다고 말씀하시지 않는군요. 눈을 돌리면 신부님 주위에는 다른 많은 영성적인 지도자가 있는데, 그들과 신부님은 경쟁 관계인가요?

어떤 상황에서도 영성을 놓고 경쟁을 해서는 안 됩니다. 물론 영성적인 지도자는 스스로 확실한 진가를 간파해야 합니다. 그러나 진정한 신비체험을 한 사람들 사이에서는 도그마적인 분쟁 같은 문제가 있어서는 안 됩니다. 누군가가 자신의 영성만이 절대로 옳다고 권리를 주장한다면 이는 진짜 신비체험을 하지 않아서라고 생각합니다.

영성적인 스승을 찾아 나서는 사람이 유념해야 할 점은 무엇일까요? 진정한 스승에게는 어떤 규범을 적용해야 할까요?

그가 영성적인 스승인지 아닌지 '테스트' 할 수 있는 구속력 있는 일반적인 규정은 없습니다. 나는 이 문제에 대한 답을 격언으로 대신하고 싶습니다. "모든 스승은 제자가 있고, 모든 제자는 스승이 있다"는 말입니다. 사람들을 불러 모으는 결정적인 요소는 스승의 인격과 성품의 됨됨이입니다. 스승으로서 평판이 좋은지, 인격이 훌륭하고 신뢰심을 불러일으키는지 등을 판단하십시오. 영성적인 스승과 제자 사이에는 깊은 신뢰가 있어야 합니다. 그렇지 않다면 서로의 동의하에 갈라지는 게 마땅합니다.

그렇지만 영성적인 지도자 중에도 가짜가 있지 않을까요?

가짜 스승이 있다면 사람들도 금세 알아차릴 것입니다. 그렇지만 그런 판단을 자제하였으면 합니다. 나는 나의 길을 가고, 이 길에 동참하려는 사람들을 초대할 뿐입니다. 누군가가 다른 길로 가고자 한다거나 더 나은 길을 발견했다면 그 길을 각자 원하는 대로 가는 게 옳다고 봅니다.

신부님은 가짜 스승을 인지할 수 있다고 했는데, 어떻게 구별하십니까?

첫째, 누군가가 자기를 영성적인 지도자라고 소개하면서 지나치게 자기 인격을 과장하거나 포장하고 자만하는 경우입니다. 둘째, 영성적인 지도자가 추종자들을 지나치게 얽매는 경우도 고려의 대상이 됩니다. 셋째, 더 나쁜 경우는 추종자에게 그 스스로 경험해보지도, 확신해 보지도 않은 영성적인 길을 마치 해본 듯 말하는 경우입니다. 돈에 관심을 두는 영성적인 추종자는 가장 나쁜 유형에 속합니다.

많은 사람이 뉴에이지 운동에서 종교적인 안식을 찾습니다. 그 운동이 초래한 가짜 스승 파동과 종교적인 신뢰성, 진정성에 대해서는 어떻게 생각하십니까?

뉴에이지 운동에는 여러 가지 요소들이 있는데, 그것이 모두 진정한 신비체험으로 이끈다고 볼 수는 없습니다. 그저 심령적이거나 비밀스럽게 감추어진 어떤 것, 또는 유사 심리학 아니면 가짜 심리학이라고 봅니다. 물론 뉴에이지 운동의 진실성 여부에 대해서는 여기에서 정확한 선을 긋기 어렵습니다.

예를 들어보지요. 종교적인 동기를 갖고 마약을 하는 사람이 있습니다. 이런 방편을 통해 일상의 의식에서 빠져 나오려는 시도입니다. 만약에 이들의 체험에 매우 노련한 영성적인 스승이 동행한다면 이런 경험은 어쩌면 영성의 길로 나아갈 때 도움이 될 수도 있습니다. 그렇지만 의식의 '짧은 소풍'에 지나지 않는다면 신비주의에서 말하는 정화는 느낄 수 없습니다. 한 여정의 긴 걸음은 인간을 근본적으로 변화시키지만, 이런 변화를 약물에 의지한다면 그저 사이비 신비체험에 지나지 않을 것입니다. 이런 경험은 단순히 감각과 지각영역에 머물고 말 것입니다.

어떻게 진짜인지 아닌지 구별할 수 있을까요?

사이비 신비체험을 통해서는 초월적인 높은 정신영역에 도달할 수 없습니다. 모유 수유를 통해 엄마의 가슴에서 체험하는 상황, 즉 생활의 일치 정도까지는 경험할 수 있겠지요. 이런 식으로 하나되는 체험은 정서적인 것과 연결된 상태이며 자아가 전제된 상태라고 말할 수 있습니다. 이런 상태에서 자아는 기분 좋은 상태를 느끼므로, 이런 경험을 해본 사람들은 다시 이 상황을 되풀이하고 싶어 합니다. 그러나 이는 진짜 신비주의와는 다른 차원입니다.

뉴에이지의 사이비 신비체험은 인간을 변화시키지 못합니다. 대신 기분 좋은 '일치 상태'를 제공하면서 '아-고착'의 상태로 만듭니다. 이런 차원은 거짓아를 자랑하며 뽐내기 때문에 고의적인 기만이라고 할 수 있습니다. 이런 방편을 통해서는 거짓아가 사라지지 않습니다. 거짓아를 떼어 놓을 수 있는 유일한 방편은 전개아적인 단계로 후퇴하지 않고 초월개아적인 단계로 오르는 것입니다. 진정한 구도는 모든 것을 가능하게 하고 자유롭게 합니다. 반면 사이비 신비체험으로 역행한다면 병적이고 습관적인 태도가 생길 것입니다. 누가 이런 것을 영성적인 길이라고 선전하고 사람을 끌어들인다면 그는 당연히 가짜 영성적 지도자일 뿐만 아니라, 이런 길에 들어선다는 자체가 상당히 위험합니다.

<u>진정한 제자를 맞이한 스승은 늘 제자에게 새로운 신비체험을 하라고 말합니까?</u>

스승은 제자에게 점점 더 깊은 신비체험을 하라고 독려합니다. 그러나 동시에 이런 체험은 절대로 개인적인 분발과 노력으로 얻기 어렵다는 것도 말해줍니다. 영성적인 지도자는 제자에게 영성의 길은 아득하고 멀 뿐만 아니라 또한 어렵다는 사실을 알려주어야 합니다. 그리고 이런 변화 과정이 우리 마음의 '아-구조'를 투명하게 만들어 자신의 '아'

를 들여다볼 수 있게 만든다는 점도 언급해야 합니다. 변화의 과정 중에 때로는 방향을 잃을 수도 있고 자포자기와 절망이 일어날 수도 있음을 알려야 합니다. 이 모든 길의 끝에는 마지막 한 지점이 있고, 거기에 '아'를 침착하고 태연하게 남겨두어야 한다는 것 또한 알려야 합니다. 이 모든 것은 높은 의식의 단계에 진입하기 위한 과정입니다.

신비체험이 내면의 자유와 관용을 이끈다는 이야기인가요? 그렇다면 신비가가 제도권 종교와 갈등을 일으키고 있는 것은 어떻게 설명해야 할까요?

신비체험은 곧 근원적인 경험체계입니다. 신비체험을 하게 되면 이를 억제하기 힘듭니다. 신비가는 신비체험을 음절로 나누어 명확히, 그의 인격에 상응하는 방법으로 표현하겠지만 제도권 종교들은 이를 수용하지 못할 것입니다. 그리스도교에서는 신비가에게 교리의 도그마와 상응하는 표현을 하라고 강압하고 강요합니다. 이를 거부하면 이단자로 몰고 심한 경우는 화형을 시키기도 했습니다. 마르그리트 포레트, 조르다노 브루노 Giordano Bruno 혹은 미겔 데 몰리노스 Miguel de Molinos[67]처럼 말입니다. 이들은 신비체험을 그리스도교 도그마와 상응하게 표현하지 않았다가 죄인이 되었지요. 이런 경우는 이슬람교를

---

[67] 조르다노 브루노(1548~1600)는 시인이자 수도사, 철학자, 점성학자로 죄인으로 몰려 불에 타 죽었다. 2000년 3월 12일 요한 바오로 2세는 당시 그의 죽음이 불합리하다고 선포했다. 미겔 데 몰리노스(1628~1696)는 스페인의 종교적인 저술가이자 영성 마이스터이다. 이단죄로 종신형을 받고 투옥되었다.

포함한 유일신 종교에서도 많이 나타납니다. 유일신 종교는 단 하나의 신에 의해 창조된 계시를 진리라고 요구하므로 자신의 도그마 외에 다른 무엇으로 표현하는 것은 이단이라고 단죄합니다.

<u>신비가가 제도권 종교로부터 이단자로 몰렸을 경우 어떻게 반응하는지요?</u>

신비체험의 영감을 받은 사람은 제도 자체를 부인하지 않습니다. 그들은 제도가 유용한 의미를 지녔다고 생각하기 때문에 직접적인 대결을 시도하지 않습니다. 하지만 가끔 고의가 아닌 간접적인 질문을 통해 자신의 신비체험을 제도 속에 갇힌 편협한 경건성을 넘어서는 초월적인 체험으로 표현할 때가 있습니다.

<u>만약 무신론자가 아니라면 동시에 초월적인 유신론적인 공간이 주어질 수 있을까요?</u>

그렇습니다. 신비가는 그들의 신비체험을 제도권 종교의 도그마와 다르게 표현하다가 불가피한 곤란에 직면했습니다. 이들이 가진 본연의 종교 언어 중에는 자신의 체험을 표현할 단어가 없었기 때문입니다. 특히 그리스도교의 이분법적인 생각 체계 속에서 신비체험을 표현하기는 매우 어려웠을 겁니다. 이런 시도를 하는 순간 신학자에게 의심

을 받게 되지요.

우리를 깨우치고 각성하게 하는 말이군요. 신부님은 교회 안 어디에서도 이런 영성적인 열림으로 가는 힘이 없다고 생각하십니까?

제도권 교회들은 결단을 내리지 못하고 늘 망설이다가 나중에서야 깨닫습니다. 어떤 새로운 물결이 교회 안에서 일어나면 이는 대부분 '아래에서부터' 출발합니다. 오늘날의 영성적인 출발도 비슷했습니다. 이 출발도 밑바닥에서 시작하여 제도권 교회로 흘러 들어갔습니다. 윌버가 말한 '종교의 변환'이 필요합니다. 새로운 상황을 파악하면서 신비적인 차원으로 가야 합니다. 종교는 인간과 함께하는 길동무이자 단체입니다. 그 단체는 삶의 답을 늘 함께 찾고, 종교 안에서 그 답을 항상 새롭게 표명해야 합니다. 즉 시대의 변화에 맞추어 종교의 답도 달라져야 한다는 뜻입니다.

옛 패러다임은 말합니다. "우리는 정신을 발달시켰던 존재이다. 그렇지만 과오 때문에 신에게서 떨어져 나왔다." 새 패러다임은 이렇게 말합니다. "우리는 어떤 상황에서도 신에게서 떨어져 나오지 않았다. 신이라 칭하는 존재는 진화에서 부채처럼 펼쳐지는 존재이다. 우리 자체가 신의 현현이며, 다만 진정한 동질성을 인지할 수 없을 뿐이다. 우리는 절대 궁극적인 실재에서 떨어져 나온 '원죄'의 존재가 아니다. 궁극적 실재를 다만 잊고 있을 뿐이다."

우리는 궁극적인 실재로부터 왔고 결코 여기에서 떨어질 수 없다는 사실을 알아야 합니다. 우리가 바닷가의 모래라면, 그 모래는 늘 바닷물을 갈망합니다. 우리가 바다라면, 그 바다 역시 모래와 함께 놀지요. 이런 인식에 인간의 미래가 놓여 있습니다. 이런 변혁은 사실 종교 안에서도 조금씩 일어나고 있습니다.

새로운 시작은 늘 아래에서 출발한다고 말씀하셨는데, 세계 제2차대전 이후 유럽의 많은 곳에서는 영성적인 삶의 길을 찾는 각기 다른 작은 공동체나 형제회가 설립되었습니다. 가장 유명한 단체가 로제 슈츠 Roger Schut가 1945년에 세운 '떼제 공동체 The Taizé Community'[68] 입니다. 신부님은 이런 단체를 어떻게 보십니까?

이런 단체들은 깊은 영성으로 들어가는 길의 시작은 될 수 있지만, 영성적인 길의 진정한 전달자나 동반자는 아니라고 생각합니다. 이들이 모두 기존 교회의 패러다임에서 나왔고 기존 교회의 패러다임과 완전히 단절된 관계가 아니기 때문입니다. 이런 단체는 한계적인 임무를 지닌 공동체라고 생각합니다.

---

68 가톨릭과 개신교를 아우르는 국제 공동체. 1940년 로제 수사가 동부 프랑스의 작은 마을 떼제에 정착하면서 시작되었다. 떼제의 형제들은 영적, 물적 재산을 공유하며 독신 생활과 단순 소박한 삶에 투신한다. 하루 세 차례 드리는 공동 기도가 떼제 생활의 중심이며, 매주 이곳에서 열리는 청년 모임에는 전세계에서 수천 명이 참가해 기도와 성찰, 나눔을 한다.

떼제 공동체는 예식과 노래에 많은 비중을 두고 있습니다. 이 역시 과도기적인 현상일까요?

떼제는 신비적인 운동에 속합니다. 예식과 명상적인 미사 형태를 취하고 있고 교리와 이론을 요구하지 않으며 인간의 종교적인 잠재성을 풀어놓는다는 점에서 그렇습니다. 교리와 이론은 일상의 삶에서는 큰 역할을 하지 않습니다. 떼제 공동체는 이 시대에 명백하고 확고한 행복을 준다고 말하는 도그마를 부수고 그것을 열고 나온 창고라고 생각합니다. 작지도 않지만 그렇다고 크다고 말할 수도 없는 중간 단계이지요. 나를 정기적으로 찾아오는 사람 중에는 떼제의 영성적인 길에 참여했던 이가 많습니다. 그 사람들은 떼제에서는 어느 시점 이르면 깊은 체험단계로 나가는 길이 막힌다고 하소연합니다.

역사적으로 보면 전통적인 수도원에서 영성적으로 깨인 운동이 시작되었습니다. 신부님이 속한 수도원도 마찬가지이겠지요? 오늘날도 여전히 영성적인 운동이 수도원에서 일어나 살아 움직입니까?

수도원은 교수 사제나 주교가 제멋대로 간섭할 수 없는 곳입니다. 베네딕도 수도원 같은 경우는 매우 독립적인 형태로 운영됩니다. 수도원은 자율적인 구조와 조직을 지녔으며 수도원 자체 내에서 변화를 추구합니다. 예부터 수도원에서 영성 운동이 시작되었고 오늘날 역시 그런 추세로 가고 있습니다.

신부님의 말씀은 수도원이 마치 "신학적으로 자유무역범위에 있다"는 소리로 들리는군요.

그렇긴 하지만 수도원에도 '무역'의 경계와 제한은 있습니다. 개인적으로 나는 활발한 토론과 논쟁을 불러일으킬 수 있는 더 많은 용기를 원합니다. 수도원은 실험의 장으로 존재합니다. 교회의 자극과 활기는 위에서 오는 것이 아니라 아래에서부터 시작해서 관철할 수 있습니다.

그리스도교가 동양의 영성에 접근하는 방법도 수도원에서 시작할 수 있다고 보십니까?

그리스도교는 선교 의지가 강한 종교라서 늘 이방의 종교와 대립해 왔습니다. 그리스도교의 이런 면 덕분에 오히려 다른 많은 종교에서도 그리스도교의 영성에 부합하는 진리의 핵심을 발견할 수 있었습니다. 예를 들면 트라피스트 수도원의 신부였던 토머스 머튼 같은 영성가는 그리스도교에 동양의 선을 깊게 받아들였고 그리피스 신부도 그리스도교 영성을 힌두교적인 관점에서 해석했습니다. 물론 이들과 유사한 다른 예도 있습니다. 대부분 수도자입니다. 이들은 다른 종교의 문을 두드리고 대화를 시도했습니다.

그렇지만 이런 관점과 성향은 교회를 어렵게 만듭니다. 교회는 타 종교에 열린 듯이 보이지만 사실은 그 반대의 입장을 고수하는 듯합니다. 다른 종파와 대화를 나누고 사회적이고 윤리적인 영역에서도 함께 일할 것을 기대하고 있는데, 막상 교회는 자신의 가치나 뜻을 다른 종교와 동등한 급으로 매기는 것을 두려워하는 듯합니다.

교회 바깥에서는 그렇게 볼 수도 있겠군요. 교회의 공고나 성명을 들여다보면 교회는 밖으로 많이 열려 있는 듯하지만 사실 내면은 두려움에 떨고 있어요. 자신의 '유일함'과 '특수함'을 잃을까봐 그렇지요. 사람들은 아직도 '그리스도교인의 잉여가치'[69]에 관해 말하지만, 제도권 교회는 오늘날 이미 느끼고 보는 것처럼 그 모든 것에 확신을 줄 수 없는 상황에 이르렀지요.

"예수는 예! 그러나 교회는 아니오!"[70]라는 슬로건에서도 볼 수 있듯이 제도권 교회 없이도 종교는 성장할 수 있습니다. 공동체는 위기가 닥치면 스스로 경계와 한계를 지우고 내적으로 일치단결합니다. 그렇지만 이런 경계 지움은 궁극에 가서는 자신을 고착화합니다. 지속해서 후퇴하다 보면 결국은 좋지 않은 결과로 치달을 수밖에 없습니다.

---

69 「현존하는 그리스도교」, 2000년 3월호.
70 여기서 한국과 비교를 해보자. 한국에서 거리를 가다 보면 그리스도교를 믿는 신자들이 띠를 매고 거리 전도를 하는 모습을 종종 볼 수 있다. 그들이 걸치고 있는 문구 중 단골 메뉴 하나가 바로 누구나가 잘 아는 "예수 믿으면 천당 가고 불신하면 지옥 간다"이다. 심지어 차에까지 이런 글귀를 붙이고 다니는 것을 목격할 수 있다. 서구의 "예수는 예, 그러나 교회는 아니오"와 비교점이 된다.

교회는 변화된 시대에 적응해야 합니다. 종교는 스스로 변화를 추구해야 합니다. 변화를 두려워해서는 안 됩니다.

이럴 때일수록 교회는 종파적인 고유한 특징을 내세워 신자가 교회를 떠나지 못하도록 막아야 하는데, 왜 그렇게 하지 못할까요?

나는 그 반대로 생각합니다. 교회의 도그마를 간직한 신자는 여전히 교회 안에 머물 것입니다. 이런 신자는 교회 특유의 재산인 '구원'을 열망하고 그리워합니다. 믿음 공동체에서 발생할 수 있는 이런 후퇴와 역행의 위험이 오늘날처럼 큰 경우는 없었습니다. 교회는 동시대인의 질문 제기를 부당한 요구로 느낍니다. 종교 단체의 영성적인 발달을 촉진하고 창조적인 영향력을 미쳐 사람들에게 감화를 주지 않고 근본주의적인 역할로 돌아가려고만 합니다. 교회에서 빠져 나오는 신자가 증가한 것도 이 때문입니다. 제도권 교회의 교리로는 더 이상 자신과 세상의 일치를 이루지 못하기 때문입니다.

제도권 교회는 교회가 시대정신에 부응해야 한다는 주장과 전통을 고수해야 한다는 입장 사이에서 딜레마에 빠져 있는 건가요? 이에 대한 해결책은 있습니까?

앞에서 말했듯이 종교는 하나의 모델일 뿐입니다. 종교라는 모델을 통해 인간은 우주 안에서 자신의 역할을 정의합니다. 정신적인 영역에 이르게 되면, "어디에서 와서 어디로 가는가?"와 같은 현존의 의미를 묻게 될 겁니다. 만약 학문을 설명하기 위해 어떤 모델을 제시했다고 합시다. 새로운 인식 체계가 들어오면 그 모델을 고쳐서 학문을 새롭게 설명해야 합니다. 새로운 영역의 인식이 나타났을 때 학문이 변화하는 것처럼 종교 역시 바뀌어야 합니다. 그리스도교 믿음체계는 다시 재정립해야 합니다. 이런 믿음 체계는 지구가 하나의 원판이라고 믿었던 시대에 만들어졌고, 하늘에 구멍이 나 있다고 생각했던 시대의 산물이기 때문입니다. 19세기까지는 이러한 믿음 체계가 통할 수 있었지만, 이제는 이러한 도그마로 신에 관해 말할 수 없습니다.

근원적인 질문이 우리 앞에 놓여 있습니다. 우주의 생성과 진화 관점에서 보는 인간에 대한 이해입니다. 교회는 원죄, 구원과 부활, 신의 인격성과 비인격성, 시간의 초월성과 영원성 같은 낡은 개념을 아직도 유효하게 다룹니다. 그러나 낡은 해석은 과감하게 버리고 새롭게 해석해야 합니다. 무엇보다도 가톨릭교회는 다음과 같은 문제에 답을 해야 합니다. 여성의 동등한 권리 부여, 사제의 독신 선택권, 성의 긍정적인 가치, 민주적인 교계 구조에 대한 반성, 신은 벌을 내린다는 사고의 변화 등입니다. 어떤 희생을 치르든지 간에 비판적인 요소를 받아들일 줄 알아야 합니다.

미국에서 시작하여 독일에서도 부흥한 보수적인 프로테스탄트로의 회귀, 즉 복음주의 운동이 있습니다. 성신강림과 오순절, 종교단체 지도자의 초자연적인 능력과 경건주의자의 발흥 등이지요. 일반인의 눈으로 들여다보면 이들 단체는 매우 열정적이고 자극적으로 구원의 길을 제시하는 듯이 보입니다. 이것도 종교적인 체험이 아닐까요? 이를 신비주의와 어떻게 연관지을 수 있을까요?

구원의 길을 확신하도록 하는 이런 그룹에 대해서는 계속 논란이 있을 듯합니다. 처음에는 종교의 근원으로 돌아간 이 운동에 기꺼이 참여했다가 한계를 느끼고 탈퇴하는 사람이 매우 많으니까요. 방언이 좋다고 평생 방언만 하고 살 수는 없지 않겠습니까? 방언은 영성적인 실행이나 실천과 관련이 있고, 신비체험 중에서 개인의 '아'가 떨어져 나가는 과정입니다.[71] 이런 '카리스마'가 의식 현상에 관계됨은 분명합니다. 하지만 이 의식 현상은 변태심리학의 일종인 가짜 심리학입니다. 방언 현상은 그리스도교에만 한정된 게 아니고 자연종교 안에서도 찾을 수 있습니다. 영성을 갈구하는 사람들은 방언 기도를 넘어서 다른 차원의 영성을 갈망합니다.

안타깝게도 이런 것조차 느끼지 못하고 공동체나 교회의 경직된 윤리 아래 자신을 예속시키는 경우가 더 많습니다. 자신의 영성적인 발전에 대해서는 알아차리지 못하면서요.

---

71 "Niemand kann zum Beispiel sein ganzes Leben lang in Zungen reden. Gewiss ist das Zungenreden eine spirituelle Praxis, bei der das Ego zuruecktritt."

이단종파와 근본주의자는 매우 깊게 잠복해 있습니다. 이들은 용기 있게 부수고 나오는 데 힘을 쓰지 않고 자신 안에 안주하려고 합니다. 이런 종파는 자신의 교리만으로 높은 성벽을 쌓은 후 바깥에서 들어오는 것들로부터 자신을 지킵니다. 이런 성향은 신비적인 경건함과는 다른 차원입니다. 신비적인 경건함이 자신을 비우고 손에서 놓는 것이라면, 신흥 종교는 도그마와 윤리, 동아리의 동질성 등으로 공포를 느낄 정도로 추종자를 구속하고 공동체를 선전하는 데 몰두합니다. 불확실성과 공포를 강조하면서 자신만을 따르라고 강조합니다.

근본주의로 흐르는 것 외에도 다른 방향으로 향하는 발전도 있습니다. 최근에는 큰 종교 단체의 지도자와 추종자의 만남이 잦아지고 있습니다. 문제는 이런 만남이 사회적으로 알려지지 않은 자신만의 공간에서 이루어진다는 것입니다. 신부님은 이런 예가 초월을 넘어 다른 상태로 가는 진보나 성장의 간접 증거라고 생각하십니까?

여러 종파 간에 대화를 나누고 공동 목표를 향해 움직이는 행위는 매우 중요합니다. 유명한 신학자 한스 큉도 종교의 공동적인 목표를 위하여 의무와 구속력이 있는 조직이 필요하다고 말한 바 있습니다 (세계윤리). 하지만 내가 원하는 종교 간의 진정한 일치는 각 종교의 제례 그리고 의식을 알리는 신비체험에서 기인합니다. 모든 사람은 신비체험을 통해 근원적인 존재와 만날 수 있습니다. 모든 종교가 같은 궁극적 실재에 도달하기 위해 노력하기 때문에 당연히 이런 경험은 모든 종파를 초월하게 됩니다.

그러니까, 세계윤리 그리고 여러 종파 간의 공통점을 위한 대화는 다만 중간 정거장이 될 뿐입니까?

왜 '다만'입니까? 약간 부정적으로 들리는군요. 이미 언급했듯이 종교 간의 대화에는 중요한 의미가 내포되어 있습니다. 하지만 진정한 종교의 일치는 종교간 혼합이 아니라 궁극적인 실재를 체험하는 데 있습니다. 신비체험은 이미 모든 종교에서 전제로 깔고 있기 때문에 누구든지 배우면 신비체험을 할 수 있습니다. 신비주의는 다음 세대에 매우 중요한 작용을 할 것이고, 신학의 구원자가 될 겁니다. 21세기는 형이상학의 시대입니다. 신학은 여기에 적응하지 못하고 허우적거리고 있습니다. 자연과학은 이미 경계를 넘나드는 학문으로 동양의 비교(秘敎, Esoterisch)[72]를 그 안에 받아들였는데, 오히려 신학은 이보다 후퇴해서 신비주의를 잊어가고 있습니다.

---

72 에조테릭은 사전적인 뜻으로는 비교(秘敎)를 뜻한다. 하지만 예거 신부는 다른 저서(『신비주의에로의 귀향』, 프라이부르크, 2009, 63쪽)에서 이 두 가지 형태를 구분하지 않고 오히려 한 종교 안에 에조테리쉬한 영성과 에조티쉬한 영성이 있다고 구분했다. 그는 그리스도교, 불교, 힌두교의 예를 들면서 두 가지가 요소가 한 종교 안에 있다고 말했다. 첫째, 내면적인 영성의 길로 나가는 에조테릭 성향, 둘째, 단지 도그마, 교리, 전례 혹은 상징성에 출발하는 에조테릭 성향이다. 에조테리커(Esoteriker)는 사전적인 뜻으로 '비교의 가르침을 받은 사람' 혹은 '이성적인 의식을 가진 사람이라기보다는 신적인 경지로 나아가려고 영성을 추구하는 이'들을 표현한다고 예거 신부는 말한다.

신부님은 진정한 종교의 일치는 초종파적인 신비체험으로 가능하다고
하셨는데, 맞습니까?

'네', 그리고 동시에 '아니오'라고 답하고 싶군요. 궁극적인 실재의 경험
에서 종교는 더 이상 존재하지 않습니다. 궁극적 실재의 체험 안에 들
어가면 차별이 없어집니다. 이렇게 되기까지는 많은 시간을 필요로 하
겠지요. 그렇지만 언젠가 어느 날, 모든 종교가 진리의 산 정상에서 만
날 날이 올 것입니다. 그곳에서 각 종교는 궁극적인 실재에 대한 서로
의 차이점을 나눌 것입니다. 차이가 발생하는 이유는 이들이 자신의
문화, 자신의 종교적인 모형과 관념에 상응하기 때문에 발생합니다.
이것이 유리 창문입니다. 유리 창문을 통해 각 종교는 이성적인 범주
내에서 신적인 것을 밝히고 설명하지만 그 본질은 하나의 빛입니다.
그렇게 되면 각 종파마다 경계를 나누지 않고 싸우지도 않으며 같은
목적을 가졌음을 인지할 것입니다. 이런 인지가 이미 시작되었고요.
많은 서구인이 내면적인 영성의 길로 가는 에조테릭^{Esoterik} 방법에 대
해, 불교와 힌두교에 대해 궁금해하고 있어요. 이는 모든 종파 안에
내재하는 초교파적인 핵심의 성장을 보여주는 첫 증거입니다.

모든 이가 교파를 초월한 영성을 발견하고 있다고 전제해 보겠습니다.
그렇다면 어느 종교적인 유형이 미래에 가장 적합할까요?

이미 언급했듯이 언젠가 거대한 영역의 기초를 지닌 그룹이 나타날 것입니다. 이런 그룹을 영성적인 지도자나 동행자가 이끌면 이 주위에 사람들이 모여들겠지요. 이렇게 되면 전통적인 교회에서도 이런 흐름을 더 이상 거역하지 못하고 참여하게 될 겁니다. 그리고 광대한 규모의 영성 요소와 신비적인 요소를 스스로 공표하고, 이를 종교적인 실천영역에 수용하게 될 것입니다.

어떤 뜻인지 더 구체적으로 말씀해 주시겠어요?

신학교육에서 신비학과 영성이 더욱더 중요한 비중을 차지하게 될 것입니다. 영성적인 길에 관심을 둔 이들은 이제는 교회 밖이 아니라 교회 안에서 영성을 발견할 것입니다. 그러려면 교회는 지금처럼 신비주의를 거절하고 거부해서는 안 됩니다. 교회에서 신비와 정관, 명상을 경고한다면 자신 스스로 불행을 초래하겠지요.

신학 교육이 개혁되어야 한다고 말씀하셨지요? 이는 신학의 내용에 관한 것인지요? 아니면 신학자체가 영성 안에서 행해져야 한다는 뜻입니까?

둘 다입니다. 먼저 사제가 영성 교육을 받아야 합니다. 인간의 영혼을 돕는 사제는 신자 중 이미 신비적인 영성의 길에 들어서서 초월영역을 경험한 이들이 찾아오면 상당히 힘에 겨워합니다. 본질적으로 영성

적인 위기에 처한 이들이나, 아니면 신비적인 것에 목말라 하면서 영
성적인 조력자를 찾는 이들은 교회의 수도자를 찾기보다는 심리치료
사나 자연치료사를 찾습니다. 신자의 20% 정도만이 교회의 사제를
찾는다고 합니다.[73] 이러니 교회는 불안해 질 수밖에 없겠지요.

교회 관계자들이 영성적인 능력과 권위를 갖추고 있다면 현 교회의 모
습과 여기에서 일하는 이들의 덕망이 좀 올라갈까요? 제 생각에는 달
라이 라마 같은 사람을 교회 안으로 끌어들여 신자들을 활달하게 움직
이게 한다면 특색 있고 독특한 상황이 전개되리라고 여겨집니다.

교회가 꼭 달라이 라마를 얻으려고 노력할 필요는 없습니다. 교황 요
한 바오로 2세도 이 관점에서 보면 달라이 라마에 견주어도 손색 없
는 존재였습니다. 그 역시 근거 있는 토대 위에서 인간이 상황파악을
할 수 있도록 많은 배려를 했습니다. 다만 그가 지닌 카리스마적인

---

[73] 여기서도 우리는 서구 그리스도 교회사와 현대의 유럽 심리상담사와의 연결점
을 볼 수 있다. 예거 신부가 현재 20% 정도만이 영혼상담을 하러 수도자를 찾
아다닌다고 한 말은, 나머지 80%는 아예 영적 도우미를 찾지 않거나 심리상담
사를 찾아간다는 뜻으로도 볼 수 있다. 예전엔 수도원이나 교회에 '고백성사'가
성행했다. 이런 고백성사를 통해 서구인들은 어느 정도 심리적인 안정을 찾을
수 있었다고 본다. 하지만 교회가 쇠퇴하면서 고백성사도 그 본연의 의미를 점차
잃기 시작하자, 대개의 신자는 신부에게 영혼 도우미를 청하기보다는 아예 돈을
주고 심리학자를 찾아간다는 것이다. 지금 독일의 심리상담실들은 문전성시를
이루고 있다. 전통적으로 내려오는 종교의 역할이 한 사회에서 무너지면 이렇게
대안이 생기는 것을 볼 수 있다. 요즘 한국에서 '대안 학교'가 새롭게 사회에서
자리를 잡듯이 말이다.

권위로는 문제 해결의 답을 주는 게 충분하지 않았습니다. 그는 좀 더 열린 마음으로 관용을 가지고 구체적인 테마를 제시해야 했습니다. 그의 연설은 틀에 박힌 윤리적인 요구를 하고 있었어요. 그렇다 하더라도 그의 권위와 신실함이 깊은 경건함에서 우러나왔다는 것을 부정할 수는 없습니다.

신은 춤이자 춤추는 자다

신은 오고 간다. 신은 탄생하고 죽는다.
춤 없이 춤을 추는 자는 아무런 의미가 없고,
춤추는 자가 없는 춤 역시 생각하기 어렵다

예수는 신의 아들입니다. 하지만 신의 아들이라는 말은 예수뿐만이 아니라 인간을 포함하여 살아 있는 모든 존재에 붙일 수 있습니다. 신은 형체를 가진 모든 존재에 현현하니까요. 우리 모두는 신의 자식입니다. 예수의 특이한 점은, 그가 아버지라고 명명하는 자와 하나 되는 경험을 했다는 것이지요. 이런 믿음으로 그는 살고 활동했습니다. 이 점이 예수가 갖고 있는 유일무이한 것입니다.

그리스도교 신학에 대해 이야기해 보지요. 신부님이 말했던 것처럼, 그리스도교 신학에서는 신비학을 부정하고 곡해하고 있는 듯합니다. 왜 그리스도교 신비학과 그리스도교 신학이 좋지 않은 관계에 놓이게 된 겁니까?

신비학은 신과 인간세상이 하나가 된 일체적인 경험에서 출발합니다. 그에 반해 그리스도교 신학은 이분법에서 출발합니다. 신과 세상이라는 이분법입니다. 그리스도교 신학의 유신론과 일신론의 개념에 따르면 신은 세상 밖에 존재합니다. 그리스교 신학에 따르면 신은 창조가 끝난 후 인간세상과 떨어진 바깥에서 이 세상을 다스리고 모든 문제를 인간의 탓으로 밀어놓았습니다. 인간은 죄를 지었고 타락한 세상으로 떨어졌기 때문에 구원이 필요하다고 말합니다. 신학에서 구원은 바깥에 있는 신에게서 온다고 말합니다. 이 세상을 구원하기 위해 신이 구원자를 보냈다고 주장합니다. 십자가에서 죽은 그리스도의 피는 인간의 죄를 대속하는 것이라고 말합니다. 구원자를 통해 신과 타락한 인간 세상 사이에 화해의 다리를 놓는 게 그리스도교 신학입니다. 이런 신학이 오늘날의 현대인을 이해시키기는 어렵지요.

그렇지만 사람들은 아직도 일상적으로 구원에 매달립니다. 이런 집요함은 어디에서 생긴 걸까요?

집요함은 인간의 정신에서 출발합니다. 우리는 세상을 중립적인 시각에서 간단하게 수용하는 방법을 모릅니다. 인간의 정신은 뇌의 인식 능력에 따라서 설계되었습니다. 뇌는 특정한 세계를 구성해 내지요. 그리고 관찰자는 관찰에 함께 참여하는 공동 관련자입니다.[74] 이처럼 우리의 인식 능력은 이분법적인 구조로 되어 있습니다. 우리는 이분법적인 구조를 일상에 그대로 투영합니다. 그래서 궁극적인 실재도 이분법적으로 형성되었다고 믿는 것입니다. 이성은 이런 점을 파악할 능력이 없습니다. 이성은 우리의 감성이나 신비체험을 매우 다른 영역으로 치부합니다.

<u>이성이 신비체험을 낯설어하고 신학이 이성적인 점만 받아들이려고 한다면, 차라리 신비주의는 신학에 대해 기권하는 편이 낫지 않을까요?</u>

종교는 신비학과 신학 두 개의 다리를 가지고 있습니다. 하나가 엉성하면 다른 하나도 튼튼할 수 없습니다. 신학은 신비체험의 영역에서는 어떤 역할도 할 수 없습니다. 신비체험이 중지되는 곳에 신학이 생깁니다. 나는 신비주의가 신학을 구제할 거라고 믿습니다. 토마스 아퀴나스는 생의 마지막에 이런 말을 했습니다. "내가 지금까지 쓴 글은 하나의 볏짚과 같다." 그는 신비적인 실재의 체험을 통해 종교의

---

74 어떤 학자가 '어떤 이론'을 만들어서 발표했다면 이미 그 이론 안에 이차적인 요소들이 함께 작용하고 있다는 것을 사람들이 인지한다는 뜻이다. 이차적인 요소란, 만약 그가 무슬림이라면 무슬림의 종교, 문화, 역사를 이미 바탕에 깔고 대상 구조를 관찰하고 실험했을 것이라는 의미이다.

다른 면에 눈떴습니다. 신학의 다른 면을 보았다고 할 수 있지요.

<u>종교와 신학의 어떤 유형을 말하는지요?</u>

매우 명민하고 통찰력 있는 어떤 사람이 나에게 말하더군요. "종교는 유전자의 속임수일 뿐"이라고요. 나는 이 말을 매우 진지하게 받아들였습니다. 그는 결코 종교를 폄하하지 않았습니다. 오히려 그 반대였습니다. 인류 종족이 진화의 어느 단계에 이르면 반드시 자신의 뿌리에 대해, 미래에 대해 그리고 생의 의미에 대해 질문하게 될 것입니다.[75]

  종교는 그동안 이런 질문에 충실히 답해 왔습니다. 이 물음에 지난 1000년이 넘는 세월 동안 답해 왔고, 오늘날에도 그 역할에는 변함이 없습니다. 하지만 이제는 거듭나야 합니다. 종교가 현대인에게 지금 상황에 맞는 답을 주지 못한 채 한계에 부딪혔다면, 자신을 돌아보고 새로운 변화를 시도하며 기존의 틀을 수정해야 합니다. 종교는 인간과 더불어 계속 성장해야 합니다. 이런 상황에 대처할 수 있는 게 '진화신학'입니다. 진화신학은 인간의 진화와 성장으로부터 출

---

[75] 시대를 불문하고 인간의 삶은 늘 진화 도상에 놓여 있다는 예거 신부의 이 말에 깊이 공감한다. 어느 날 TV를 통한 작은 경험을 역자는 써 보려 한다. TV를 틀었더니 마침 '아마존의 눈물'을 상영했다. 내용은 잘 알려진 대로 원시림에서 원시적으로 살아가는 아마존 원주민들의 이야기였다. 다음 채널을 돌리니 '우주실험'을 하는 방송이었다. 같은 지구 안에서조차도 이렇게 다른 진화의 길을 가고 있음을 보여주는 사례이다. 만약 아마존 원주민에게 이런 우주실험을 이야기하거나 그리스도교 교리인 '삼위일체'를 설명한다면 어떻게 되었을까? 그 반대 예가 될 수 있는 종교 현상도 마찬가지라 본다. 이미 진화한 영혼은 교리나 도그마라는 옛 통속에 다시 들어가기가 심히 어려울 것이라는 게 역자의 생각이다.

발했습니다. 진화신학은 우리에게 일어나는 모든 일을 보편적인 삶의 강력하고 놀라운 진화의 과정으로 이해합니다. 진화신학은 곳곳에서 지속적으로 일어났다가 사라지는 것을 인정하고 승인합니다.

신비가는 "순간마다 세상은 새롭게 태어난다"고 말합니다. 새로운 창조는 진화의 바깥 영역에 있는 창조자의 손에서 진행되는 게 아니라 진화에서 비롯된 활기로 스스로 그렇게 됩니다. 신비학이나 진화신학의 이론에서 보면 신은 진화의 창조자가 아닙니다. 진화 자체가 스스로 전개되는 신입니다.

<u>신부님은 "신은 혁명이며 진화다"라고 말씀하셨습니다. 신에 관해 이야기할 수 있는 단어들에는 어떤 의미가 있을까요?</u>

우리가 흔히 말하는 신은, 저승에서 존재하는 인격적인 힘을 가진 전통적이고 유일신적인 관념과 일상적으로 연결되어 있습니다. 그러나 나는 '궁극적인 실재Erster Wirklichkeit'에 관해 말하고 싶어요. 이를 두고 동양 선에서는 '공Leerheit', 힌두교에서는 '브라만Brahmann', 마이스터 에크하르트는 '신성Gottheit', 요하네스 타울러는 '마지막 근원letzten Grund'이라고 표현했습니다. 사람들이 어떻게 말하는가는 중요하지 않습니다. 그것에 관해 이제는 말할 수 없다는 점이 중요합니다. 신은 정해진, 일정의, 확고한, 단호한, 특정한 취지나 요점, 혹은 내용이 없는 관념입니다. 에크하르트는 말했습니다. "신과 신성의 차이점은 땅과 하늘 사이의 차이보다도 더 크다."

<u>신부님의 저서를 보면 '삶'이라는 개념을 '신'이라는 단어와 매우 가깝게 표현하고 있는데 맞습니까?</u>

'생'이나 '삶'은 우리가 '신'이라고 지칭하는 궁극적인 실재를 표징하는 단어와 어울리지 않는다고 생각하지요. 우리는 삶을 살고 있지만 삶은 우리가 움켜쥘 수 없는 영역에 떨어져 있기 때문입니다. 우리는 삶이 어디에서 왔는지, 어디로 가는지 모릅니다. 삶은 어디에도 있고 어디에도 없습니다. 삶은 살아 있는 존재 모두에게 나타납니다. 그렇지만 삶은 살아 존재하는 무엇보다 더 큽니다. 그러니까 삶은 궁극적인 실재라고 할 수 있습니다. 궁극적인 실재는 여기에 있습니다.

그렇지만 실재는 형상과 형식이 주어질 때만 파악할 수 있습니다. 이 형식 자체가 비어 있음(空, Leerheit)입니다. 비어 있음은 현존하기 위해 다시 형상과 형식이 있어야 합니다. 비어 있음이 없는 형식은 나타날 수 없습니다. 이런 점들이 삶과 똑같습니다.

삶은 모든 살아 있는 존재입니다. 삶이 없으면서 살아 있는 무언가는 살아 있는 존재가 될 수 없습니다. 그러나 삶은 결코 살아 있는 특정한 존재에게만 나타나지 않습니다. 그러므로 삶은 각 살아 있는 존재보다도 더 큽니다. 삶은 살아 있는 존재들 속에 왔다가 갑니다. 그래서 존재가 파악되지 않습니다.

<u>삶과 신이 모두 궁극적인 실재지만 서로 대비 관계에 있으며, 궁극적 실</u>

재인 두 개가 서로 다른 표징이라는 이야기인가요? 제가 신부님의 말을 정확하게 이해했습니까?

그렇습니다. 우리는 신처럼 크고, 모든 존재를 관통하는 광범위한 에너지로 '생'과 '삶'을 이해해야 합니다. 이 힘을 '신의 생명'이라고 말할 수 있습니다. 샤롱 Jean Emile Charon[76]은 이를 '사랑'이라고 말했습니다. 인간적인 사랑을 말하는 게 아니라 모든 이에게 열려 있고 모든 것을 위해 개방하는 의미에서의 사랑입니다. 이런 의미에서 사랑은 혁명과 진화의 근본입니다. 원자는 다른 원자와 함께 분자로 결합하고 다시 분자까지 결합하여 세포를 만들며 이 세포는 모여 다시 커다란 유기체가 됩니다. 스스로 초월로 나아가기 위해 변화하는 행위를 우주 곳곳에서 인지할 수 있습니다. 이것이 삶과 생의 진정한 혁명을 추진하는 힘입니다. 자기의 정체성을 보존하고 동시에 자신을 뛰어넘을 경우 생존의 진화가 이루어집니다.

그렇지만 전통적인 진화 이론에서는 사랑이 진화의 원동력이라고 가르치지 않습니다. 일반적으로 진화는 더 강한 존재가 약한 존재를 누르고 그 자리를 차지하는 의미가 아닌가요?

항상 절대적으로 그렇지는 않습니다. 오늘날의 진화는 강도가 크고

---

76 프랑스의 물리학자인 샤롱(1920~1998)은 복합적인 상대성이론을 발전시켰다.

힘 있는 존재에 좌우되기보다는 적응 능력과 협동 능력으로 좌우됩니다. 거대한 이빨을 가졌고 독을 가졌다고 해서 모든 존재를 제압할 수는 없습니다. 살아 생존하는 시스템도 마찬가지입니다. 생존 시스템은 다른 존재들과 완벽하게 조화를 이루는 동시에 자신을 스스로 열어 초월로 나아가는 능력을 지녔습니다. 반대로 자신을 닫고 통제하는 제도는 소멸의 지름길이 됩니다.

<u>신, 삶, 사랑, 진화 이 네 가지는 동일한 실재에 대한 이름입니까?</u>

그렇습니다. 신은 진화의 과정과 관계 있습니다. 신은 오고 갑니다. 신은 탄생하고 죽습니다. 신은 진화에서 춤추는 자입니다. 춤 없이 춤을 추는 자는 아무런 의미가 없습니다. 춤을 추는 자가 없는 춤 역시 생각하기 어렵습니다. 신과 진화는 같습니다. 신, 삶, 사랑, 진화 네 가지 중 하나라도 빠진 궁극적인 실재는 생각할 수 없습니다.

심포니를 예로 들어보겠습니다. 우주가 심포니라면 모든 장소와 모든 순간, 모든 존재는 특정한 음표라고 할 수 있습니다. '신'이라고 칭하는 존재는 이런 음표들이 합쳐져 음악으로 표현됩니다. 심포니를 연주하기 위해서는 음표가 빠져서는 안 됩니다. 만약 음표가 다음 순간에 다른 음표로 지워진다 하더라도 마찬가지입니다. 모든 음표가 신을 구성하는 전부입니다. 이것들이 합쳐져 심포니가 되는 것처럼, 신은 이런 요소가 합쳐진 존재입니다.

신이 인간의 모습으로 나타난다는 '화신'에 대한 새 해석은 그리스도교 입장에서는 미묘하고 궤변적인 이야기로 들릴 듯합니다. 신은 우주의 심포니라는 이야기 말입니다.

신은 우주에 현현하고 있습니다. 신과 그의 화신은 서로 연결되어 있습니다. 신은 현현만 하는 게 아니라 화신으로 자신을 표명하기도 합니다. 신은 나무에는 나무로서, 동물에는 동물로서, 인간에게는 인간으로서, 천사에게는 천사로서 계시합니다. 신은 각 존재 자체이며 본질입니다.

신비가는 이런 체험을 한 사람입니다. 신비가는 우주를 신의 뜻이 서려 있는 깊은 현현으로 봅니다. 많은 사람이 신을 인간의 맞은편에서 내려다보고 있는 어떤 존재라고 생각하는데, 이는 사실 글을 모르는 사람들Analphabeten이 시Gedicht를 대하는 상황과 같습니다. 시의 전체 의미를 파악하지 않고 표징과 단어를 세고 있다고 할까요?

만약 우주가 신의 현현이라면, 성서에서 계시한 특수한 하느님의 말씀은 시대에 뒤떨어지고 낡은 것이 되겠군요?

성서—성경, 코란, 우파니샤드까지—의 중요성은 그 경전들이 가지는 완전하고 흠 없는 특성에서 찾아야 합니다. 이 특성은 역사적인 차원을 뛰어넘어 서는 것입니다. 지나치게 역사적인 의미에 중점을 두면 구원의 성격을 잃습니다. 신약성서는 복음에서만 출발하지 않았습니다. 성서를 저술할 때 많은 저자가 참여했습니다. 저자마다 각자 생각하는 구원의 인식과 진술을 성서에 끌어다 넣었습니다. 이 진술이 바울의 손끝에서 나왔든 요한에게서 나왔든 모두 똑같은 성향으로 저술되었습니다. 신적인 신비체험에서 계시가 나오고 후에 이 경험을 글로 적었습니다. 경전은 신비적인 일치를 나타내고 있습니다. 나는 요한복음과 흔히 성서외전이라고 말하는 도마복음을 가장 소중하게 생각합니다. 누가복음 역시 중요합니다. 이 복음들은 제도 안에 짜이고 얽매이기 전 그리스도교의 믿음이 얼마나 다양하고 풍부했는지 보여줍니다.

<u>신부님의 견해가 그렇다면 어떤 관점으로 성서를 읽어야 할까요?"</u>

성서를 근본주의적으로 읽는 사람도 있지만 윤리적, 심리적, 영성적인 차원 등 여러 각도에서 읽을 수 있습니다. 이 말은 성서를 각자 구원의 측면이나 내용에 맞게 읽으면 된다는 뜻입니다. 초기 공동체에서는 성서를 다양한 방법으로 읽었기에 여러 유형의 공동체 신학이 파생되었습니다. 성서외전인 복음을 들여다보면 이런 성향을 자주 발견할 수 있습니다.

<u>영성적인 차원에서의 성서 읽기가 우선이라는 이야기인가요?</u>

꼭 그렇지는 않습니다. 여기에는 학자들의 식별력에 대한 과잉 질문이 뒤따라오기 때문입니다. 우리는 구원의 진술만 눈여겨보면 됩니다. 누군가 우파니샤드를 읽는다면 그 내용이 진짜인지 가짜인지, 누가 그것을 제시했는지 따지지 말고 그 안에서 구원을 어떻게 표현했는지 찾으면 됩니다.

성서에 나오는 예수의 기적을 어떻게 이해해야 할까요?

예수는 '치유사'였습니다. 그러나 예수의 역할을 단지 그 단어로만 한정 짓는 건 아닙니다. 모든 시대마다, 어떤 상황에서든 자신의 힘과 에너지로 병자를 고쳤다는 뜻에서 한 말입니다. 오늘날에는 정신장애인을 고치는 행위도 치유의 기적에 속합니다. 예수가 어떤 사람인지는 중요하지 않습니다. 예수의 의미는 더 깊고 중요한 곳에 있습니다.

그리스도교의 도그마에 대해 다시 이야기를 나누어 보지요. 그리스도교에서는 예수가 신의 아들이라고 말합니다. 이를 어떻게 생각하시는지요? 그가 인간을 구원하기 위해 십자가에 매달려 죽었다는 사실 말입니다.

나는 의심하지 않고 예수가 신의 아들이라고 생각합니다. 하지만 신의 아들이라는 말은 예수만이 아니라 인간을 포함하여 살아 있는 모든 존재에 붙일 수 있습니다. 신은 형체를 가진 모든 존재에 현현하니까요. 우리 모두는 신의 자식입니다. 예수의 특이한 점은, 그가 아버지라고 명명하는 자와 하나 되는 경험을 했다는 것이지요. 이런 믿음으로 그는 살고 활동했습니다. 이 점이 예수에게는 유일무이합니다.

십자가에 매달린 속죄의 죽음을 어떻게 보십니까?

예수는 자신이 십자가에 매달려 죽은 행위를 구원의 죽음이라고 말하지 않았습니다. 이런 도그마나 예수의 피와 죄의 비유를 동시대 사람들이 이해하기는 어려웠을 것입니다. 피의 속죄양에 관한 은유는 그 후에 붙여졌습니다. 이제는 새로운 해석이 필요합니다. 그 이유는 두 가지 때문입니다.

첫째, 피의 속죄양에 관한 비유는 신약성서 작가들이 자신이 성찰한 바를 구약성서에 근거해서 드러낸 비유입니다. 매우 오래된 비유이지요. 신약성서 작가들은 자신의 숙고의 근원이 고대 시대 예배의 형식에서 기인함을 알았습니다. 이 의식에서는 사제가 공동체의 죗값을 양에게 지우고, 사람의 죄를 대신하여 양을 잡아 '속죄의 피'를 뿌렸습니다. 두 번째 양은 죄인들과 함께 사막으로 데리고 가서 혼령들을 달래고 진정시키는 데 사용했습니다. '피의 속죄양'은 오늘날의 시대정신에 맞게 새롭게 해석해야 합니다. 지금까지 새로운 해석들이 나왔지만 나는 만족할 수 없습니다.

두 번째 이유는 무엇인가요?

두 번째는 그리스도교 신학의 배타적이고 독점적인 주장을 현대인이 받아들이기 어렵다는 점입니다. 현대인은 이제는 예수의 죽음이 모든 존재를 구원하기 위한 우주적이고 포괄적인 죽음이라고 믿지 않습니다. 교인들은 점점 진지함과 도덕적인 주장, 요구를 지닌 다른 종교와 그리스도교를 비교하게 되었고, 그 결과 그리스도교가 2000년 전 한 인간의 죽음을 통해 쓸데없이 위엄을 드러냈다고 판단하게 되었습니다. 예수가 행한 속죄의 죽음을 이제는 이해할 수 없게 된 것입니다.

이미 언급했던 은하계 이야기를 기억해 봅시다. 은하계가 생성되고 16억 년간 우주가 존재했다고 합니다. 오늘날 사람들에게 예수의 출현과 그의 삶을 어떻게 믿게 해야 할까요? 나는 신학자들에게 진지하게 묻고 싶습니다.

신학자들도 오랫동안 이 질문을 던졌다고 생각합니다. 최소한 성서의 해석자들은 예수의 죽음이 구원과 연관이 깊다고 생각하고 그 주장을 쓴 게 아닐까요?

사실 신학자 중 많은 이가 예수의 속죄 도그마를 이제는 지지하지 않을 뿐 아니라 그 주장을 하는 것을 망설이고 있습니다. 다만 예수의 속죄 도그마가 그리스도교의 근본믿음이라고 생각할 따름입니다.

이는 부활절 전 주의 교회 예식을 보면 잘 알 수 있습니다. 물론 신학과 교회공동체에서의 선포는 서로 분리되어 있다고 말할 수 있습니다. 하지만 이런 모순과 당착이 이 시대의 그리스도교에 더 무거운 짐을 지우고 있습니다. 이 시대에 맞는 일반적인 구속력을 가진 그리스도론이 필요합니다. 시대에 맞는 그리스도론이 있다면 일반 신자도 의심하지 않고 받아들일 것입니다. 나사렛 예수의 업적과 죽음을 진정으로 이해시키는 방법이 필요합니다.

그렇지만 오늘날은 광범위하게 예수에 관한 연구가 이루어지고 있지 않습니까?

확실히 요즘은 예수에 관해 광범위한 연구가 이루어지고 있습니다. 그 덕에 우리는 예수와 동시대를 살았던 사람들보다 더 많이 예수에 관한 정보를 입수하고 있습니다. 그러나 연구는 늘었지만 신자들에게 그리스도 형상에 관한 내면적인 모순을 녹여 줄 해결책은 제시하지 못했습니다. 반대로 관습적인 속죄의 죽음 모델을 거부하는 곳에 오히려 추가적인 지지를 하면서 분란을 돋우기만 했다고 할까요? 또한 이 연구들은 기존 그리스도교 신학의 이분법적이고 유일신적인 근본 구조에 대한 긴장을 더욱 증가시켰습니다. 예수의 삶에 관한 연구는 곧 예수가 인간이라는 사실을 가르치기 때문입니다.

　예수가 구원자로서 방랑하고 설교한 행동은 당시에는 매우 일반적인 일이었습니다. 이런 사람에게는 늘 제자가 무리 지어 따라다녔습니다. 제자가 많아질수록 기존의 종교 단체나 제도권에 있는 사람들과 갈등을 일으키고, 결국은 죽음에 이를 수밖에 없었습니다. 따라서 예수의 죽음은 우리의 죄를 속죄하기 위해서가 아니라 예언자적인 죽음이라고 해석해야 합니다. 이스라엘의 많은 영성적인 지도자처럼 말입니다. 많은 신학자가 이를 수긍하고는 있지만 누구도 용기 있게 나서지 못하고 있습니다. 이 점이 나는 안타깝습니다.

예수에 대한 인습적이고 판에 박힌 듯한 해석이 틀렸다면, 예수에 관한 전통 중 아직 남아 있는 것은 무엇일까요?

이미 얘기했듯이 예수를 역사적이고 도그마적인 의미로만 해석해서는 안 됩니다. 그의 구원 진술에 중요성이 있습니다.

성서사 속에 나오는 구원 진술에 대해 명백하게 이해할 만한 예를 들어 주십시오.

다볼 산 Taborereignis에서 일어난 예수의 영광스러운 변모 사건을 예로 들어 봅시다. 마가복음 9장에 나오는 이야기입니다.[77] 어느 날 예수가

---

77 "예수께서 또 말씀하셨다. '나는 분명히 말한다. 여기 서 있는 사람들 중에는 죽기 전에 하느님 나라가 권능을 떨치며 오는 것을 볼 사람들도 있다.' 엿새 후 예수께서 베드로와 야고보와 요한을 따로 데리고 높은 산으로 올라가셨다. 그때 예수의 모습이 그들 앞에서 변하고 그 옷은 세상의 어떤 마전장이도 그보다 더

제자들 앞에서 거룩한 신성을 보여 줍니다. 그러자 제자들은 예수가 자신들이 지금까지 믿고 있었던 이가 아니며, 그의 신성이 그들 앞에 출현했음을 깨닫고서 즉시 그를 신의 아들로 인지합니다. 이 사건은 진정한 예수에 관한 계시일 뿐만 아니라 동시에 인간의 진정한 본체에 관한 이야기입니다. 예수는 신의 현현의 한 원형입니다. 신이 육화의 비밀을 우리 인간 안에서 가시적으로 노출했다는 뜻입니다.

예수의 선포는 무엇이며 그는 어떻게 되는 것입니까?

예수 자신이 바로 그의 선포입니다. 그는 "신의 나라가 가까이 다가왔다. 하늘나라가 바로 우리 안에 있다"고 선포합니다. 그의 구원 진술을 진지하게 받아들인다면 우리는 다음과 같은 표명에 대해 더 이상 두려워할 필요가 없습니다. 그는 이야기 중간에 '신의 자식' '하느님의 자식' '하느님의 나라가 바로 우리 안에 있다' '누가 나를 본다면 아버지를 볼 것이다' '아브라함이 있기 전에 나는 있었다'[78]는 말을 합니

희게 할 수 없을 만큼 새하얗고 눈부시게 빛났다. 그런데 그 자리에는 엘리야가 모세와 함께 나타나서 예수와 이야기 하고 있었다(마가 9:1-4, 마태 17:1-3, 누가 9:28-30)."

78 "'하늘에 계신 우리 아버지시여'라고 하는 예수의 기도 속의 '하늘'은 '천국'이고 '신의 나라'이다. 어째서 '하늘'이라고 하는 높이를 표현하는 말이 사용되었는가 하면, 그것은 공간적 거리에 있어서 '높다'고 하는 의미는 아니고 영적 초고주파 超高周波의 세계이고, 물질적인 둔중한 저주파의 세계는 아니기 때문이다. '천국'이란 초차원 이라고도 할 만한 초고차원의 세계이다. 그곳은 영적파동(말씀)이 최고도로 발휘되고 있는 세계인 것이다. 말씀이 즉시 형태 또는 상태로 나타나오는 세계인 것이다(『여의자재의 생활 365장』, 다니구치 마사하루, 김해룡 번역, 한국

다. 성서에도 이와 비슷한 일화가 실려 있습니다. '잃어버린 아들의 비유'가 그것입니다. 어떤 젊은이가 아버지에게 자기 유산을 요구하며 막무가내로 통찰력 없는 삶을 살다가 결국은 파멸로 치닫고 맙니다. 어느 날 그는 자신의 인생이 진짜 인생이 아님을 알게 됩니다. 생의 의미를 묻던 그는 자신의 아버지 그리고 자신의 본질로 돌아가겠다고 마음먹습니다. 그래야 진정한 고향을 발견할 수 있다고 생각한 것입니다. 집으로 돌아온 그를 아버지는 질책이나 비난하지 않고, 손가락질 하거나 윤리적으로 나무라지도 않았습니다. "그에게 좋은 신발을 신기고 좋은 옷을 입혀준 후 가락지를 그의 손에 끼워 주어라. 그리고 그를 위해 축제를 열어주어라. 그는 드디어 신적인 본질을 알았고 그가 누구인지를 알았다"고 말했습니다.

이 일화는 우리에게 구원의 길을 제시해주고 동시에 우리가 누구인지를 말해 줍니다. 우리는 신의 아들과 딸, 하늘나라의 상속자입니다. 그렇지만 유감스럽게도 역사 속의 신학자들은 구원론 대신 윤리적인 해석과 판단을 내리고 있습니다. 그들은 말합니다. "아들은 신으로부터 떨어져 나갔다. 그는 죄를 짓고 방탕하게 산다. 그는 어느 날 자기가 속죄해야만 한다는 것을 깨닫고 속죄의 길을 거친 후 은총

교문사, 220쪽)." 이 말은 "이제는 내가 사는 것이 아니라 그리스도가 내 안에서 사는 것입니다(갈라디아서 2:20)"와도 유사하다. 다음은 어느 글에서 읽은 내용이다. 유감스럽게도 출처는 잊어버렸다. "우주의 실상은 오직 부처와 부처만이 주고받는 것이다. 깨달음이란 인간이 시공간과 미립자의 소멸 그 저변 끝인 우주의 근원적 힘과 작용 그 자체로 되어 있기 때문에 명상이란 실험작용을 통해 인간 뇌신경계가 우주의 근원적 힘과 작용의 근원을 탐지하거나 그 자체가 되는 결과적 상태가 깨달음인 것이다. 깨달음이란 우주의 근원적 상태를 실험한 결과적 상태다."

속에서 매우 자비로운 아버지의 영접을 받는다." 관습적인 신학에서는 저쪽 어디엔가 인격적인 신의 모상이 있다고 믿습니다. 그렇지만 영성의 차원에서 본다면 신의 모상은 우리 안에 있습니다. 영성에서는 예수의 지도에 따라 어떻게 하면 실재적인 생으로 깨어날 수 있는지 말하고 있습니다.

<u>잃어버린 아들의 이야기는 예수를 비유한 것이고, 거기서 교훈을 얻을 수 있다는 것이지요? 그렇다면 예수의 삶과 업적은 어떻게 연관 지을 수 있을까요? 구원 진술에 해당하는 점을 발견할 수 있을까요?</u>

매우 좋은 예가 예수 탄생에 관한 이야기입니다. 누가복음이 이야기하듯이, 정말 예수가 그렇게 태어났는지의 진실 여부를 가리려고 한다면 예수 탄생의 본래 의미를 놓칠 수 있습니다. 사실 다른 종교의 전통에도 이와 유사한 이야기가 있습니다. 특히 힌두교의 크리슈나 Krishna[79]의 탄생이 이와 유사합니다. 크리슈나의 탄생에도 동정 잉태가 들어 있습니다. 신생아를 죽이는 이야기도 매우 유사합니다. 두 이야기의 간접 증거가 일치하는 점을 나는 이렇게 해석합니다. 우리 모두 신에게서 태어났다는 의미라고요. 예수도 크리슈나도 신에게서 태어난 원형이라는 것입니다. 이들은 신과 합일된 모습이라는 점이 특별할 뿐입니다.

---

79 단어적으로는 '검다'라는 뜻인 크리슈나는 신적인 것의 힌두교 표현이다. 크리슈나는 힌두교에서 최고 존재의 화신으로 여겨진다.

가톨릭 신자들은 성모 마리아의 원죄 없는 잉태를 축하합니다. 하지만 학문적인 깊이에 빠진 이들은 이것을 이해할 수 없습니다. 어떤 이들은 이런 도그마 때문에 교회를 떠나기도 합니다.

성모의 원죄 없는 잉태는 우리의 신적인 본질이며 축제입니다. 마리아뿐만 아니라 우리 모두 원죄 없는 잉태로 태어났습니다. 그러므로 우리 역시 신에게서 원죄 없이 태어났음을 축복해야 합니다. 마이스터 에크하르트는 "우리가 신에게서 왔다"고 말한 바 있습니다. "아버지가 같은 방법으로 그의 아들을 영혼에서 낳았다. 이는 아버지가 아들을 영원 속에서 낳은 것과 다르지 않다. …… 아버지는 나(에크하르트)를 아들로 낳았다. 언급을 좀 더 한다면 그는 나를 그의 아들로서 낳은 게 아니다. 그는 나를 그 자체로서, 그리고 나를 그의 아들로서 그리고 본성으로서 낳았다. …… 그렇기에 하늘의 아버지는 진실로 나의 아버지이다. 나는 그의 아들이고 나는 내가 가진 모든 것을 그로부터 받는다. 나는 똑같은 아들이지 다른 이가 아니다."

좋습니다. 하지만 '신의 탄생'이 어째서 원죄 없는 잉태에 앞서 선행하는 것이지요? 달리 표현한다면 신부님은 어디에서 원죄 없는 구원 진술을 인지할 수 있습니까?

모든 존재는 죄가 없는, 절대적으로 신성한 어느 부분을 소유하고 있습니다. 그곳에서는 어떤 잘못도 범할 수 없습니다. 그곳은 인간의 '신성모독이 없는 얼굴과 용모'라고 게르트루트 폰 르포르$^{Gertrud\ von\ Le\ Fort}$80가 말했습니다. 선불교에서도 '우리가 탄생한 곳의 얼굴'이라는 말을 했습니다. 그곳은 세상의 악의도 원흉도 없고 자기 죄도 없습니다. 원죄 없는 잉태가 우리에게 말하는 것은 우리의 깊은 본질에는 신적인 존재가 자리 잡고 있다는 것입니다. 신적인 근원은 인간적인 형상으로, 예수로, 마리아로 또한 나의 형상으로 만들어 낸 것입니다. 신적인 근원은 이런 형상 속에서, 그리고 신체적, 심리적 혹은 정신적인 영역의 모든 형상에서 나타납니다. 우리가 신이라고 칭하는 존재는 바꿀 수 없는 근본 원칙의 존재 형태입니다. 이곳은 때가 묻지 않았습니다. 이 존재는 매우 밝고 환합니다. 진정한 본래면목本來面目은 쾌활과 기쁨, 대환희, 법열, 열락에서 드러나지요. 비판도 칭찬도 창피도 치욕도 파멸도 없습니다. 모든 자잘한 이기심과 이욕이 사라지고 매우 큰 사랑이 흐르고 있을 따름입니다. 마치 열광, 공상, 도취처럼 보이지만 이런 곳으로의 도달이 진정한 삶이라고 할 수 있습니다.

<u>다른 종교에서도 이와 유사한 개념을 찾을 수 있을까요?</u>

그렇습니다. 우리가 원죄 없는 잉태에 대해 축제를 하듯이 불교도는 석가모니 부처의 열반을 축하합니다(부처도 동정녀의 몸에서 원죄 없이

---

80 게르트루트 폰 르로프(1876~1971)는 독일의 여류작가로 가톨릭적 세계관에 입각한 작품을 발표하였다.

태어났습니다). 그는 "모든 존재는 처음부터 자연의 본성으로 덮여 있다"고 말했습니다. 모든 존재가 근원적인 원칙의 현현이라는 뜻입니다. 이 현현을 유럽에서는 신Gott이라고 이름 붙였습니다. 모든 존재는 순결하게 태어났습니다. 이런 근본 원칙은 세례나 영세를 받을 때 다시 확인할 수 있습니다. 예수의 머리 위로 목소리가 울려 퍼졌듯이 세례나 영세를 받는 사람도 "이는 내 사랑하는 아들이다"는 소리를 듣습니다. "이는 내 사랑하는 아들이다. 이는 내 사랑하는 딸이다"라는 목소리는 우리가 신의 자식이라는 뜻입니다. 우리가 신적인 근원이라는 것, 우리가 원죄 없이 태어났다는 것, 신이 진정한 우리 아버지라는 사실이지요. 세례나 영세를 통해 무언가 새로움을 깨닫지는 않습니다. 다만 그를 통해 신의 자식이라는 사실을 다시 확인할 수 있습니다. 그리스도교 식으로 표현한다면 "우리 자체가 신적인 삶이다. 이 삶이 인간적인 경험을 만든다. 이 신적인 삶은 육화되었고 인간이 되었다. 이게 바로 예수가 우리에게 보여준 육화에 관한 신의 통지이다"라는 말이지요. 신적인 원칙은 예수뿐만 아니라 모든 인간에게 적용됩니다. 신은 스스로 순간순간 창조합니다. 그는 모든 창조물 속에서 창조합니다. 왜 우리는 이를 예수와 마리아의 경우로만 제한하는 것입니까?

<u>신부님의 말을 제가 정확하게 이해했다면, 신으로부터의 탄생이 크나큰 사건은 아니군요. 신으로부터의 탄생은 어느 시점에서 생긴 게 아니라 지금 여기서, 우리 주변 곳곳에서 생긴다고 보면 될까요?</u>

신비체험에서 가장 중요한 요소는 시간을 잊는 것입니다. 궁극적인 실재 안에서는 시간이 존재하지 않습니다. 시간은 존재하는 것에는 없습니다. 시간은 우리의 이성이 만들어 낸 개념입니다. 이성은 과거, 현재, 미래라는 카테고리 없이 생각할 수 없지요. 지금 존재하는 신의 현존, 신이 인간에게서 태어나는 행위를 우리의 시간 개념으로는 파악할 수 없습니다. 신의 탄생은 시간의 저쪽에서 일어나니까요. 신비체험이 완벽하게 일어나는 곳에는 시간이 없습니다.

<u>시간이라는 개념이 없다면 어떤 의미가 존재할까요? 죽음으로부터의 부활 그리고 저승에 존재하면서 계속 사는 행동을 어떤 식으로 해석해야 할까요?</u>

시간이 흘러 언젠가 도달해야 할 '저쪽세계'는 사실 없습니다. 시간의 상대적 측면일 뿐입니다. 사람들이 그것을 확연하게 인지하면 죽음 이후에 사는 삶 그리고 부활을 더 이상 생각하지 않을 것입니다. 부활은 어느 시기에 어떤 장소에서 일어나는 게 아닙니다. 중요한 사실은 지금, 그리고 여기입니다. 신은 지금 여기에서 완전하게 되기를 원합니다. 종교는 미래를 보상하지도 않고 신은 보이지도 않는 저쪽에 존재하면서 인간이 하는 행동을 관찰하지도 않습니다. 중요한 점은 우리의 구체적인 삶 안에서 일어나는 신적인 완성입니다. 신적인 완성은 지금, 그리고 여기 일상의 삶 안에서 챙겨야 합니다.

그렇다면 최후의 심판 같은 교리는 분명 낡고 뒤처진 관념이군요?

확실히 그렇습니다. 세상의 마지막 날 신이 세상을 심판한다는 이야기는 구원의 개념을 통속적이며 대중적으로 이해한 탓입니다. 세상이 끝나는 날에 심판하는 이를 생각한다면 천국에 가든 지옥에 가든 늘 불안하고 초조할 것입니다. 이런 생각은 아직도 민중신앙이나 전례, 예배나 기도 속에 살아 있습니다. 인간을 재판하여 벌을 내리는 신에 대한 관념도 인간의 영혼에 각인되어 있습니다. 세상 저쪽 어디에 누군가가 앉아서 세상을 늘 관찰하고, 끝에 가서는 각 인간에 대해서 엄밀하게 전지전능한 눈으로 심판한다는 것은 사실이라면 참으로 기이한 일이지요.

'하늘(천국)' '지옥' 등의 실재는 신비주의의 측면에서 보면 아무런 의미가 없지요. 신학에서는 우리가 죽으면 도달하는 곳이라고 말하지만, 그곳은 우리가 죽은 후에 가는 장소가 아니라 지금, 그리고 여기에서 충실히 사는 삶이 아닌 불성실한 삶을 의미하는 비유나 은유가 된다는 뜻입니까?

그렇습니다. 사람들은 이런 낡은 개념 안에 숨은 다른 의미를 찾아야 합니다. 지상의 삶이 눈물의 골짜기이고 진짜의 삶은 저쪽 피안에서 찾는다는 생각, 지상에서 어떻게 살았느냐에 따라 보속을 받는다는 주장을 신비주의에서는 이해하지 못합니다. 이런 말이 뜻하는 상징을 시대에 따라 다르게 살피고 해석해야 합니다.

그리스도교 역시 이런 비유와 모상에서 빠져 나와야 된다고 생각하십니까?

그리스도교를 믿는 많은 사람의 삶의 끝에 신의 벌을 받는다는 모상에 속박되어 있습니다. 그래서 늘 두려움과 공포에 시달리고 있습니다. 우리 수도원의 명상 코스에 참석한 한 여성이 최근에 나에게 말하더군요. 이런 신의 개념을 벗어나려고 몇 번이나 '신을 벽으로 던져 버렸다'고 말입니다. 하지만 도움이 되지 않았고, 신이 다시 이런 모습으로 다가왔기에 그녀는 두려움에 빠질 수밖에 없었다고 합니다.[81] 그녀는 자신의 아이들에게는 종교 교리를 듣지 못하게 한다고 합니다. 아이들이 자신처럼 교리에 세뇌되어 무시무시한 두려움을 느끼게 될까 봐 걱정하고 있어요.

---

81 이런 내용은 다른 종교에서도 볼 수 있다. 만일 스님으로부터 천도재를 지내야 한다는 소리를 듣거나, 무당에게서 굿을 해야만 좋지 않은 문제를 풀 수 있다는 말을 듣는다면, 그것을 들어버린 이상 행하지 않으면 늘 찜찜함을 지나쳐 노이로제 증상까지도 동반할 수 있다는 점을 생각하면 이해가 빠를 것이다. 마찬가지로 어릴 때부터 교회라는 울타리에서 살아온 서구인이 자신의 종교를 버리고 다른 종교로 넘어간다는 행위는 어릴 때부터 머리에 입력된 교리나 도그마를 벗어 던져야 하는 행위이니만큼 마음이 무거울 것이다.

<u>최후의 심판은 신자들이 윤리의식을 갖기 위해서라도 필요하지 않을까요?</u>

종교와 윤리가 지나치게 가까워질 필요는 없습니다. 윤리적으로 완전하고 흠 없는 행위가 신비체험의 결과와 일치하는 직접적인 연관성만 있을 뿐입니다. 만약 윤리적인 행동을 하는 이유가 지옥에서 내리는 벌 때문이라면, 인간 내면에서 우러나오는 자유로운 윤리의식의 성장이 아니겠지요. 오히려 그리스도교의 윤리가 이분법으로 갈라졌다는 점만을 인식하게 될 것입니다. 신은 저 멀리 어딘가에 살고 있으며 저쪽세상에서 우리에게 구원을 내려주는 존재고, 지구에 사는 인간은 신이 내려준 계명을 받아들여야만 한다고 생각할 것입니다. 신비가는 이에 반대합니다. 지상에서 신을 체험한다면 윤리적인 의식도 함께 성장합니다.

<u>그렇지만 모든 사람이 신비가는 아니지 않습니까? 모든 사람이 신비가가 아닌 한, 종교적인 계명과 규정은 절대 포기해서는 안 되는 부분이 아닐까요? 신비가도 궁극에 가서는 도덕적인 시각에 근거해서 다른 말을 하지 않을까요?</u>

이분법으로 된 세상에 거부감을 가진 신비주의는 우리에게 어떤 개념을 요구합니다. 우리가 '악'이라고 명하는 존재는 분리되지 않는 궁

극적 실재의 한 부분입니다. 인간의 이성은 악을 척결해야 한다고 하지요. 인간의 고통, 아픔 그리고 죽음이 결국에 가서는 신적인 근원임을 수용하지 못했기 때문입니다. 이성의 입장에서 봤을 때 악은 인간 안에 있는 결함, 인식의 결핍입니다. 나는 신학 속에서 악에 대한 만족할 만한 답을 얻지 못했습니다. 인간의 실패에 관한 책임을 악에게 전가할 수 있을까요?

<u>악과 연관 짓는 게 의미가 없다는 이야기입니까?</u>

이성의 중재와 수단으로는 죄의 드러남에 근접할 수 없습니다. 악을 이해하기 위해서는 다른쪽의 영역을 이해해야 합니다. 신비체험의 영역에서는 죽음, 불행 그리고 고통 등을 신의 진화적인 현상으로 해석합니다. 하지만 사람들은 쉽게 이해하지 못합니다. 이성은 닫힌 상태이며 우리는 전혀 다른 세상, 죄가 없고 죽음이 없으며 고통이 없는 세상을 이성적으로 그리고 있으니 말입니다. 원하든 원하지 않든 우리는 서투르고 미숙한 마음으로 신을 질책합니다. "왜 신은 나에게 이런 고통을 주셨습니까!" 하면서 말입니다.

<u>'악'이 신비주의에서는 어떤 형태로 나타납니까?</u>

신비체험에서는 '악'이라고 칭하는 존재를 신적인 실재에서 끄집어내

지 않습니다. 예전에 권력에 희생된 어떤 사람이 그 상황에서 일어난 평온함을 나에게 말해준 적이 있습니다. 그때 그 순간, 그는 죄를 타인에게 넘기고 싶지도 않고 두려움도 없었을 뿐 아니라 어떤 평가도 내릴 수 없었다고 합니다. 그는 오직 확신했습니다. 이는 아무런 의심 없이 자신이 신적인 완성에 속한다는 거대한 확신이었습니다. 우리가 죄라고 이름 붙이는 존재도 이런 것이겠지요. 마이스터 에크하르트가 이런 말을 했습니다. "모든 활동 속에 신이 있다. 악 안에서나 형벌의 죄와 같은 곳에서도 신의 영광과 존엄이 다른 곳과 똑같이 명시되고 빛을 뿜는다." 에크하르트는 당시에 강력한 논박과 공격을 당했는데, 이는 놀랄만한 일이 아니라고 말했습니다. 신비체험을 하지 않은 사람은 어차피 이해할 수 없으리라고 생각했기 때문입니다.

<u>고뇌와 불행, 두려움 그리고 고통 등을 우리가 체험하는 이유는 우리에게 '아'가 있기 때문입니까?</u>

그렇습니다. 우리가 악이라고 칭하는 존재는 우리의 자아가 치욕을 당했다는 뜻입니다. 위에서 표현했듯이 '아'가 힘을 잃으면 악은 다른 좌표를 찾습니다. 비유를 들어보겠습니다. 만약 나뭇가지가 자신을 단순히 나뭇가지로만 이해한다면 나뭇가지는 말라 비틀어져 땔감이 되는데 두려움을 가질 수 있습니다. 그때 나뭇가지에 부여되는 의미가 악입니다. 그렇지만 나뭇가지가 자신이 나뭇가지라는 동질성만을 인식하지 않고 자신이 나무에 매달려 있는 존재라는 점도 인지한다면 자

신이 말라 비틀어져 땔감이 된다는 두려움에서 벗어날 수 있습니다. 나뭇가지는 나무의 존재를 통해 자신도 나무의 일원이라는 진실한 삶을 깨달을 수 있으니까요. 진정한 본질은 이런 것입니다.

<u>죽음에 대한 공포는 우리의 '아'가 지속될 것인지 아닌지에 대한 두려움에서 생기는 것입니까?</u>

그렇습니다. 종교에서 말하는 구원의 약속도 여기에서 출발합니다. '아'는 여러 가지 방법으로 우리에게 삶의 영속을 보증합니다. 만약 종교에서 구원의 약속을 삭제한다면 종교는 자신의 본질을 잃게 될 것입니다. 반면에 신비주의에서는 '아'의 존속 여부를 중요하게 여기지 않습니다. 신비주의가 살아 있는 동안 이런 경험을 자유롭게 하면 우리의 정체성과 '아'와의 관계에 큰 의미를 두지 않을 것입니다. 우리는 잘못된 방법으로 '아'와 우리를 동일시하고 있습니다.

<u>천당과 지옥, 부활 그리고 연옥 등은 신비주의 관점에서 볼 때는 무용지물인 관념이군요.</u>

이런 관념이 꼭 의미가 없다고 말하지는 않겠습니다. 다만 이런 관념을 언어적으로만 해석해서는 안 됩니다. 연옥을 생각해 봅시다. 연옥은 신비주의의 길에서 볼 때 하나의 비유입니다. 연옥은 '아-고착'을

버리는 정화와 순화의 길입니다. 그러나 모든 지혜서가 말하듯 정화와 순화는 죽은 후 어느 시간, 어느 지점에서 행해지지 않습니다. 정화는 여기에서, 그리고 지금 완성됩니다. 그리고 하나의 죗값을 치르는 게 아니라 언제나 총괄적으로 살펴야 합니다. 신이 우리의 영혼을 연옥에서 여과하여 정련하는 게 아니라 우리 스스로 성숙한 생과 자유에의 염원 때문에 연옥을 만들었음을 알아야 합니다. 연옥을 지나는 길은 고통스럽습니다. 따라서 구원의 길은 행복의 길이 아닙니다. 구원은 병과 고통 궁핍을 통해 얻을 수 있습니다. 십자가의 성 요한이 '어두운 밤'이라고 표현한 것은 결코 우연이 아닙니다.

<u>매일의 생활에서 의식이 부정적으로 존재하는 것도 그 예가 됩니까?</u>

나는 항상 영성적인 위기에 선 사람에게 위기를 기회로 받아들이라고 말합니다. 고통이 일어나면 죄에 대한 벌이라고 생각하지 말고 오히려 구원의 도상에 더 가까워졌음을 인지하라고 말합니다. 일반인은 근본개념을 쉽게 이해하지 못합니다. 그렇지만 이것이 죽음과 고통에서 큰 깨달음을 얻는 길입니다.

<u>우리가 일반적으로 죄나 과오라고 생각하는 것을 신비주의에서는 다른 뜻으로 받아들이는군요? 그렇다면 우리는 무엇을 두려워해야 합니까?</u>

매우 어려운 질문입니다. 물론 신비주의의 관점에도 삶의 성장이나 성숙과 어긋나는 실행과 행동방법이 있습니다. 그렇다고 이것이 비판의 대상은 아닙니다. 윤리적인 규정에 저촉되기보다는 생의 확장과 성숙을 막으니까요. 신비주의에서는 자기초월의 거부가 곧 죄입니다. 신비주의에서는 사랑 안에서 자신을 열어 보이기를 거부하는 행위도 죄입니다. 죄는 아집 때문에 생깁니다. 이런 고착은 각 개인의 성향에 따라 다른 모습으로 나타납니다. 말하자면 시기, 증오, 폭력, 전쟁 등으로 말입니다.

자기초월의 거부가 왜 큰 문제가 되는 것입니까?

생의 근본법칙과 신의 진화에 어긋나고 저촉되니까요. 진화는 신적인 근원이 점점 더 확장되는 것입니다. 진화는 살아 있는 존재에게 스스로 초월하라고 요구합니다. 초월을 거부한다면 자기 멸망으로 치닫게 됩니다. 지금의 인류사도 이런 과정을 답습하고 있습니다. 아집에 잡혀서 진화의 과정 속 어딘가에 머물러 있지는 않은지 살펴봐야 합니다. 16억 년 동안 지구는 인간의 존재 없이 존속했지만, 이제 인간이 지구에서 사라지면 지구 상에 현존하는 생물의 99%도 함께 사라질 것입니다.

그러니까 신비체험을 통해 주어진 죄로부터 빠져 나오라는 말씀입니까?

'죄'를 도덕적인 측면에서만 이해해서는 안 됩니다. 신적인 진화나 창조와 일치하지 않는 자기중심적인 성향이 곧 죄입니다. 진화가 점점 더 일어나는 미래 단계에서는 현재의 자기중심적이고 이분법적이며 이성적인 사고보다는 이런 인식이 더욱 필요합니다. 혁신적인 진보의 길에서 이분법은 점점 뒤로 밀리고 신비체험이라는 진정한 본질에 자리를 내어 줄 것입니다.

만약 신비체험이 윤리와 도덕을 대신할 수 있다면 다른 이들과의 관계로 형성되는 윤리와 도덕은 부차적인 역할을 하지 않을까요?

이는 오해의 여지가 있습니다. 진정한 본질적 경험을 하면 다른 사람과 늘 함께하는 의식이 내 안에 들어서게 됩니다. 윤리적인 규정이나 계명 때문이 아니라 소속감을 느끼는 진정한 근본 체험을 했기 때문입니다. 살아가는 동안 '아-고착'을 극복하지 못한다면 계명이 필요합니다. 그렇지만 우리가 하나 되는 체험과 서로 간의 공동체 체험을 하게 되면, 이제 사랑은 계명이 아니라 자기본질을 표현하는 게 됩니다. 그렇게 되면 사랑을 더 이상 권장하지 않아도 되고 사랑은 초월적인 현존의 존재 상황이 되겠지요. 이런 체험을 하지 않는다면 인간의 가치 있는 공동생활은 힘들어질 것입니다.

낙원은 결국 신비가의 투철한 사랑으로 만들어진 세계인가요?

아닙니다. 신비주의를 체험한 이들도 어느 특별한 순간에는 반대를 합니다. 우리 안에는 결정적인 자유공간이 남아 있고, 이 공간은 다른 사람들과 긴장이나 견해 차이를 일으키는 원인이 되고 있습니다. 또한 진화의 합법성은 계속 이어질 것입니다. 사람들이 신비체험에 의한 진화의 합법성에 동의하고 승낙하면 말입니다.

사자는 짚을 먹지 않습니다. 아이는 독사와 놀지 않습니다. 사자는 양을 더욱더 잡아먹을 것입니다. 진화에서 생존경쟁은 중단되지 않습니다. 인간도 마찬가지이고요. 진화는 먹고 먹히는 관계입니다. 계속해서 지진이 일어날 것이고, 이 때문에 많은 사람이 비참함과 고통에 빠질 것입니다. 은하계와 우주는 생겼다가 사라질 것입니다. 신적인 근원을 가진 진화는 그의 고유한 법칙을 가지고 있습니다. 진화의 법칙은 우리의 정신세계로는 결코 파악할 수 없습니다. 신적인 근원을 가진 진화는 이성적으로 조직된 존재에 초월해 있기 때문입니다. 우리는 곳곳에서 경험할 수 있습니다. 이 규정과 규칙은 우리가 참여하고 관여하는 광범위한 삶의 규정과 규칙입니다.

<u>이와 동시에 신학의 전통적인 변신론에 관한 질문은 관여할 필요조차 없는 쓸데없는 질문일까요?</u>

사람들은 이제 진화신학에 대해 많은 질문을 하지 않습니다. 그렇다고 지금 신학에서 숙명론이 당당하게 진입하고 있다는 뜻은 아닙니다. 오히려 그 반대입니다. 만약 우리가 우주에서 일어나는 일을 신

적인 삶의 현현으로 이해한다면, 우리는 그 삶에 동참하고 있는 것입니다.

<u>그렇다면 신비체험을 하기 위해서는 우리가 좀 더 삶을 강하게 살아야 한다는 것인가요?</u>

우리가 누구인가를 인식하기 위해, 신적인 몫을 체험하기 위해 우리는 사람으로 태어났습니다. 진정한 사람이 되기 위해 여기에 존재합니다. 아집을 벗어나 우리의 진정한 본질이 신의 본질이라는 점을 인식해야만 합니다. 이 말은 신비체험의 길을 가지 않는 사람에게도 해당합니다. 물론 이들은 신비체험을 쉽게 믿으려고 하지 않습니다. 그래도 나는 지성적으로 공감하고 이해할 수 있는 부분을 제시하며 신뢰할 수 있는 그 무엇을 그들에게 보여주고 싶습니다.

나는 그들에게 말합니다. "이 삶의 진행과정에 너를 '들여 넣어라.' 그리고 이 자체가 신의 진행 과정임을 신뢰하라. 관습적인 종교의 언어로 말하자면 신의 뜻에 따라 너를 적응하고 맡겨라. 마지못한 태도가 아니고, 생의 의미를 만든다는 뜻에서 무한한 신뢰를 하라." 사람들에게 신뢰감을 갖게 하고 스스로 비울 수 있는 능력, 자신을 열어 내보이게 하는 게 영성적인 스승으로서 나의 중요한 과제입니다.

<u>사람들을 신비체험으로 인도하기 위해서는 신비적인 영성을 지성적으</u>

로도 이해할 수 있게 해야 한다고 말씀하셨지요. 그렇다면 철학이 여기에 관여하기를 바라십니까?

우리는 이미 '영원한 철학'의 철학적이고 신학적인 전통에 관해 이야기를 나누었지요. '영원한 철학'은 신비체험을 관념적인 텍스트로 밀어 넣기 위해 불을 붙이는 새로운 시도와 노력입니다. 철학에는 그동안 신비적인 요소가 부족했습니다. 그래서 실존주의나 니체의 철학 같은 학문이 생겨났습니다. 나는 이 두 철학을 완전하게 이해합니다. 실존주의나 니체의 철학에서 "신이 죽었다"고 말한 것은 신비적인 차원에서 신의 죽음을 말합니다. 하지만 이들에게는 신비적인 차원이 부족했기 때문에 신의 죽음만 말했을 뿐 신에 관한 다른 포괄적인 이해를 지닌 탄생의 의미를 살피지 못했습니다. '영원한 철학'은 이런 경험에서 출발했습니다. 이들의 전통이 새로운 생기와 활기를 띠게 된다면, 바라고 원하고 탐나는 가치가 될 수 있을 겁니다.

신은 잔의 밑바닥에서 기다린다

물리는 춤이 될 수 있다.
논리와 이성을 넘어서는 자연과학은 궁극적인 실재와 만날 수 있다

물리학자 주커브는 '물리는 춤이 될 수 있다'고 말했습니다. 논리와 이성을 넘어서는 이해 형태가 있고, 이는 궁극적인 실재와 접목될 가능성이 있다고 생각한 것이지요. 궁극적 실재 차원은 우리가 지성에 연결되어 있을지라도 신비체험에 들어갈 수 있게 합니다. 혜안이 있는 자연과학자는 이런 개념을 이해했습니다. 이들은 논리적이고 이성적인 연구로는 한계가 있음을 인정하고 신비체험을 통해 우주를 이해하려고 합니다.

신부님의 저서에서 다음과 같은 글을 본 적이 있습니다. "영성적인 길에는 학술적인 연구 결과가 동반된다." 이렇게 말씀하신 이유가 무엇입니까?

미래의 영성적인 발전을 위한 동력은 자연과학에서 출발할 것이라고 나는 생각합니다. 아마도 형이상학의 재발견이 되겠지요. 신학과 철학이 아니라 물리학이나 생물학이 이 역할을 맡게 될 것입니다. 물리학과 생물학 연구자는 연구를 거듭하다 보면 한계에 다다르는데, 그곳에서 그들이 만나는 궁극적인 실재가 있습니다. 이 실재는 물리학자나 생물학자로선 답을 구할 수 없고 그들이 가진 논리의 방책으로도 파악할 수 없습니다.

막스 플랑크Max Karl Ernst Ludwig Planck[82]는 이런 말을 했습니다. "나는 경건한 사람이 되었다. 그 마지막을 생각했기 때문에 나는 더 이상 생각할 수 없었다. 우리는 지나치게 일찍 생각하는 것을 접는다." 그에게만 국한된 건 아니었습니다. 슈뢰딩거, 볼프강 파울리, 혹은 알베르트 아인슈타인 등도 그런 고민을 했습니다. 이들의 연구에는 종교가 들어가는데, 더 정확히 말하면 신비주의입니다. 베르너 하이젠베르크가 이와 관련해서 의미심장한 말을 했습니다. "자연과학자가 첫 술잔을 들이마시는 순간 그는 무신론자가 된다. 그러나 마지막 잔을 들이키는 순간 잔의 밑바닥에서 기다리고 있는 신을 만날 것이다."

---

82 플랑크(1858-1947)는 독일의 대표적인 이론물리학자이자 양자물리학의 창시자이기도 하다. 1919년 노벨 물리학상을 받았다.

자연과학자는 그리스도교와의 연결점이 매우 적지 않은가요?

그렇습니다. 아인슈타인도 그의 경건한 신앙심을 이야기하면서 전통적인 그리스도교와는 구별되게 표현한 바 있습니다. "그리스도교에서 신은 하나의 존재다. 인간은 신의 주도면밀함에 희망을 거는 동시에 신의 벌을 무서워한다. (중략) 사람들과 확실히 인격적으로 관계를 맺는 신을 인간은 매우 존경해마지 않는다." 그러면서 이렇게 말했습니다. "신은 자연법칙의 조화를 넘어서는 환희에 찬 놀라움과 경악에 있다. 이 환희에 찬 놀라움과 경악 속에서 신중한 이성이 현현하였다. 모든 의미심장한 인간적인 사고와 규정은 그와 비교하면 공허하고 가치 없는 반사광일 뿐이다."[83]

자연과학자가 그리스도교의 다른 편에 있는 종교와 신비주의에 관심을 두게 된 계기는 무엇일까요?

20세기의 이론물리학은 관념에서 벗어난 어떤 지점에 봉착했습니다. 의심의 여지 없이 수 세기간 명백한 진리라고 여겼던 논제에 의문을 갖게 된 겁니다. 지금까지는 객관적인 세상에 대한 믿음을 갖고 있었습니다. 이 세상은 흔들리지 않고 영속하는 인과율의 법령에 따른 시

---

[83] 저자주 : 알베르트 아인슈타인, 『종교성의 연구』- C. 셀리히(Hg.), 『나의 세상 모상』 중에서

간과 공간 속에서 진행된다고 생각했는데, 그 믿음이 흔들리게 되었지요. 그 사이 이런 실재가 객체나 대상으로서 요지부동하게 서 있는 게 아니라 단지 이성이 내뿜은 세상임을 알게 되었습니다.

우주라고 말하는 존재는 우리 스스로 창조하거나 만든 것입니다. 뇌와 신경체계는 하나의 경계가 있는 한정된 다수와 다량만을 기획합니다. 그동안은 감각 범위에 있는 주파수의 제한된 분사광(스펙트럼)을 진짜라고 여겼습니다. 하지만 우리가 파악할 수 있는 범위보다 이 스펙트럼의 위와 아래에 더 많은 부분이 있음을 것을 알게 되었습니다.

우리는 궁극적 실재의 아주 작은 부분만을 인식하고 있었습니다. 작은 부분을 가지고 이성의 표준에 따라 조직화하고 구조화했습니다. 이성은 우리에게 기구나 도구를 제공했습니다. 도구를 이용하여 우리는 마음대로 처리되는 세상을 만들고, 도구가 객관적인 세계의 요소임을 믿었습니다. 이는 명백한 오류입니다.

임마누엘 칸트Immanuel Kant[84]는 시간과 공간의 범주에 관해 언급한 바 있습니다. 그는 시간과 공간은 객관적인 실재가 아니라고 했습니다. 시간과 공간은 우리가 이해하는 세상의 도구와 수단이며 진짜 세계에는 시간과 공간이 올 수 없다고 생각했습니다. 그는 시간과 공간에 대한 상대성에서 물리학적인 판단과 인식을 확증하고 있었습니다. 이것 역시 초월적인 신비체험과도 상응합니다. 이런 체험 안에서도 시간과 공간이라는 역할은 무의미하니까요.

---

84 임마누엘 칸트(1724~1804)는 계몽주의 독일 철학자이다.

그리스도교에서는 시공간이 탁월한 역할을 합니까?

그리스도교 신학은 중세기적인 세계관에 머물러 있습니다. 단단하게 짜맞춘 지구 중심의 우주질서나 자연의 이치 같은 것 말입니다. 그 결과 그리스도교 신학에 내재하는 우주질서와 자연과학자들이 유포한 세계관 사이에는 이상한 불일치점이 나타났습니다. 이제는 천당과 지옥, 창조와 최후의 심판 같은 신학적인 은유법이 설 자리를 잃어가고 있습니다. 이런 은유는 지나간 세대에겐 불변의 진리였을지 모르지만, 이제는 시대에 뒤떨어진 논제가 되어 버렸지요. 그전에는 사회적인 은유로 신을 표현했지요. '왕'이나 '군대 중의 왕' 또는 '양치기'라는 표현 등입니다. 이런 표상은 농업 위주의 시대에서 나온 것입니다. 오늘날의 세대에게는 매우 낯선 사고가 되어버렸지요.

오늘날에는 오히려 자연과학자가 신학적이면서 적절한 은유와 개념을 제공하고 있다는 이야기입니까?

현대 자연과학자의 우주관은 신비주의의 가장 광대한 신비체험에 상응하고 있습니다. 이 때문에 전통적인 도그마보다 신학적인 진술에 더욱 가깝고 적절한 상황에 놓여 있습니다. 미국의 노벨상 수상자인 게리 주커브 Gary Zukav[85]는 이런 말을 했습니다. "만약 물리학자 데이비드 요셉 봄 David Joseph Bohm[86]이나 그와 유사한 성향이 있는 다른 물리학자의 이론이 미래에 주된 물리학 이론이 된다면, 물리는 춤[87]이 될 수도 있다." "동양과 서양이 완벽한 조화를 이루면서 최고조로 나아갈 수 있는 세계관에 대한 표명이다." "21세기 대학 물리학 강의 목록에 명상이 포함되어도 당신들은 놀라서는 안 될 것이다."[88]

신부님도 이런 사실을 인정하십니까?

인정합니다. 물리학자 주커브는 논리와 이성을 넘어서는 이해 형태가 있고, 이는 궁극적인 실재와 접목될 가능성이 있다고 말했습니다. 궁극적인 실재 차원은 우리가 지성에 연결되어 있을지라도 신비체험에 들어갈 수 있게 한다는 것입니다. 혜안이 있는 자연과학자는 이런 개념을 이해했습니다. 이들은 논리적이고 이성적인 연구로는 한계가 있음을 인정하고 신비체험을 통해 우주를 이해하려고 했습니다.

실재의 복합성으로 가는 통찰을 통해, 실재의 통합성으로 가는 능력을 통해 자연과학자는 신비체험에 다다랐습니다. 자연과학자의 방법은 옳습니다. 신비주의는 지성으로 파악할 수 있는 영역을 넘어 경

---

85 게리 주커브는 미국의 노벨 물리학상 수상자이자 저술가이다. 일반적인 물리학을 신비적이고 영성적인 테마에 접목하여 영성적인 발달을 연구했다.
86 데이비드 요셉 봄(1917~1992)은 미국 양자물리학의 대가이다.
87 '나도 모르게 춤을 추다 보면 지금까지 몰랐던 새로운 세계를 보게 된다'는 뜻이다.
88 저자주: 게리 주커브, 『춤추는 물리(도사들) Wu Li Masters』, Hamburg, 1997, 351쪽.

험으로 인지하는 게 맞습니다. 하지만 궁극적인 실재를 파악하려면 지성이 필요할 때도 있습니다.

이런 영역에서는 이성으로 더 이상 파악할 수 없지 않을까요?

맞습니다. 자기 한계를 인식한 계몽적인 이성으로는 더 이상 나아갈 수 없습니다. 이성은 구조적인 존재를 생산해 내고 이를 매개로 궁극적인 실재를 유효하게 만들어 낼 수는 있습니다. 앞서 나는 이런 말을 했습니다. "계몽된 이성은 유리창을 통해 발광하므로 반드시 창문이 필요하다. 하지만 궁극적인 실재인 빛 자체는 신비적인 현시에서만 볼 수 있다." 보이고 파악되게 만든 유리창이 학문을 만들었습니다. 두 개는 이렇게 서로 보충한다고 보면 될 듯합니다.

많은 사람이 신비주의에 대해 선입견을 갖고 오해하고 있습니다. 특히 신비주의는 반이성적인 것을 의미한다고 생각하는 경우가 많습니다.

신비주의가 이성과 지성, 이해에 대해 이의를 제기하는 게 아닙니다. 신비가는 대부분 당시에 교육을 받은 이들이었습니다. 신비주의가 우리에게 알려주는 것은 이성으로는 궁극적인 실재를 모두 파악할 수 없다는 사실입니다. 쿠에스의 니콜라우스는 이렇게 말했습니다. "나는 한 장소를 발견했다. 이곳에서는 사람들이 너(신)를 감추지 않고 발견할 수 있다. 이 장소에서는 상반된 모든 것들이 서로 일치를 이룬다. 이곳은 너(신)가 사는 낙원이다. 그의 문 앞에는 최상으로 무장된 이성이 지키고 있는데 이를 극복하지 못하면 현관은 열리지 않는다. 상반된 것들이 모두 무너져 내린 저쪽에서만 사람들은 너(신)를 볼 수 있지 여기서는 볼 수 없다." 니콜라우스는 이성이 궁극적 실재의 의미를 제공하는 데 별 도움을 주지 않는다고 말했지만, 지성적인 성찰을 통해 초이성적인 경험을 할 수 있다고 말했습니다. 니콜라우스는 학문적인 연구를 위해 많이 노력하였지요. 오늘날 많은 자연과학자가 니콜라우스의 뒤를 잇고 있습니다.

<u>어느 정도까지 니콜라우스의 뒤를 따라간 겁니까?</u>

나는 이를 양자역학을 통해 밝혀보고 싶습니다. 양자역학에서는 '물질은 없다'는 획기적인 견해를 내놓았습니다. 물질의 근원적인 구성분자를 찾기 위해 들어가면 들어갈수록 궁극에 가서는 물질이 결국 에너지라는 사실을 인지하게 된다는 뜻입니다. 1944년 막스 플랑크는 '물질의 본질'이라는 강의에서 확신에 찬 어조로 이렇게 말했습니다. "물리학자로서 나는 당신들에게 나의 원자 연구 결과를 발표합니다. 물질 자체는 없습니다. 모든 물질은 생긴 뒤 자신의 힘으로 존속합니다. 그 힘은 원자에 진동을 일으키고, 이 힘이 원자의 가장 작고 미세한 태양계와 결합합니다."

그는 또 이렇게 말했습니다. "우리는 이 힘 뒤에 있는 똑똑한 정신을 받아들여야만 합니다. 이 정신이 바로 모든 물질의 근원입니다. 눈에 보이지만 소멸하는 물질은 진정한 실재가 아닙니다. 보이지 않고 소멸하지 않은 정신이 바로 진짜라는 사실을 받아들여야 합니다. 정신 그 자체는 스스로 있을 수 없지만 모든 존재에 속해 있습니다. 우리는 정신의 본질을 수용할 수밖에 없습니다." 데이비드 봄 역시 같은 결론을 제시했습니다. 그는 양자역학은 마지막 주무관청이며 이것은 모든 것에 스며들어 흐르는 절대적인 의식과 동일시할 수 있다고 말했습니다.[89]

이런 관점을 학문의 입장에서 본다면 어떤 효과와 능력을 발휘하게 될까요?

옛날에는 나이를 먹으면 정신도 따라서 성장한다고 믿었습니다. 지성은 뇌와 신경체계의 기능으로 생각했고요. 지금은 새로운 견해가 나왔습니다. 뇌과학자이자 노벨상 수상자인 존 에클스John Eccles[90]는 "비물

---

[89] 데이비드 호킨스는 잠재력의 본질을 이야기하기 위해서 데이비드 봄의 말을 인용하였다. "봄의 이론은 눈에 보이는 우주와 눈에 보이지 않는 우주가 있다는 것이다. 우리는 이런 생각에 위압당해서는 안 된다. 일상생활에서 익숙한 엑스레이, 라디오, TV의 파장들은 보이지 않는다는 것을 기억해야 한다. '틀이 포개진' 우주는 눈에 보이는 '펼쳐진' 우주와 평행하고, '펼쳐진' 우주는 '틀이 포개진' 보이지 않은 우주의 현현일 따름이다. (중략) 영감은 창조하는 사람의 마음에서 나오고, '틀이 포개진' 우주는 인간의 의식과 연결되어 있다 데이비드 봄은 잠재력의 의미가 동전의 앞뒷면과 같은 마음과 물질로 연결되어 있다고 본다(데이비드 호킨스, 『의식혁명Power VS Force』, 이종수 옮김, 한문화, 1997, 130쪽)."

[90] 존 에클스(1903~1997)는 심리치료사이자 노벨상 수상자이다.

질적인 정신이 뇌를 움직이게 한다"고 주장하면서 우리의 생각과 의지가 뇌에서 새로운 단백질 합성물을 만든다는 사실을 밝혀냈습니다. 그는 정신적인 과정에 물질적인 존재가 반영됨을 증명했습니다. 정신적인 과정은 생화학적인 물질적인 기능의 과정과 다릅니다. 만약 어떤 생각을 하거나 혹은 어떤 감정이나 희망 사항을 가지면 분자로서의 에너지는 즉시 뇌에 이를 전달합니다. 다른 말로 표현하면 지성과 정서적인 에너지는 새로운 단백질 합성물이라는 형상으로 물질화된다는 뜻입니다. 새로운 단백질 합성물은 동시에 그에 맞는 열쇠 구멍을 찾아 나서는 작은 열쇠와 같습니다. 새로운 단백질 합성물이 다른 세포에 있는 구멍을 찾으면 그 세포는 그가 필요로 하는 정보를 입수하게 되지요. 이 과정은 뇌에서만 일어나지 않고 몸 전체에서 일어납니다. 몸의 세포는 다른 세포와 연결되어 있으니까요. 몸의 모든 세포에는 우리가 생각하는 정신이 현현한다는 게 그의 주장입니다.[91]

그렇지만 이 연구는 아직 많은 연구자에게 인정받지 못하고 있습니다. 정신이 몸을 지배한다는 논리를 어떻게 증명할 수 있을까요? 그럼 그 반대의 경우는 어떻게 될까요?

주목할 만한 통찰과 견해는 면역학에서 얻을 수 있습니다. 그 사이 면역체계가 우리의 심신 상태나 체질에 의존한다는 사실을 알게 되

---

91 이런 이론에 대한 관심을 확대하고 싶다면 다음 책을 참조하기 바란다. 달라이 라마, 『마음이란 무엇인가?』, 김선희 옮김, 씨앗을 뿌리는 사람, 2006.

었지요. 각 영혼의 상태에 따라 우리는 더 나은, 아니면 더 나쁜 상태를 가질 수 있습니다. 병원체를 방어할 수 있게 된 것입니다. 이를 증명하는 연구 중 하나로 면역체계의 한 특정 세포가 우울과 스트레스로 인해 파괴된다는 연구가 있습니다. 혈압이 높아지는 이유도 의학적 연관성보다는 거의 90% 이상이 심리적인 흥분과 자극으로 일어납니다. 이는 감정과 기분, 정서와 분위기 그리고 생각이 몸을 어느 정도 화학적으로 변화시킨다는 증거입니다. '정신이 몸을 지배하고 있다'는 표현처럼 말입니다. 명상이나 묵상을 하면 이것이 어떻게 몸에 영향을 미치는지 알 수 있습니다.

명상이나 묵상을 하면 구체적으로 어떤 변화가 일어날까요?

명상을 통해 우리 안에 있는 에너지가 정리되고 조화를 이룹니다. 그러면 몸과 영육간의 정신과 마음에 영향을 미치는 새로운 단백질 합성물을 생산합니다. 이것이 육체적인 수술 등의 의학치료보다 건강에 더 큰 영향을 미치지요.

그렇다면 궁극적인 실재에서 우리는 정신 혹은 영성적인 에너지라는 뜻입니까?

세포 생물학자인 루퍼트 셀드레이크Rupert Sheldrake는 그의 저서 『창조적인 우주』에서 유기체나 생물체는 보이지 않는 '형태발생의 장'[92]에 신세 지고 있다는 주장을 했습니다. 새싹이 성장하는 건 화학적인 운동에따른 것이 아니라 셀 수 없이 변화된 활동 범위를 통해서 유포되고 뿌려진 결과라는 이야기입니다. 잠자리 알을 떼어 놓으면, 떼어 놓은 반인 유기체의 한 부분만 생기지 않고 한 마리의 온전한 잠자리가 생깁니다. 버들가지 일부를 잘라서 땅에 심으면 온전한 새 가지가 나오지요. 모든 영역은 부분에서 전체가 만들어지고 성장해 나간다는 이야기입니다. 여기에서 전체는 부분의 총계보다도 큽니다.

셸드레이크가 쓴 글을 보면 '형태발생의 장' 영역은 온 누리에 있는 생명의 활기 그리고 무감각하고 우둔한 삼라만상의 우주 일체를 인식하고 나아갑니다. 이 영역은 물질과 에너지로부터 자유롭지만, 시간과 공간을 넘어서 작용할 뿐만 아니라 시간과 공간을 넘어서는 그 어떤 변화도 가능합니다. '형태발생의 장'은 정돈과 규칙성, 우주의 항상 불변을 위한 실재의 원인이기도 합니다.[93]

우리가 셸드레이크의 이론을 인정한다면 첫 번째 단계는 생물학적

---

[92] 루퍼트 셸드레이크(1942~)는 영국의 저작자이자 생물학자이다. 그는 1981년 가설 '형태발생의 장'을 세웠다. 데이비드 호킨스는 이것을 다음과 같이 설명하였다. "'형태발생의 장(M-장)'도 이런 의미로 푼다. 보이지 않는 장의 에너지가 주형(鑄型)처럼 작용하여 생의 다양한 수준과 형태를 만들어 준다. 같은 종(種)에 속하는 동물이나 식물이 똑같은 형상을 하는 것은 바로 M-장의 작용 때문이라고 생각된다. M-장과 비슷한 그 어떤 것이 우리의 생각이나 영상에 깔려 있고 의식의 에너지 장에 존재한다고 볼 수 있다. 이러한 현상을 가리켜 '형성의 원인'이라고 할 수 있다. M-장이 배움에 도움을 준다는 것은 광범위한 시험을 거쳐 입증되었다(데이비드 호킨스, 『의식혁명Power VS Force』, 이종수 옮김, 한문화, 1997, 131쪽)."

[93] 저자주:루퍼트 셸드레이크, 『Das Schoepferische Universum』, 뮌헨.

인 존재가 아니라 정신적인 근본구조를 갖춘 본질과 연관 짓는 게 가능합니다. 이는 분자와 원자에도 해당합니다. 유기체와 생물체의 유기적인 조직은 여러 유형의 '형태 발생의 장'과 같이 엮인 결과로 볼 수 있습니다.

<u>'형태발생의 장' 범위 내에서 살아 있는 각 개체는 어떻게 존재합니까? 다만 집중과 전념에 따른 결정체입니까?</u>

그렇습니다. 전 우주에서 완전한 존재의 길로 가는 각 개체의 관계는 홀로그램Hologramm[94]과 비교할 수 있습니다. 홀로그램은 형상과 표상입니다. 이는 되풀이해서 다시 나누어 분할되고, 모든 각 부분은 다시 새로 생성됩니다. 전체가 포괄적으로 잠복해 있으며 그것을 함유하고

---

[94] "홀로그램이란 입체영상을 말한다. 작은 얼음의 부분이 전체의 정보를 그 속에 저장하고 있는 원리를 말한다. Hologram Paradigm=홀로그램 범형(김상일, 『현대물리학과 한국철학』, 고려원, 1991, 67쪽)이다." "홀론(Holon)은 그리스어로 '전체'를 뜻하는 Holos와 부분을 의미하는 접미어 on을 조합한 합성어로 Holo+gram(메시지)이다. 홀로그램=우리가 보는 경치의 입체성이 한 평면에 압축되지만 Holographic=그 입체성을 그대로 모두 나타내 보일 수 있다는 차이가 있다. 홀로그램 혹은 홀로그래피가 서구에서 나왔을 때 다들 놀랐다. 서양인들이 생각하지 못한 새로운 패러다임이었기 때문이다. 당시는 부분은 전체일 수 없고, 부분이라는 요소는 전체에 환원될 뿐이라는 '요소환원주의(reductionism)'가 과학, 수학 철학 등 서양사상에 만연해 있었다. 그런데 홀로그램 이론의 등장으로 부분이 모여 전체가 되는 것이 아니라 부분 자체가 전체임을 알게 된 것이다. (중략) 파장이란 다음과 같이 설명할 수 있다. '퐁당퐁당 돌을 던지자 누나 몰래 돌을 던지자 냇물아 퍼져라 널리널리 퍼져라 건너편에 앉아서 나물을 씻는 우리 누나 손등을 간질여 주어라'(동요 '퐁당퐁당 돌을 던지자' / 김상일, 『현대물리학과 한국철학』, 고려원, 1991)."

있습니다.

 만약 사람들이 우주를 하나의 홀로그램으로 상상한다면 모두 홀로그램의 지점을 명백히 그릴 수 있습니다. 존재하는 모든 것은 그 자체로서 전체와 모든 묘사가 됩니다. 각 부분에서 파생하는 모든 것은 궁극으로는 전체에 영향을 미치기 때문입니다. 이런 방법으로 보면 개개인의 의식도 우주 안에서 다른 것들의 의식과 연결된 상태에 놓여 있습니다. 개개인의 의식은 전 인류의 의식, 더 나아가 우주를 비추는 거울이 될 수 있습니다. 상호작용하는 관계는 가장 단일한 원자에서부터 가장 멀리 떨어진 은하계에까지 이르지요. 즉 단세포생물의 지극히 간단한 삶의 자극과 충동, 동기, 마음이 타고난 재능을 지닌 존재에까지 스며들고 영향을 미치게 되는 것입니다. 모든 존재는 정신적인 것을 관통하고 서로 스며들지요. 그 정신은 우주에서 스스로 홀로 통신하고 교통합니다.

<u>이런 통찰과 견해는 지금까지 당연하다고 믿었던 의식 체계를 뒤죽박죽으로 만들지 않을까요?</u>

그럴 수 있습니다. 낡은 패러다임은 말합니다. "우리는 영성적인 경험을 만들 수 있는 인간적인 본질을 지녔다." 그렇지만 새 패러다임은 다릅니다. "우리는 영성적인 존재다. 이 존재는 인간적인 체험을 창조한다." 프랑스의 노벨상 수상자인 샤롱이 말했습니다. "우리는 영성적인 차원에서 우주적인 차원을 함께 살고 있다"[95]고요. 우주는 에너지

영역으로 현현합니다. 그리고 에너지 차원에서 궁극적인 실재를 표출합니다. 의식과 물질은 똑같은 차원의 에너지 형태로 보면 됩니다. 우리의 가장 깊은 차원의 본질 안에서 온 우주의 존재를 발견할 수 있습니다. 신비주의에서는 이런 본질과 우리가 하나가 될 수 있습니다. 인간으로서의 나는 본질과 떨어져 있지 않습니다. 나는 에너지 흐름의 완성자입니다. 신적인 에너지의 완결성을 의미합니다. 그리스도교에서는 다음과 같이 해석할 수 있습니다. "우리는 인간적인 경험을 만드는 신적인 삶을 살고 있다. 그 삶은 인간의 현존에 제한되어 있다. 예수가 그랬듯이 신적인 삶은 우리 각자 안에서 이미 인간화되어 있다."

사람들이 '인격Person'이라는 말을 하는데, 이는 허위의 인격입니다. '아-의식'일 뿐이지요. '아-의식'은 개인만 체득할 수 있고 그 안에서 신적인 삶의 근본 실재로부터 쪼개지고 분리된 것을 숨기고 있습니다.

궁극적인 실재로부터 쪼개지고 분리되는지 아닌지 어떻게 판단하고 표명할 수 있지요? 만약 모든 존재가 하나라고 본다면 신적인 에너지 흐름에서 이탈할 수 없지 않을까요?

개인적인 인간과 신적인 삶의 관계를 케스틀러Arthur Koestler[96]의 개념을 통해 설명해 보지요. 말하자면 홀론Holon입니다. 홀론은 그리스어에서

---

95 저자주: 샤롱, 『Der Geist der Materie』, 함부르크, 1979, 140쪽
96 아서 케스틀러(1095~1983)는 오스트리아-헝가리 작가이다.

출발하는데 '하나의 온전함'이라는 뜻입니다. 홀론은 단지 자신을 위해 존재하지 않습니다. 이는 거대한 전체 중의 한 부분입니다. 예를 들면 원자는 분자의 한 부분이고, 분자는 원자에서 나온 전체입니다. 원자나 분자는 동시에 전 세포의 한 부분이고 이 세포는 전 유기체의 한 부분입니다. 따라서 단지 부분이나 전체가 아니고 모든 존재가 한 부분도 되고 한 전체도 됩니다.

홀론은 두 가지 성향을 보입니다. 홀론은 전부와 부분을 위해 존재하지 않으면 안 되고, 전체에 대한 관계성을 유지해야 합니다. 그렇게 하면 자기의 정체성을 보존할 수 있습니다. 그렇지 않으면 홀론은 사라져 버립니다. 홀론이 점점 한쪽으로 기울어지면, 다른 쪽을 잃게 되지요. 홀론이 양쪽 다 유지하기를 원치 않으면, 이는 부분 정체성이 되어버리고 전체에 대한 연결점이 사라지거나 소멸합니다. 그렇게 보면 존립이나 존속을 할 수 없습니다. 원자는 분자를 위해 스스로 열어야 하고, 분자는 세포를 위해 스스로 열어야 합니다. 홀론은 광범위한 홀론일 때에만 그 의미와 영속성을 가지지요.

이런 이론을 어떻게 받아들여야 할까요?

이는 인간으로서 실존할 수 있는 의미를 말해 줍니다. 단순하게 정체성만 고집하거나 집착하지 말고, 더 큰 실존에 우리를 맡길 때만 현존할 수 있습니다. 거대한 실존의 한 부분이 인간입니다. 다른 홀론처럼 우리에게도 그런 사명이 주어졌습니다. 즉 스스로 초월하든지 아니면 우리 자신을 넘어서야 합니다.

이런 법칙을 물리학자 샤롱은 '마지막^{Finalitaet}'이라고 칭했습니다. 어떤 끝이나 결말, 차단, 종결, 격리의 의미가 아니라 가장 크고 광대하며 숭고한 어떤 곳으로 존재가 나아가고 있다는 뜻입니다. 샤롱은 이를 주저하지 않고 '사랑'이라고 말했습니다. 사랑은 모든 내면에 도사리고 있는 강한 충동이며 초월을 지향합니다. 자기초월이 결핍된 곳에서는 몰락과 붕괴가 나타납니다. 스스로 제한 범위를 벗어나는 능력이 결핍되고, 닫힌 제도 안에서는 존속하고 버틸 수 없습니다. 그 예가 암세포입니다. 암세포는 많은 유기체로부터 경계를 구분합니다. 그러다 유기체 조직을 파괴하고 결국은 파멸로 치닫지요. 자기초월은 우주의 근본 자세와 일치하는 겁니다. 그리고 자기초월은 진화의 진정한 동력이 되고요.

<u>진화와 혁명은 구체적으로 무슨 뜻입니까?</u>

사람들은 궁극적인 실재를 전체와 부분으로 나누고 정적인 요소로 이것을 서술하는데, 이는 궁극적인 실재를 잘못 이해하고 있기 때문입니다. 이 세상은 시간을 배치해 설립한 신의 '창조물'이 아닙니다. 신이 창조한 세상은 살아 움직이는 진화의 과정입니다. 진화, 즉 창조물은 사랑의 운행을 통해 존속합니다. 사랑은 존재하는 스스로의 능력으로 초월적인 존재에 다가갑니다. 세상의 창조는 원자의 개방에서 분자로, 그리고 정신적인 영역에까지 이릅니다. 정신은 모든 홀론

을 초월합니다. 동시에 정신은 지구 창조에도 고루 스며듭니다. 홀론은 자기 고유의 영성과 사유능력을 실현할 때까지 새로운 유기체를 만들어 냅니다. 이런 유기체가 바로 사람입니다. 사람에게는 진화가 멈추지 않고, 진화는 항상 새로운 홀론을 만들어 냅니다. 홀론에서는 의식이 항상 광범위하게 발전하고 진화하지요. 이 과정에 이르면 더 이상 개인적인 인격으로 사람을 이해하지 않고 포괄적인 인류의 한 부분으로 사람을 이해하게 됩니다.

<u>신부님의 말씀은 사람을 단지 개체화 혹은 개성화하지 말고 큰 유기체의 일부분으로 보자는 것인가요? 이런 생각은 서구인이 지금까지 철석같이 믿었던 인식을 흔들어 놓는 게 아닐까요?</u>

홀론 이론은 개인화를 반대하고 적대시하지 않습니다. 다만 홀론 이론은 개인체가 마지막 적법의 가치를 지닌 유일하고 절대적인 실재가 아니라고 주의를 주고 있습니다. 홀론 이론에서 개인체와 인격체는 궁극적인 실재를 연주하는 도구입니다. 우주는 개인적인 본질에 의존하는 교향악입니다. 개인적인 본질이 교향악을 울리게 하지요. 동시에 인격체는 절대적으로 큰 의미가 있습니다. 인격체는 유일하고 바꿀 수 없는 신적인 표명으로서 흔들리지 않은 부동의 가치를 내포하고 있습니다. 인격체의 가치를 홀론 이론에서도 신비적인 영성에서도 부정하지 않습니다. 다만 관습적인 자기이해를 넘어서는 다른 근거를 제시할 뿐입니다. 관습적인 자기이해에서는 개체와 나를 동일시

했습니다. 그 때문에 신비체험은 당연하지 않다는 절대적인 오류를 가지게 되었습니다. 신비주의는 이에 이의를 제기했습니다. 절대적이고 조건 없이 사고하는 '아'로서의 개체가 아닌 이 세상에 현현한 신의 모습으로 나를 보자고 말입니다.

개인체를 진실로 이해하기 위해서는 자신을 넘어 초월로 가야 한다는 말씀입니까?

그렇습니다. 자신을 스스로 넘어설 뿐만 아니라 궁극적인 실재를 크게 인식해야 합니다. '인식한다'는 말은 '아'에 집착하는 마음을 극복하자는 뜻입니다. 또한 본질에서도 우리는 궁극적인 실재에 나 자신을 열어야 합니다, 나는 개인체의 '아'로서 나와 세상을 인식할 게 아니라, 내가 '나'라고 명명하는 개아적인 상태에서 스스로를 인식해야 합니다. 이해하는 건 주관적 실재를 통한 객관적 실재의 습득이 아닌, 초월적인 실재와 초월적인 의식이 스스로 나에게 오는 겁니다. 궁극적인 실재의 진정한 이해는 '아' 개인체 스스로 과제를 가정하고 전제합니다.

'나-인격체' 혹은 주관성을 절대적으로 여기는 서구인의 사고에는 굉장한 도전이나 선동으로 들리는 이야기입니다. 물론 신학자에게도 마찬가지고요.

자연과학자의 인식이 우리가 올바른 시각을 갖는 데 큰 도움을 주고 있습니다. 반대로 신학은 이런 인식을 물리치고 '아'가 존속하는 저쪽 세상에 더욱더 매달리고 있습니다. 신학자는 인간의 종교적인 체험의 기회를 막는 것일까요? 이제 그리스도교에는 새로운 해석이 필요합니다. 자연과학자의 우주적인 세계관으로부터 나온 새로운 신학으로 그 가지를 뻗어야 합니다. 우리는 새로운 신학을 발전시켜야 합니다.

부활은 우리가 다른 형태로 현존할 수 있다는 암호입니다. 궁극적인 실재가 시공간을 넘어서서 각성하는 순간 우리는 알 수 있습니다. 십자가의 성 요한은 이것을 '스스로 찾아오는 신'이라고 말했습니다.

3

일상에서 영성적인 경험을 구현하는 방법

앉음, 호흡, 침묵

몸의 기도는 말의 기도보다 더 오래되었다.
앉거나 서거나 침묵하는 모든 행동이 우리를 영성적인 길로 이끈다

가만히 서 있는 것이 기도입니다. 온전히 정지해 있는 것도, 걸어가는 것도 기도입니다. 움직이는 명상을 체험하기 위해 우리는 명상적인 춤을 추지요. 진짜 명상적인 춤은 매우 간단합니다. 걷기가 바로 명상입니다. 만약 춤에 깊게 몰입하지 않은 채 춤을 춘다면 이것을 즉석에서 간파할 수 있습니다. 자신의 걸음걸이와 하나 되는 것은 호흡이나 소리와 하나 되는 것이기도 합니다.

요즘은 독일에도 신비주의와 영성에 관해 조망하는 책이 많지 않습니다. 신부님이 처음 이 주제에 흥미를 두기 시작했을 때는 지금과는 달랐으리라 생각합니다. 어떻게 신비주의에 관심을 두게 되셨습니까?

나는 5~6세 때 첫 신비체험을 했습니다. 어머니가 나를 성체조배에 데리고 다녔는데 그곳의 분위기가 지금도 생생하게 그려지는군요. 제대 앞에는 촛불이 타고 있었고 실내 공기는 향으로 가득 차 있었습니다. 사람이 별로 없는 교회에서 부인 몇이 뒷자리에 앉아 열심히 묵주기도를 드리고 있었지요. 그곳에서 나는 매우 단조로운 기도 소리를 들었는데, 일상적인 관념 저편에 있는 다른 차원의 소리 같았어요. 당시는 의미를 몰랐지만, 그때 분위기를 유추해보면 그것이 초월적인 영역으로 향하는 첫 종교적인 경험이 아니었나 생각합니다. 그때부터 나는 신부가 되기를 원했습니다. 당시에는 신부가 되려면 공부를 많이 해야 했고 많은 돈이 필요했습니다. 그 당시 형이 대학에서 공부하고 있었기 때문에 집안 사정이 좋지 않았지만, 나는 꿈을 버리지 않았습니다. 그런데 어느 날 정말 꿈이 이루어졌어요. 베네딕도 수도원에 있는 친척이 나를 뮌스터슈바르자크 베네딕도 수도원의 기숙학교에 데리고 갔지요. 거기서 첫 1년 간 공부했습니다.

신부님은 젊은 시절에 신비체험과 유사한 경험을 하셨군요?

꼭 그런 것은 아닙니다. 그때는 이론적인 형태로 알았을 뿐입니다. 수도원에 들어간 뒤부터는 도서관에서 신비학과 관련한 수많은 저서를 탐독했습니다. 나는 아빌라의 데레사, 십자가의 성 요한, 작자 미상의 책인 『무지의 구름Die Wolke des Nichtswissens』을 즐겨 읽었습니다. 그리고 베네딕도회 출신 수도사 알로이스 마거Alois Mager[97]의 글을 탐독하면서 큰 감명을 받았습니다. 당시는 스승도, 특별한 영성도, 바깥의 누구의 도움도 없이 혼자 공부했습니다. 누구에게도 영성에 관해 말하지 않았지만, 이때 나는 처음으로 '진정한' 영성적인 경험을 했습니다. 영성은 내가 수도원에서 드리는 어떤 기도 형태보다도 나를 감동으로 몰아넣었지요. 나는 영성 연습을 꾸준히 했지만, 그때마다 혼자만의 일로 가슴에 간직했습니다.

그래서 일본으로 가신 건가요? 일본에서 선불교를 배우기로 한 결정은 영성 훈련을 하기 위해서입니까?

다른 종교의 영성을 알고 이를 받아들일 기회가 오기까지는 매우 오랜 시간이 걸렸습니다. 1972년이었습니다. 일본의 선사 야마다 고운 로시가 이끄는 좌선 코스에 참석하면서 그를 알게 되었습니다. 몇 년 후 독일 베네딕도 수도원이 일본에 분원을 만들었습니다. 마침 수도원의 분원이 생기는 곳에 야마다 선사가 자그마한 절을 가지고 있었

---

97 알로이스 마거(1883~1946)는 베네딕도회 신부이자 철학자, 심리학자다.

어요. 당시 나는 거의 쉰이 가까운 나이였지만 일본 분원으로 가겠다고 지원하고 허락을 받았습니다. 일본에 도착한 뒤로는 야마다 선사를 자주 방문하였고 그의 좌선에도 자주 참석했습니다. 후에 수도원은 도쿄로 이사를 하였지만 나는 그 도시에 머물러도 좋다는 허락을 받았습니다. 덕분에 명상에 계속 참여할 수 있었고 점점 더 깊은 경지에 빠질 수 있었어요. 6개월 동안 불교의 토굴에 머문 적도 있습니다. 그렇게 나는 12년간을 선 명상에 빠졌습니다.

<u>선불교의 체험교육을 어떻게 생각하십니까?</u>

좌선의 본질은 앉아서 집중하는 것에서 시작합니다. '집중'이라는 말은 하루 4~8시간 정도의 몰입을 뜻합니다. 좌선은 10~12시간 이상 지속하기도 합니다. 나는 화두를 받고 명상도 했는데, 화두는 내가 속한 불교학파에서는 반드시 거쳐야만 했습니다. 1983년부터는 유럽에서도 이 수업을 시작했고, 이후 선 교리를 가르치고 있습니다.

<u>일본에서 배운 선에 그친 게 아니라, 유럽에 돌아온 이래 그리스도교의 신비가와 연결점을 찾으셨군요. 어떻게 해서 동서양의 신비주의를 연결할 생각을 하게 되었습니까?</u>

일본에서도 나는 그리스도교 신비가의 영성에 관한 연구를 포기하

지 않았어요. 이 연구는 매우 흥미로운 일이었지요. 동양의 선에서 그리스도교 신비주의와 동일한 구성요소를 가진 점을 발견했고, 둘을 비교하는 게 특히 흥미로웠습니다. 독일로 돌아와 그리스도교 신비주의를 활성화하는 것이 나의 과제라고 생각했습니다. 우리의 그리스도교 전통 안에 있는 영성적인 길을 다시 살려보겠다는 뜻이었습니다. 그리스도교 전통 안에도 다른 종교와 비교하여 손색없는 신비주의가 있는데, 그걸 잊고 있는 게 나는 안타까웠습니다.

왜 그리스도교 전통 안에서 명상의 길이 잊혀진 걸까요?

첫째, 근본적인 이유는 신학이 지나치게 학문화 되었기 때문입니다. 우리는 계몽주의 시절부터 지금까지 이런 신학을 붙들고 있습니다. 둘째, 가톨릭이 이단에 대해 지나치게 두려움을 느끼고 있기 때문입니다. 개별적인 기도의 전통은 사라졌고 중앙 집중화 성향이 생겼지요. 미국의 신부 토머스 키팅Thomas Keating[98]은 그리스도적인 기도 형태가 사라진 점에 대해 아쉬움을 토로했습니다. 그는 이그나티우스[99]의 '정신적인 피정' 같은 논증적이며 개념적인 명상 방법이 좋지 않다고 말했습니다.

---

[98] 토머스 키팅(1923~)은 미국 트라피스트 수도원 사제이다. 그는 우리의 참자아 안에, 그리고 우리의 가장 깊은 중심에서 우리의 숨결과 호흡, 생각보다 가까이 있는 절대 신비인 하느님을 만나기 위해 자신의 내면으로 들어가는 기도, 즉 향심기도를 하라고 말한다. 향심기도는 '중심으로 들어가는 기도(Centering Prayer)'의 번역어이다.

[99] 가톨릭의 예수회 창시자이다.

셋째, 제도권 교회가 그리스도교에서 파생된 여러 종파와 논쟁에 들어가면서 명상의 길을 무시하는 데 일조했습니다. 정관파 신비주의 Quietismus[100]는 침묵 예배 중에 무위Passivitaet를 강조합니다. 인간의 예정과 숙명을 강조하는 얀센파Jansennismus[101]도 있습니다. 얀센파는 기도 중에 신의 현현이나 개인 현시를 강조하고 명상 중에 나타나는 현시와 방언, 예수의 성흔 등의 현상을 중요시합니다. 그런데 신비주의를 금욕주의와 동일시해 버렸기 때문에 오늘날 그리스도교 안에서 명상의 길이 점점 잊히게 되었습니다.

이런 요소가 과거 가톨릭의 믿음에 어떤 영향을 미쳤지요?

여기에 대한 대답으로 베네딕도 수도원의 원장이었으며 1900년대 초 영성에 대해 탁월한 지식을 설파한 버틀러Cuthbert Butler[102]의 문장을 인용해 보겠습니다. "특이한 부름을 받은 몇몇 신비가를 제외한다면 명상은 일반인을 위한 기도이다. 일반인은 수도자나 명상적인 수도자, 수녀, 주교, 신부 그리고 일반 신자를 아우른다. 이 기도는 확고하게 주어진 방법에 따라 체계적으로 명상하는 것이다. …… 수도 지원자

---

100 정관파 신비주의는 그리스도교 신비주의, 신학 그리고 금욕의 특별 형태이다. 가톨릭에 그 뿌리를 두고 있지만 가톨릭으로부터 이단이라고 배척받고 있다.
101 얀센주의(Jansenismus)는 17~18세기 가톨릭교회 안에서 일어난 운동이다. 네덜란드 주교 얀센(1585~1638)이 일으켰는데 그 근본은 아우구스티누스 성인의 교리에서 기인한다. 하지만 가톨릭은 얀센파를 이단이라고 규정하고 있다.
102 버틀러(1858~1934)는 영국의 사학자이자 베네딕도회 신부였다.

나 신학생은 영성적인 삶의 총체를 보지 못한 채 때로 절단되고 잘라낸 시야를 전달받기 때문에 영성을 통일적으로 살피지 못한다. 그러므로 기도를 통해 영성을 일반적인 경험과 일치하지 못하는 것이다."[103]

결과적으로 보면 신부님은 동양과 서양의 영성 모두에서 확실하게 배우게 되었군요. 동양의 선과 그리스도교의 명상 사이에는 어떤 특징과 차이점이 있는지요? 그 차이는 어디에서 출발합니까?

먼저 공통점을 이야기해 보지요. 공통점은 세상에는 하나의 궁극적인 실재가 있고 하나의 진리가 있다는 사실입니다. 차이라면 그 길로 가기 위해 여러 갈래의 길이 나 있는 산을 올라야 한다는 것입니다. 산을 올라보면 모든 종교는 하나라는 사실을 알게 됩니다. 즉 모든 종교의 영성적인 요소가 명상자를 결국은 같은 산의 꼭대기로 이끈다는 뜻입니다.

영성으로 가는 길은 오직 한 곳에 초점과 힘을 모으며 시작하면 됩니다. 대개는 호흡에 맞추지만 단어나 소리, 연도 등에 맞추기도 합니다. 그리스도교에서는 예수 기도를 들 수 있습니다. 선에서는 대개 화두로 무^無, 아미타 불교에서는 염불^{Nembutsu}, 수피즘[104]에서는 99개

---

[103] 저자주 : 『토머스 키팅 기도모음집』, 뮌스터슈바르자크, 1995, 44~45쪽.
[104] 수피즘은 이슬람교의 신비주의적인 분파로서 전통적인 교리 학습이나 율법보다는 현실적인 방법을 통해 신과 합일됨을 최상의 덕목으로 여긴다. 이들은 정

알라의 이름, 요가에서는 거룩함 옴$^{\text{Heilige Om}}$105을 말합니다. 사용하는 단어나 소리의 의미보다는 독송하면서 초점을 맞추고 하나가 되는 게 더 중요합니다. 이것이 많은 종교에서 신비체험을 하는 데 사용하는 가장 근본적인 구조입니다. 그것이 어느 종교에서 나왔는지는 상관이 없습니다.

그럼 두 번째 근본구조는 무엇입니까?

자신의 의식을 스스로 비우는 겁니다. 스스로 비운 의식 영역이 갑자기 나타나면 그곳에 더 이상 아무것도 받아들이지 말아야 합니다. 거울에 상이 나타나면 그 상이 그냥 지나가게 놔두어야지, 그와 결코 동일시해서는 안 됩니다. 선에서는 이런 찰나의 시점을 지관타자(Shikantaza, 祇管打坐), 혹은 그냥 앉아 있기^{106}라고 합니다. 그리스도교 전통에서는 '무지의 구름$^{\text{Wolke des Nichtwissens}}$'^{107} 또는 '완전히 벌거벗은 존재의 봄'이라고 표현합니다. 십자가의 성 요한은 '사모하는 경청과 엿들음' 또는 '단순한 면밀함'이라고 표현했습니다.

적인 상태의 명상이 아니라 춤과 노래를 병행하는 과정을 통해 신과의 합일을 추구한다.

105 옴(Om)은 한 음절이다. 여기엔 힌두교, 자이나교, 불교가 혼합되어 있다.

106 Shikantaza에서 shikan는 '다만' '단지' '간단한'의 뜻이고 ta는 응집된 작용으로 해석된다. 하지만 독일어로는 대개 '단지 앉음(nur Sitzen)'으로 해석한다. 이 것은 선불교에서의 명상의 한 기술로 보면 된다.

107 '참나'가 태양이라면 무지의 구름은 에고이다.

영성적인 길로 가는 데는 기본구조가 동일하군요. 종교적인 것과 단지 양식에 맞추는 형식과 방법 사이에는 어떤 차이점이 있습니까?

차이점이라면 문화적인 차이, 각 문화 안에서 뿌리내린 전통의 차이가 있을 뿐입니다. 동양에서는 바닥에 앉는 게 일상적이라서 선도 방바닥에 앉아서 합니다. 그렇지만 서구에서는 앉는 것이 중요하지 않습니다. 의자에 앉거나 바닥에 앉아도 상관없습니다.

신부님의 명상 코스에 참여하는 이들은 그곳에서 무엇을 하며, 무엇을 바라고 오는지요? 명상 훈련을 통해 그들에게 무슨 변화가 일어납니까?

명상 코스에 오는 사람들은 바닥에 앉는 법부터 배웁니다. 어떻게 앉을 것인지 스스로 결정합니다. 대개는 바닥에 앉겠다고 합니다. 바닥에 앉아 명상하면 처음에는 매우 불편하지만 장기적으로 볼 때는 명상하기에 매우 좋습니다. 그리고 앉을 때는 어떤 자세를 취하는지, 어떻게 연습하는지도 일러 줍니다. 호흡을 관찰하는 동시에 한 마디에 집중하면 됩니다. 이때 일어나는 모든 생각은 그냥 지나가게 해야 합니다. 휴식 중에는 천천히 걷기도 하고 강연과 교리를 들으며 개인적인 대화도 나눕니다.

강연과 대화를 통해 어떤 의미를 전달하고 있습니까?

강연에서는 그리스도교 신비의 길에 대해 설명합니다. 이론적인 신비주의를 가르치는 것이 아니라 그리스도교 신비주의에 어떤 길이 있는지 알려줍니다. 명상 코스에 참석한 사람은 강연을 들으며 적어도 자신이 어디로 흘러가고 있고, 어디에서 쉬고 멈추며 존립하는지 알 수 있습니다. 그리고 강연에서는 위대한 신비가에 대해서 알려줍니다. 명상 코스에 참석한 사람은 스스로 자신만의 방법을 연구하는 동시에 신비가가 표현한 영성을 발견할 수 있습니다. 그렇지만 그들의 실행을 따라 하지는 않습니다. 그 외에도 강의에 참여한 이에게 동기를 유발하고, 어려운 점을 극복할 수 있도록 도움을 주지요.

개인적인 면담은 어떻게 합니까?

영성의 안내자로서 나는 명상할 때 나타나는 봉쇄나 저지, 정신을 집중할 때 일어나는 장애나 어려운 일 등을 대화를 통해 자유롭게 풀어주려고 노력합니다. 혹은 명상하는 동안 떠오르는 점을 물을 때 답해주기도 하지요.

신부님은 호흡을 언급하셨는데, 사람들이 선이나 명상 훈련 중 호흡할 때 특별히 무엇을 조심해야 합니까?

호흡을 관찰하면서 가능한 한 소량으로 호흡하며 조절해야 합니다. 긴장을 풀고 호흡과 하나 되는 경지를 만들어 가면 됩니다. 하나가 된다는 건 관찰자와 관찰하는 자, 나와 호흡 두 가지로 있다가 나중엔 나와 호흡이 하나가 되고, 궁극적으로 다만 호흡만 존재함을 느끼는 것입니다. 쉬워 보여도 이렇게 되기까지는 긴 시간의 수련이 필요합니다.

'다만 호흡만 존재한다'는 것은 무슨 의미인가요?

말로 설명하기가 어렵군요. 이는 새로운 차원의 의식을 말하는데, 이 차원에서는 호흡이 광범위한 차원의 영역으로 열립니다. 즉 초월적인 차원입니다. 이 순간은 매우 밝은 의식의 상태일 뿐만 아니라 진정으로 깨어있는 현존의 상태입니다. 이런 명상을 '지금 현존하는 성사 Sakrament des Augenblicks'라고 말합니다. 지금 이 순간 현존에서 신과 접촉하는 게 가능하고 다만 지금, 그리고 여기에서 궁극적인 실재를 체험하게 됩니다.

신부님은 앉아 있을 때 생각을 자유롭게 하고 생각을 움직이라고 했습니다. 이 과정에서 심사숙고와 반성, 고찰 같은 행위는 하면 안 될까요? 우리는 늘 끊임없이 생각을 일으키지 않습니까?

거기에는 본질적인 어려움이 있어요. 대부분 사람은 의심과 울분 등을 다른 쪽으로 돌리는 걸 어려워해요. 3시간 이상 한 가지 상황에 머물기가 매우 어렵습니다. 우리의 '아'는 늘 새로운 생각과 지향, 감각의 충동을 일으키기 때문입니다. 이런 과정은 지극히 정상입니다. '아'의 의식은 생의 역동성을 가지고 있습니다. 그 역동성은 창조적일 뿐만 아니라 목적까지 지니고 있습니다. 영속적으로 돌파하는가 하면, 다시 중점으로 밀어 넣는 이런 역동성은 지적인 의도와 기억을 지니지요. 처음에는 엄청나게 좌절하고 실망하며 용기가 꺾입니다. 다른 일을 배우고자 할 때도 마찬가지지요. 바이올린을 켤 때도 정교하고 아름다운 소리가 나올 때까지 긴 시간 동안 많은 연습을 해야 합니다. 연습을 하다 보면 어느 순간 악보를 보지 않고도 자연스럽게 연주할 수 있게 되지요. 영성적인 길도 이와 같습니다.

<u>이 말은 영성 훈련은 한번만 해서는 안 된다는 뜻인지요? 그렇다면 어느 정도 앉아 있어야 하고, 어느 정도 자주 이런 연습을 해야 할까요?</u>

우리 수도원에서는 한 번에 90분 걸리는 명상 코스를 하루 다섯 차례 운영합니다. 물론 중간에 휴식도 있고 걷는 시간도 있습니다. 그냥 걷는 게 아니라 걷는 동안 명상을 동반합니다. 이런 과정을 통해 일상 속에서 늘 깨어 있을 수 있는 훈련을 합니다. 참석자들은 1시간짜리 노동도 해야 합니다. 영성 훈련에 노동을 포함한 이유는 일상생활 중에 명상을 동행하며 늘 완성을 향한 길을 발견하기 위해서입니다.

일본의 소토선불교협회Soto Zen의 중앙 건물에는 13세기부터 전해 내려오는 글귀가 걸려 있습니다. "생과 사의 문제에 관심을 둔 이는 여기 들어와도 좋다. 이런 문제에 대해 전혀 관심이 없는 이들은 이 문을 통과할 이유가 없다." 진정으로 생의 의미나 신에 대해 찾지 않을 때는 한두 개의 명상 코스에 참여한 후 그쳐도 무방합니다.

영성적인 길을 가고자 한다면 더 많은 시간을 투자해야겠군요.

그럴 수도 있고 아닐 수도 있습니다. 적은 시간을 투자하고도 다른 준비 없이 매우 빨리 영성적인 길에 들어서는 이도 있습니다. 우리 수도원에서는 영성적인 길의 입문보다는 체험하는 데 더 비중을 둡니다. 많은 이가 신비체험을 하다가 정신이상이 오지 않을까 걱정하는데, 그럴 필요가 없습니다. 영성적인 동반자가 그 차이를 쉽게 분별할 수 있기 때문입니다. 이 사람이 진짜 위험에 처했는지 아니면 명상 중 초월적인 공간에서 일어나는 환희 앞에서 단순히 '아-두려움'을 동반한 상태인지 알아차릴 수 있습니다. 만약 심리적인 문제가 보이면 확실하게 말해주지요. 당신은 영성적인 길에 적합하지 않다고요. 둘 다에 해당한다면 영성적인 길을 가면서 심리치료도 병행하라고 조언합니다.

사람들이 명상이나 선을 하다가 정신이상이 올지도 모른다는 두려움을 갖고 있다고 말씀하셨습니다. 두려움뿐만 아니라 다른 어떤 감정이 명상하는 사람의 영혼에서 일어날 수 있습니까?

감정이나 마음을 다친 사람은 적절한 관계 형성을 배워야 합니다. 전혀 의식하지 못하지만, 사실은 많은 사람이 어릴 때 입은 상처나 부부 사이에서 일어난 상처에 시달리고 있습니다. 평소 전혀 의식하지 못하다가, 앉아서 명상하다 보면 이런 상처가 의식의 표면으로 격렬하고 집요하게 올라오는 것을 알 수 있습니다. 이미 극복했다고 여겼던 두려운 감정이 다시 강하게 올라옵니다. 육체적으로도 드문 현상―특정한 변태 심리학적인 품성이나 현시, 환시, 정신감응 등이 촉진되어 드러나기도 합니다. 상황이 매우 좋지 않다면 당장 명상을 접어야 합니다. 하지만 대부분의 사람은 복합적인 감정을 다루는 방법과 동질성을 억압하고 몰아내는 방법을 배울 수 있습니다.

앞에서 언급한 '장애'나 '난심' '무질서'가 올 때 신부님은 어떻게 대처하십니까?

그런 드물고 기이한 현상을 동반한다 할지라도 심리치료를 받아야 할 정도가 아니라면 근본적인 지시만으로도 충분합니다. 다만 이런 현상을 억압해서는 안 됩니다. 그렇다고 느긋하게 손만 잡고 있어서도 안 되고요. '이런 현상이 내 안에서 일어났구나!'라고 인식하고 명상 수련을 계속 하면 됩니다. 중요한 것은 이런 현상이 나타날 때 자기와 동일시하면 안 됩니다. 원한이나 원망, 분노나 우울함 속에 자신을 끌어넣고 순응하지 마십시오. 이런 감정이 일어날 때는 그저 자신의 감정을 자세히 들여다보세요. 시인하거나 긍정하거나 부정하지도 말고요. 이렇게 하는 이유는 자신의 감정에 거리를 두기 위해서입니다. 이렇게 하다 보면 자기 안에 수십 년간 묵혀둔 문제들이 보이면서 동시에 문제가 점차 씻기고 사라지지요. 명상 코스에서는 이런 강렬하고 개인적인 동행이 항상 주어집니다.

신부님은 비중이 큰 어떤 부정적인 감정에 대해 말씀하셨습니다. 그렇지만 앉아서 하는 선 명상에서는 긍정적인 기운이 올라올 수도 있지 않을까요? 이렇게 올라오는 기운에서 쾌적함을 느낀다면 명상자로서는 오히려 행운으로 받아들이지 않을까요? 명상 중에 일어나는 쾌감을 어떤 식으로 받아들여야 합니까?

쾌적함을 느끼는 감정 중 적당히 기분 좋은 느낌은 영성적인 길을 가는 데 방해가 될 가능성이 더 많아요. 매우 기분 좋은 상태에 도달하면 그냥 거기에 머물고 싶은 유혹이 일어나기 때문에 명상 과정에서 더 큰 문제가 될 수 있습니다. 기분 좋은 느낌이 들면 "내가 정말 높은 단계에까지 왔구나!"라고 착각하여 명상 수련을 등한시하게 됩니다. 이 부분에 대해서 『무지의 구름』을 쓴 사람이 이렇게 권고했습니다. "명상 중에는 신을 향하는 원망을 신 앞에 숨겨서는 안 된다"고 말입니다. 명상하는 사람은 경건한 생각조차도 뒤로 남겨두어서는 안 됩니다. 우리 수도원에서도 경건한 생각과 감정에 대해서 애착심을 갖지 말라고 말하고 있습니다.

생각이 영성적인 길에 방해될 수 있고, 감정과 정서도 명상에 방해될 수 있다는 뜻이지요? 그렇다면 의지도 영성적인 길에 방해될까요?

의지는 지성이나 기억, '아-구조'의 감각, 지각과 함께 연결됩니다. '아-구조'는 명상의 비움에 들어가기 위해서는 반드시 버려야 합니다. '아-구조'는 이를 잘 파악할 수 있도록 궁극적인 실재의 한쪽을 절단하고 잘라내는 성향이 있습니다. 피아노 건반을 비유로 들어볼까요? 사람들이 건반의 한 음만 늘 서투르게 친다면 다른 음은 들을 수가 없겠지요? 명상하는 사람의 진정한 목적은 '아'를 버리는 것입니다. 그렇지만 명상하는 사람은 다친 감정을 가지고 자가당착에 빠지기도 합니다. 의지는 스스로 포기할 수 없으므로, 영성적인 길에서 발전을 원한다면 진보 없이 제자리걸음만 하게 될 것입니다. 의지를 놓아버릴 때 명상은 점점 더 발전할 수 있습니다.

비움에 도달하기 위해 어떤 노력을 해야 할까요? 신부님은 좀전에 명상의 유형에 대해 설명하면서 신의 이름을 외우거나 단어를 되풀이하며 읊으라고 말씀하셨지요. 명상하는 사람 혹은 선을 수련하는 사람은 무엇을 조심해야 할까요?

신의 이름을 낭송하고 외우는 의식은 우리의 정신을 한곳에 모아줍니다. 목소리의 진동이나 동요뿐만 아니라 낭독의 확고함을 통해서도 의식을 모을 수 있습니다. 단어의 뜻은 중요하지 않습니다. 감정을 담을 필요도 없습니다. 중요한 점은 본인 스스로 고무하고 자극하는 목소리와 음향, 읊조림에 따라 신과 하나가 될 수 있다는 사실입니다. 명상 수련을 할 때 상응하는 단어, 음향을 찾는 이유가 여기에 있습니다. 렉스 힉슨Lex Hixon108은 그의 저서 『신과 하나 됨』에서 이렇게 말했습니다. "알라 후~, 이 신비한 음향을 끊임없이 되풀이하는 게 명상 수련의 실행과 응용이다. 하지만 만다라를 반복하는 것처럼 이것은 명상의 기술이 아니라 신의 공명을 엿듣는 것이다. …… 알라 후에 밤낮으로 호흡을 일치하라. 숨쉬기(호흡)가 알라 후에 대한 자연적인 기억으로 가는 순간뿐만 아니라, 신적인 현존이 의식적으로 유출될 때까지 계속하라. …… 호흡 속의 생명은 순간순간이 신적인 공명이다. 다만 신적인 무언가가 존재한다는 분별과 통찰이다. 이것은 우리가 공경해야 할 알라다. 다만 알라 후가 알라 후를 인식할 수 있다."

연도와 전례 의식, 같은 말을 반복하는 묵주기도도 관계가 있을까요? 이런 행위들이 그냥 단순하게 음절과 하나가 되는 행동은 아니지 않습니까?

---

108 렉스 힉슨(1941~1995)은 미국의 영성가이자 수피의 시인이다.

묵주기도 역시 명상적인 기도의 기능에 더 가깝습니다. 묵주기도를 하는 사람은 종교적인 분위기에 깊게 빠질 수 있습니다. 한 가지 톤의 단조로운 낭송은 영성적인 길로 나아감에 있어서 매우 중요합니다. 묵주기도와 유사한 행위로 수도원의 합창기도가 있습니다. "우리의 기도를 들어주소서"라고 반복하는 가톨릭의 연도기도는 단어의 뜻을 기억하기보다는 반복을 통해 우리 마음을 활짝 여는 기능을 합니다. 동양 불교에서 자주 하는 독송도 특정한 걸음의 흐름을 결합하고 연결합니다. 동양 불교에서 『금강경』이나 『반야심경』을 독송하는 행위도 특정한 명상을 수반합니다. 또한 수피스트들은 코란에 맞추어 몸을 율동적으로 움직입니다. 이와 유사한 낭독이 그리스도교의 성지나 종교적인 행렬 뒤에 숨어 있는 것이 유감입니다.

종교적인 행렬과 성지순례, 묵주기도 그리고 연도 등의 배경에는 어느 정도의 의식이 깔린 것일까요? 바깥에서 보면 그 상황에 맞는 기도에 빠진 게 아니라, 뭔가 연출된 각본에 따라 움직이는 것처럼 보입니다.

의미심장한 제례의식을 단순히 빈 껍질로 인식하는 행위는 위험합니다. 그런 위험은 다음과 같은 경우에 발생합니다. 사람들이 행하는 기도가 영성적인 지도나 교시 없이 얻어질 때입니다. 가톨릭에서는 묵주기도를 오랫동안 명상기도로 인정하지 않았습니다. 하지만 나는 나의 아버지가, 물론 다른 이들도 그랬겠지만 매우 깊은 신비체험을 동반하는 묵주기도를 했음을 알고 있습니다.

독송과 연도를 자기 혼자서 할 때와 아니면 그룹으로 행할 때 어떤 차이점이 있을까요?

그룹으로 묵주기도를 하면 점차 고조되는 강렬한 분위기를 느낄 수 있습니다. 물론 기도하는 중에 개인은 이를 잘 느끼지 못하지요. 합송기도 역시 마찬가지인데, 그룹으로 하거나 한 가지 톤으로 읊는 독송을 통해 이런 분위기가 만들어집니다. 그룹 기도는 큰 에너지가 발생합니다. 그 에너지는 기도하는 모든 이에게 고르게 스며듭니다. 다른 장에서 이미 '형태발생의 장'에 대해 이야기를 나눈 바 있습니다. 에너지가 어떻게 형성되는지 설명할 수는 없지만, 어마어마하게 형성된 에너지가 실제 세계에 직접 작용한다는 사실은 말할 수 있습니다. 에너지의 형성은 같은 공간에서 명상하고 있는 사람들 사이에서도 느낄 수 있습니다. 여행에서 돌아와 베네딕도 수도원에 들어서게 되면 나는 수도원에서 명상 코스가 진행되는지 아닌지 감지할 수 있습니다. 명상하고 있을 때는 수도원에 들어서는 순간 몸에 에너지가 느껴집니다. 이런 에너지를 형태발생의 장과 연관 지을 수 있지요.

연도기도나 독송을 할 때 몸을 움직이는 것이 좋다고 말씀하셨습니다. 요즘은 몸짓기도나 성사적인 춤에 관심을 두는 사람이 늘고 있습니다. 그리스도교에서도 이를 호의적으로 받아들이고 있고요. 몸은 신비체험과 어떤 관계가 있을까요?

몸은 지성보다 더 광범위한 형태로 의식의 저변에 분포해 있습니다. 지성은 궁극적인 실재를 일부 분야로 축소하거나 한정하지만 몸은 완전하게 우리를 열고 깨어나게 합니다. 모든 종교에서 초월적인 의식에 몸을 사용하는 이유가 그 때문입니다. 안타깝게도 그리스도교에서는 몸의 에너지를 간과하고 있어요. 중세 시대 때는 오히려 몸이 기도에 이용되었습니다. 끙끙거리며 신음하거나 바닥에 몸을 던지며 기도하라는 지침서가 존재하기도 했습니다. 도미니크 성인이 이런 식으로 기도했던 사람입니다. 그런데 차츰 그리스도교에서 몸은 정신적인 영역에 방해되는 요소로 간주되기 시작했고 징벌과 견책의 대상으로 변해버렸습니다. 이런 성향은 교회의 성장에 장애가 되었습니다. 사람들이 몸과 정확하고 진실하게 교제할 수 있다면 명상에도 큰 도움이 될 것입니다. 이를 '몸의 기도'라고 합니다.

<u>몸의 기도가 무엇을 말하는 것인지 설명해주실 수 있나요?</u>

몸의 기도를 통해 인류사의 근원을 파악할 수 있습니다. 몸의 기도는 말의 기도보다 더 오래된 근원적인 기도 형태입니다. 염불할 때나 독송할 때의 톤과 마찬가지로 인간의 몸짓은 인간의 의식을 한곳에 모을 수 있는 초점이 됩니다. 나는 움직임이나 몸짓과 하나가 됩니다. 내가 말을 할 수 있을 때까지 말이지요. 나는 몸짓입니다. 각 개인은 자신의 인간적인 몸짓에 큰 영향을 받습니다. 자신의 몸과 제대로 관계 맺지 못했을 경우는 특히 그렇습니다.

몸의 기도를 구체적으로 어떻게 실행하면 좋을까요?

팔 하나를 뻗어서 들고 있어도 좋고 어떤 공간에 서서 침묵하는 행위를 통해서도 가능합니다.

아직 이해가 잘 되지 않습니다. 다른 예를 더 들어주세요.

가만히 서 있는 행동도 기도입니다. 온전히 정지해 있을 경우도, 걸어가는 행동도 기도입니다. 안겔루스 질레지우스는 이렇게 표현한 바 있습니다. "신은 거룩함 속에서 성인들이 하는 모든 행동을 스스로 행한다. 신은 가고 오고 서고 잠자고 깨어있고 먹고 마시면서 좋은 기분을 느낀다." 우리의 생은 힘으로 지배되지만, 명상에서는 버림을 통해, 존재를 통해 목적을 향해 나아갑니다.

먹고 마시는 일상적인 일을 통해 명상에 이르는 행위는 지나치게 정적인 행위 아닐까요?

움직이는 명상을 체험하기 위해 우리는 명상적인 춤을 추지요. 진짜 명상적인 춤은 매우 간단합니다. 걷기가 바로 명상입니다. 만약 춤에 깊게 몰입하지 않은 채 춤을 춘다면 이를 즉석에서 간파할 수 있습니다. 자신의 걸음걸이와 하나가 되는 것은 호흡이나 소리와 하나 되는 것이기도 합니다.

명상춤을 통해 황홀경의 상태에 빠져드는 게 아니라 높은 의식으로 들어가는 것인가요?

명상춤은 명상의 높은 단계에 이를 때 추는 것입니다. 이 단계에서는 최면상태in Trance-Zustaende에 빠져서도, 최면이 목적이 되어서도 안 됩니다. 명상춤을 출 때는 왜 이런 춤을 추는지 설명해주는 스승이 곁에 있어야 합니다. 영성적인 실행에서는 어두침침한 상태가 필요 없습니다. 명상춤을 통해 확연하고 깨인 의식으로 나아가기 위해서는 영성적으로 현존해야 합니다. 물론 이 현존은 이성의 단순한 영역에서 멀리 떨어져 밖으로 나온 현존 상태입니다.

그리스도교에서는 명상춤이 일반적으로 통용되고 있지 않습니다. 동양 종교에서는 영성에서 몸의 차원을 고려하고 있습니까?

동양 종교에서는 대부분 영성적인 길에 몸을 동원합니다. 동양 종교에서는 특히 가부좌가 중요한 역할을 합니다. 가부좌를 했을 때 머리와 목, 등과 다리 등을 어떻게 해야 하는지에 대한 특별한 자세를 배웁니다. 무드라스의 손Die Mudras der Haende109은 상징적인 몸짓으로 외적인 태도를 영성적인 관념과 연결합니다. 아자나스 요가$^{\text{Die Asanas des Yoga}}$는 몸을 볼 수 있게 만들지요. 다르빗슈^{Derwische}의 세마춤, 그리고 수피즘의 만트라 알라 후$^{\text{Mantra Allah-Hu}}$로 향하는 몸동작, 몸을 굽히고 바닥에 엎어지는 라카스$^{\text{Rak'as}}$ 등이 신비적인 기도 중에 몸의 의미를 잘 표현하고 있습니다. 항상 몸이 출발점입니다. 몸은 그릇이자 혈관이며 이 안에서 궁극적인 실재와 만나고 수용합니다.

<u>선불교에서는 몸으로 하는 여러 영성적인 실재가 있습니다. 활쏘기, 기공 그리고 특별한 '무술'인 태극권입니다. 이런 실습에서는 어떤 힘이 살아 움직일까요?</u>

나는 일본에서 활쏘기를 배웠습니다. 활쏘기를 할 때는 표적을 맞추기보다 몸의 행위를 통해 정신을 모으는 게 더 중요합니다. 활쏘기를 하기 전에 제식이 필요하고, 그 제식과 함께 활쏘기 연습에 들어가야 합니다. 이와 비슷한 실습에 기공과 태극권이 있습니다. 몸을 단련하지만, 이를 통해 매우 높은 차원의 의식으로 들어갈 수 있습니다. 이런 연습을 할 때는 영성적인 차원에 도달한 스승을 동반해야 합니다.

<u>몸으로 하는 다른 유형의 영성에 대해 언급했습니다. 요즘은 성지순례가</u>

---

109 '손가락 요가'를 말한다.

<u>많은 사랑을 받고 있는데, 가톨릭 신자만이 아니라 기독교 신자들도 성지순례를 많이 떠납니다. 여기에도 영성적인 욕구를 접합할 수 있습니까?</u>

성지순례에 참여한 많은 사람이 스스로 영성적인 차원이라고 생각하지 않더라도, 그 안에 이미 영성적인 욕구가 표현되어 있습니다. 이들은 단순히 도착하기 위해서가 아니라 그냥 가는 것이니까요. 이런 발걸음이 자신의 내면을 돌아보게 합니다. 성지순례를 통해 일상적이고 진부한 영역에서 정적인 영역으로 들어가며 마음을 하나로 모을 수 있습니다. 산책하는 행위도 마찬가지입니다. 걸을 때 잡생각을 하지 않고 단순하게 발걸음과 하나가 될 수 있다면 이를 통해 신과 하나가 될 수 있습니다. 걷기를 통해서 혹은 달리기를 하면서 갑자기 깨달음을 느꼈다는 이야기를 많이 듣고 있습니다. 모든 것이 떨어져 나가고 달리는 자의 '속보'가 그와 하나가 되었으니 충분히 가능한 일입니다. 이런 행위를 통해 의식을 열면 신이 이 세상과 시간을 넘어 나의 존재 안으로 다가옵니다.

<u>신이 나에게 왔다는 뜻으로 말씀하시는건가요?</u>

내가 가는 걸음에서 신이 완성된다는 뜻입니다. 이것은 내가 가는 게 아니라 신이 가는 겁니다.[110] 신은 이 지상에, 우리 인간 안에 머물면

---

110 "이제는 내가 사는 것이 아니라 그리스도가 내 안에서 사는 것입니다"라는 성서 구절을 연상하면 쉽게 이해할 수 있다(갈라디아서 2:20).

서 함께 행진합니다. 우리 인생은 성스러운 순례여행이라고 할 수 있습니다. 수피가 한 말이 있습니다. "네가 나에게 가까이 다가와 끝없이 헌신하고 몰두한다면, 너는 나의 사랑과 하나가 될 것이다. 그러면 나는 너와 함께 듣는 귀가 될 것이고 네가 보는 눈이 될 것이며 네가 잡는 손이 되고 네가 걷는 발이 될 것이다."

꼭 영성적인 차원을 염두에 두지 않아도 일상생활을 통해 영성적인 욕구를 성취할 수 있다는 뜻인가요?

그렇습니다. 우리는 모두 믿기지 않을 정도로 매우 간단한 무언가를 향한 갈망을 지니고 있습니다. 우리의 인생이 복잡할수록 이런 갈망이 일상에서 점점 더 강하게 드러납니다.

죽은 사람을 위한 연도기도, 몸의 기도, 거룩한 춤, 성지순례, 이런 행위들에 대해 우리는 단지 지금까지 몇 개의 단어를 나열하면서 이야기를 나누었습니다. 이런 행위는 제도권 교회에서는 중요하지 않은 일처럼 보입니다. 교회가 이런 요소를 종교적인 중심으로 끌어들이면 긍정적인 영향이 많이 나타날 듯합니다.

요즘 들어 몸이 영성의 길로 가는 동반자라는 인식이 증가하고 있습니다. 몸을 통해 신은 우리 안에서 현존할 수 있습니다. 악기 없이 곡을 연주할 수 없는 것과 같습니다. 우리의 의식은 매개체인 몸이나 이성보다 더 맑고 투명합니다. 이성은 자기 고유의 톤을 가지고 오히려 이들 사이에 방해물로 끼어들지요. 아직도 사람들은 자신의 종교 체험을 바깥으로 드러낸다거나 몸을 보여주는 행위에 대해 내적인 저항심을 갖고 있습니다. 심지어 신과 인간 사이에 주어진 친밀성을 침해 당했다고 생각합니다. 중세인과 달리 교회에서 손을 높이 쳐든다든지 한탄하며 구슬픈 소리를 내거나 신음하기, 바닥에 몸 전체를 던지며 예배하는 행동에 우리는 익숙해져 있지 않습니다. 나는 '몸과 연관된 기도'가 교회의 전례에 들어가야 한다고 믿고 있습니다.

<u>신부님 혼자서 이런 생각을 하시는 것은 아닌지요?</u>

아닙니다. 이런 관점은 그동안 다수의 사제나 목사가 주장했습니다. 제2차 바티칸공의회[111] 후 신앙의 인식적인 차원이 매우 강하게 실행되었기 때문인지 몰라도, 가톨릭은 지나치리만큼 가중하게 침묵할 것을 요구하고 있다고 생각합니다.

    교회 안에서도 몸의 기도나 그와 유사한 형태를 실행하면서 신자를 고요함(명상) 속으로 끌어들여야 합니다. 더 일찍 착수했어야 했는데, 다소 늦은 감이 있습니다. 만약 (독일의 학교에서)종교를 가르치는 교사가 학생에게 전력을 다해 명상을 가르칠 경우, 학생은 당연히 명상을 배울 수 있고 학교생활 역시 긍정적으로 할 수 있습니다. 종교 수업 시간에 고요한 명상의 시간을 마련해 보는 건 어떨까요? 사실

수많은 정보가 매일 지나치게 범람하는 이런 사회에서는 누구나 한 번쯤 명상에 빠지고 싶다는 생각을 하게 되지요.

아직도 큰 교회의 미사에서는 영성적인 요소를 거의 찾을 수 없습니다. 그래서 영성적인 면을 추구하는 사람들이 수도원을 찾는 게 아닐까요? 그렇지만 명상 코스에 참여한 후 다시 일상으로 돌아가야 합니다. 과연 일상에서도 명상을 유지할 수 있을까요? 예를 들어 혼자서 아이 셋을 키우는 어머니 같은 경우는 일상에서 어떻게 명상을 할 수 있을까요?

우선 일상의 장소에서 조용한 시간을 만들어 보십시오. 아이가 유치원에 갔을 때나 잠을 잘 때와 같은 자투리 시간을 이용하면 됩니다. 하루 중 자신이 자유롭게 가질 수 있는 짧은 시간을 투자하면 됩니다. 늘 같은 시간이면 더욱 좋습니다. 그리고 앉아서 간단히 명상하는 것입니다. 명상의 시간을 하루의 계획에 넣는 게 필요합니다. 만약에 아이가 성장했다면, 다른 가족보다 30분 일찍 일어나서 명상 시간을 만들 수도 있습니다. 만약 아이가 다 커서 집을 나갔다면 스스로 자리에 앉을 시간을 마련할 수 있겠지요. 가장 좋은 조건은 혼자 사는 사람입니다. 독신자, 나이가 든 이, 직장인은 자기 자신을 자율적으로 조절할 수 있으니까요. 중요한 점은 규칙적으로 명상해야 한다는 것입니다. 매일 아침 이를 닦는 것처럼 명상을 생활화해야 합니다.

---

111 1962~1965년에 열렸던 가톨릭의 종교회의를 말한다.

하루의 일상 중 다른 일과 구별해서 작은 예식을 치르라는 말씀입니까?

그렇습니다. 내가 사는 집에 명상의 공간을 만들고 그 자리에 방석을 두면 됩니다. 촛불을 켜면 더욱 좋겠지요. 그리고 명상할 수 있는 고즈넉한 분위기를 만드는 것입니다. 내가 집중할 수 있는 작은 공간이 집안에서 가장 성스러운 공간이 됩니다.

일상에 시달리는 사람도 명상적인 분위기를 만들 수 있겠군요. 이렇게 하면 전심전력 영성적인 길로 나아갈 수 있을까요?

이런 것들을 통해 명상을 생활에 받아들일 수 있겠지요. 우리 수도원의 명상 코스에는 자녀를 둔 부모가 자주 옵니다. 스트레스가 심하고 복합적인 환경에 놓여 있지만 이들은 깊은 영성적인 명상을 원합니다. 우리는 이 사람들이 코스를 마치고 일상생활로 돌아가더라도 계속해서 명상할 수 있도록 최선의 지도를 합니다.

순간순간 신적인 삶을 살아라

일터에서, 가족 안에서, 사회 구조 속에서,
자신이 지금 있는 곳에서 잘사는 게 종교적인 삶을 사는 길이다

신비체험을 통해서 다시 낙원으로 돌아가야 합니다. 낙원으로 돌아간다는 뜻은 성서에서 말하는 장소의 의미는 아닙니다. 다시 돌아간다는 의미는 진화의 태내로 들어간다는 뜻입니다. 진화는 앞을 향하는 진보입니다. 어느 날 신이 우리와 함께 "지구의 정원에서 산책하고 있다"는 사실을 인식하는 것입니다. 더 중요한 것은 우리가 신을 떠나지 않았다는 사실을 깨닫는 것입니다. 다만 무지하기 때문에 신의 현존을 모르고 있을 뿐입니다. 낙원의 의미는 신과의 진정한 합일입니다.

<u>인간은 신비체험을 통해 변화할 수 있다고 하셨습니다. 신비체험을 한 사람은 일반인과 비교했을 때 어떻게 달라집니까?</u>

인간의 인격은 신비체험을 통해 미세하게 변합니다. 그 시작은 내면에서부터 일어납니다. 외적인 도덕규범, 즉 "너는 하여야만 한다" 아니면 "너는 하지 않으면 안 된다"라는 식의 변화는 아닙니다. 신비체험을 터득한 인간은 새로운 지혜와 가치규정을 스스로 찾아 나갑니다. 신적인 경지에 도달한 인간은 매우 관용적인 사람이 되기 때문에 자신의 생을 즐거워하며 스스로의 영혼 안에 공간을 마련하기 시작합니다. 밖에서 온 변화가 아니라 내면에서 일어난 변화이므로 이런 호의가 그의 행동을 지속해서 규정할 수 있습니다. 또한 신비체험은 자연스럽게 일상의 생활로 전이됩니다. 이를 체험하지 못한 사람은 진정한 신비영역으로 나아가지 못한 채 멈추어 있지요.

<u>신비체험을 하면 내적인 변화를 시작으로 인생도 변화할 수 있다는 뜻인가요? 영성적인 길로 들어서는 누구나 이런 변화를 느낄 수 있을까요?</u>

그렇습니다. 다만 내적인 변화의 길을 실행하고 활동하려면 단순히 이것을 경험하는 차원이 되어서는 안 됩니다. 심오하고 광대한 경험을 해야 합니다.

신비체험을 초연함과 자주 연결하는 이유는 무엇 때문인가요?

초연함은 자신을 비우고 타인의 상황이나 사정을 중요하게 여기는 자세로 '아-구조'에 대한 집착을 떼어 놓을 때 나타납니다. '아-구조'에 대한 집착을 적게 할수록 다른 인간이 살아가는 방식을 그대로 인정하는 관용이 생깁니다. 물론 나 자신에게도 마찬가지고요. 그런 사람은 더 이상 출세에 연연하지 않습니다. 돈과 성공이 전부가 아니며 인생에서 양보다 질이 더 중요하다는 것을 알게 됩니다. 그리고 스스로 전혀 생각지 못한 일에 흥미와 관심을 두게 되지요.

여성들에게는 어떤 변화가 나타날까요?

먼저 책장이 달라지고 옷장이 바뀝니다. 다음 단계는 먹는 습관, 그리고 친구가 달라집니다. 어떤 이들은 평소 진부하게 여겼던 일에 오히려 관심을 두고 의미를 부여합니다. 청소와 요리 등 일상에서 영성적인 차원을 발견하고 이런 일이 성가시지 않게 됩니다. 정신을 하나로 모으면 궁극에 가서는 명상과 연결이 됩니다. 다만 기억할 점이 있습니다. 이 모든 변화는 스스로 바꾼 게 아니라 내면으로부터 나온 무언가로 인해 찾아온 변화라는 사실입니다.

갑작스럽게 인생의 습관이 바뀐다면 한편으로는 불안과 번민이 생기지 않을까요? 만일 부부 둘 중 한 사람만 신비체험을 했다면, 신비체험을 한 사람은 체험하지 못한 사람을 어느 정도 이해할 수 있을까요?

사실 이런 변화가 두 사람 사이에 위기를 초래할 수도 있습니다. 오랫동안 함께 살아온 부인을 갑자기 알아보지 못하는 남편도 있고, 갑작스러운 공포와 충격 때문에 필요 이상으로 공격적인 자세를 취하는 사람도 있습니다. 그런 남자가 상담을 청했는데, 아내가 갑자기 사라져버릴까 두렵다고 하더군요. 그들의 두려움을 이해할 수는 있지만 근원적인 이유는 알 수 없었습니다. 신비체험을 통해 삶에 대한 관점은 바뀔 수 있지만 생 전부가 바뀌는 것은 아니니까요. 진정으로 신비체험을 하고 초연함을 갖게 되면 오히려 주어진 상황을 순조롭게 받아들이고 상대를 이해합니다. 그러니 한쪽만 신비체험을 했다고 두려워하지 마십시오. 처음에는 서로 두렵고 아플지 모르지만 결국에 가서는 부부 모두에게 도움이 된다고 생각하시기 바랍니다.

영성적인 길에 들어서기 위해 우리 인생을 강제적으로라도 변화시키라는 뜻인가요?

그 반대입니다. 자신이 지금 있는 자리에서 잘사는 게 중요합니다. 일터에서, 가족 안에서, 사회 구조 속에서 자기의 경험을 보존하는 게 좋습니다. 젊은이는 교육을 마치고, 계획한 대로 공부를 마치는 게 좋습니다. 종교가 삶이고 삶이 종교입니다. 아침에 일어나기, 옷 입기, 신발 신기 등 모두가 종교적인 경험입니다. 일상의 소소한 일들을 잘 하는 게 종교적인 삶을 사는 길입니다. 이런 일은 쉬워 보이지만 철저하고 깊은 신비체험 없이는 불가능하기 때문입니다.

신비가는 사회의 이방인인가요?

어떠한 경우에도 '진짜 신비가'는 사회를 업신여기는 이방인이 아닙니다. 신비가는 세상에서 신의 이해Das Erfassen Gottes를 가장 중요하게 생각합니다. 에크하르트는 이런 말을 했습니다. "세상을 두려워하여 극도의 고독 속으로 도망간다면 아무것도 배울 수 없다. 인간은 내적인 고독을 배우지 않으면 안 된다. 인간은 세상을 돌파하고 깨뜨리며 경계선을 뛰어넘는 행위를 배우지 않으면 안 된다. 그리고 그 안에서 자기의 신을 움켜잡는 법을 배워야 한다."

그렇다면 은수자의 삶은 신비가에게 그리 좋은 본보기는 아니겠군요?

물론 은수자로 살면서 본보기가 된 사람도 더러 있지만 그런 사람은 많지 않았습니다. 사람은 사는 동안 에너지를 만듭니다. 선한 사람의 에너지는 파장을 만들고, 결국은 좋은 사회를 만드는 데 간접적인 기여를 합니다. 다시 본론으로 돌아가 볼까요? 매우 진지하게 영성적인 길을 걷고자 한다면 일정 기간 사회를 떠나 있어도 좋습니다. 내가 있는 삶의 자리에서 약간 거리를 두는 게 영성의 진화에도 좋습니다. 다만 다시 일상으로 돌아온다는 전제가 필요합니다. 인간의 과제는 인간으로 존재하기 때문입니다. 만약 신이 우리와 함께 인간으로 존재하기를 원한다면, 신도 우리 안에서 인간으로 현존할 수 있습니다. 수련하다가 외적으로 하차했다면, 이는 내적인 수행과 완성을 위해서라고 믿고 싶습니다. 이에 대한 보증은 없지만 말입니다.

<u>관상 수도원에 대해서는 어떻게 생각하십니까? 가톨릭의 수도원은 대부분 사회에서 일정 부분 떨어진 곳에 존재합니다. 수도원을 이런 곳에 둔 이유는 완벽하게 종교적인 것을 실행하고 싶었기 때문 아닐까요?</u>

맞습니다. 대부분의 수도원이 세상으로부터 격리되어 있지요. 하지만 수도원의 위치는 사실 큰 의미가 없습니다. 세상과 멀리 떨어진 곳에 있어도 세속의 일에 깊게 참여하고 시대 발전에 결정적인 기여를 한 곳이 수도원이기 때문입니다. 서구 사회에서 수도원의 사회적 영향력은 거대했습니다. 우리 뮌스터슈바르자크 수도원에는 관리와 경영 직종에 종사하는 250명의 노동자가 있습니다.[112] 수도원은 은수자만 사

---

112 예거 신부는 수도원이 사회에 미친 영향력을 언급하면서 노동자가 250명이라고 예를 들었다. 물론 예거 신부가 하는 말도 일리는 있지만, 역자는 이 부분을 약간 다르게 이해했다. 지금 유럽 수도원에 지원자가 거의 없다는 사실을 고려하면 '250명의 수도원 노동자'는 외부에서 끌어들인 노동자임을 의미하기 때문이

는 곳이 아닙니다. 물론 갈멜 수도원 같은 곳은 제외하고요.

관상적인 덕목에는 겸손도 포함되지요? 이 덕목은 신비주의 영역에서는 왜 필요할까요?

신비학에는 겸손이라는 단어가 절대적으로 필요합니다. 라틴어로 겸손은 '휴밀리타스humilitas'인데 이는 '휴머스humus'라는 단어에 뿌리를 두고 있습니다. 휴머스는 '대지, 더러움, 거름'이라는 뜻입니다. '익살, 해학' 역시 여기에서 파생되었습니다. 인간과 세상이 내적인 유쾌함 그리고 웃음으로 만나야 한다는 뜻입니다. 자신을 지나치게 진지하게 바라보지 말고, 유머를 지니면서 겸손이라는 길에 자신을 내던지기 바랍니다. 겸손은 광범위한 자기 수용입니다. 나의 모든 약점과 과실에 동의하라는 의미는 아닙니다. 나의 생을 통해 받은 좋은 유산은 수용하되, 나쁜 유산은 굳이 뿌리치거나 억누르고 제압할 필요가 없다는 말입니다. 나쁜 유산을 없애려는 시도가 바로 '아-관계'를 고집하는 행위이기 때문입니다.

신비체험은 관용과 초연 그리고 모든 존재를 수용한다고 했습니다. 그렇

다. 이 말은 수도원이 번성했던 중세에는 250명을 모두 수도사로 채워 수도원을 지탱하는 노동을 할 수 있었다는 뜻으로도 볼 수 있다. 굳이 이렇게 역자주를 다는 이유는 그리스도교 또는 서양에서 만들어진 학설 등을 때로는 비판하면서 수용하려는 이유에서이다.

다면 신비주의는 숙명론을 받아들이는 것인가요? 세상의 책임으로부터 몰래 빠져 나오는 게 신비주의입니까?

사람들이 산꼭대기에 오르는 이유는 그곳에 머물기 위함이 아닙니다. 산에 올라간다는 것은 내려온다는 의미이기도 합니다. 성서 속 예수의 일화(예수의 영광스런 변모)를 비유로 들어보지요. 예수는 높은 산에서 그리스도의 모습으로 변화하였지만, 그곳에 제자들의 희망대로 세 개의 오두막을 짓지는 않았습니다.[113] 오히려 예수는 제자들에게 산에서 내려가라고 말했습니다. 그리고 제자들에게 그가 예루살렘으로 가서 고통 받게 된다고 통지합니다. 예수의 일화를 통해 우리는 세상을 등진 신비는 사이비 신비이며 신비체험을 후퇴하고 역행하는 행위임을 알 수 있습니다. 진짜 신비는 일상으로 돌아오는 것입니다. 신비는 일상입니다. 일상의 삶이 인간과 궁극적인 실재가 만나는 장소입니다. 삶의 이 순간에서 신과의 만남이 일어나지요. 그곳에서 사람들은 타원형의 후광 Mandola이 쌓이는 걸 발견합니다.

타원형의 후광이 쌓인다는 게 무슨 뜻입니까?

---

113 예수는 베드로, 야고보, 요한에게 신으로 변화된 모습(얼굴이 빛나고 옷이 희어졌다)을 보였으며 재림을 약속하였다. 높은 산에서 생긴 변형 사건은 예수가 제자들에게 보인 자기계시의 절정이었다(마태복음 17:1-13, 마가복음 9:1-13, 누가복음 9:28-36). 마가복음 9:2-8에 다음과 같은 예수의 영광스런 변모가 나온다. "…… 그때 베드로가 나서서 선생님 저희가 여기서 지내면 얼마나 좋겠습니까? 여기에 초막 셋을 지어 하나는 선생님을 모시고 하나는 모세를 하나는 엘리야를 모셨으면 합니다 하고 예수께 말했다……."

타원형의 후광 하나는 인간성의 원이고 또 다른 하나는 신적이고 초월적인 인격입니다. 낭만주의 예술에서는 예수의 머리 위로 두 개의 후광을 보여주고 있어요. 부처의 그림에서도 광배가 있지요. 이 후광은 자연성과 초자연성, 신적인 면과 인간성을 동시에 보여줍니다. 두 후광이 존재하는 곳은 신-인간이 존재하는 곳이고, 두 영역의 실재가 포개진 곳입니다. 신비주의는 세상을 떠나기 위함이 아니라 세상을 사랑하는 새로운 형태로 볼 수 있습니다.

<u>신비가가 어떻게 세상으로 나오는지 궁금합니다. 겸손과 초연함을 지닌 채 돌아오는지요? 아니면 변화의 욕구를 안은 채 돌아오는지요?</u>

신학자 도로테 죌레^{Dorothee Soelle}[114]도 그녀의 책 『신비와 저항』에서 말한 바 있는데, 신비체험에서 나는 모든 존재와 하나가 됩니다. 신비체험에서는 다른 이가 당하는 고통을 나의 고통으로 여깁니다. 나의 기쁨은 타인의 기쁨입니다. 이런 경험을 하게 되면 나의 사회적인 태도도 변화합니다. 도덕심이 느는 게 아니라, 스스로 변화하기 시작했다는 뜻입니다. 박애나 자선 등 사회적인 참여로 동기 부여를 할 수 있습니다. 사랑에서 출발한 사회적인 책임감입니다. '아가페적인 사랑'은 본질적으로 신비체험에 속합니다. 불교에서는 이를 '자비'라고 말하는데 두 단어는 궁극적으로 같은 의미입니다. 티베트의 선승 아르마

---

[114] 도로테 죌레(1929~2003)는 쾰른 태생의 유명한 여성 신학자로 많은 책을 출간했고, 1975~1987년까지 미국 뉴욕 유니언 신학대학 교수로 재직했다.

파^{Armapa}는 자비는 신비체험을 통해 성장할 수 있다고 말했습니다. "성불하는 순간, 내 영성의 근원적인 얼굴을 인정하자마자 국경 없는 자비심이 내 안에서 솟구친다. 성불(해탈)이 커지면 커질수록 나의 자비심은 더욱더 커진다." 진짜 신비체험을 한 사람은 그것이 영혼 안에 머물지 않고 사랑과 자비가 바깥쪽의 타인을 향해 넘쳐 나게 됩니다.

<u>신비체험을 통해 모든 살아 있는 존재와 하나가 되면 사회적으로 향하는 자극을 느낄 수밖에 없고, 윤리적으로도 완벽한 행동을 하게 된다는 말씀입니까?</u>

그렇기도 하고 아니기도 합니다. 그렇다고 한 이유는, 신비체험을 한 사람은 모든 살아 있는 존재에 끝없는 사랑과 자비를 느끼기 때문입니다. 이를 보더라도 신비체험은 비도덕적이고 비사회적인 성향을 억제한다는 걸 알 수 있습니다. 사랑이 한번 불사른 곳에는 죄악이 자리를 잡지 못합니다. 아우구스티누스의 말을 인용해 보지요. "사랑하라! 그리고 네가 원하는 것을 하라!" 만약 사랑이 네 행위에 대한 모든 잣대와 규정이 된다면 너는 무엇을 행해야 하는지 알게 된다는 뜻입니다.

　아니라고 말한 이유는 신비가도 길을 잘못 들 수 있기 때문입니다. 문화와 종교, 학교, 그리고 어린 시절 익힌 조건과 습관을 버리지 못하고 얽매일 수도 있습니다. 이런 시도를 하려면 그에게 주어진 환경과 먼저 화해해야겠지요. 일단 조건을 뚫고 간파한 후 해결한다면 더 많은 이익을 얻을 수 있겠지요.

―※―

혼란스러운 이야기이네요. 신비가나 영성적인 마이스터에게는 특별히 높은 수준의 도덕심을 요구하는데, 신부님은 그들도 실수할 수 있다고 말씀하시는군요. 한 가지 예가 있습니다. 선불교의 많은 불자가 어리둥절했던 일입니다. 일본의 선사들이 제2차 세계대전 동안 철두철미하게 전쟁 이데올로기를 옹호한 사실입니다. 어떻게 그런 일이 가능했는지 궁금합니다.

나도 그 점이 궁금해서 물어본 적이 있습니다. 내가 공부한 선불교에서 스승으로 일컫는 야스타니 노사$^{Yasutani\ Roshi}$와 하라다 노사$^{Harada\ Roshi}$[115]의 교리와도 관련이 깊기 때문입니다. 이들은 일본 제국주의 전통 속에서 교육받고 성장한 사람들로 철저히 제국주의적인 사고를 했습니다. 이들은 제국주의를 변호하고 옹호했으며 적을 무자비하게 죽이는 모습을 생생하게 진술하기도 했습니다. 더욱 놀라운 점은 제국주의 침탈을 그럴듯하게 선의 교리와 엮었다는 사실입니다. 또한 일본 불교의 선 교리를 제국주의 확장에 철저하게 이용했습니다. 이들의 논증이 기가 막힐 지경입니다. "우주적인 관점에서 보면 모두 동질한 삶의 형성을 위해 존재한다. 개인적인 몇몇의 죽음은 신적인 진화나 우주적인 진화에 큰 문제가 되지 않는다."

---

115 야스타니(安谷量衡, Yasutani Hakuun, 1885~1973)와 하라다(原田)는 일본 임제종의 선사이다.

몇십 만 명을 죽인 잔인한 행위를 진화적인 관점으로 설명하고 엉터리 정당성을 표명하다니, 놀랍습니다. 이들의 발언은 염치없는 논증으로 들립니다.

나도 야스타니 노사와 하라다 노사가 행했던 언변과 행위를 정당화할 마음이 없습니다. 진화의 구조적인 원칙에서 사회적인 관념형태를 끌어낸다는 것부터 잘못된 일이니까요. 어떠한 경우라도 신비가는 이런 일을 해서는 안 됩니다. 진정한 신비가라면 이 상황의 반대편을 위해 일해야 합니다. 신비가라면 평화를 지지해야 합니다. 그래야 모든 살아 있는 존재들과 하나가 되는 논리에 모순 없이 상응할 수 있습니다. 앞의 두 사람은 진정한 신비체험을 하지 못했거나, 순간적으로 득도하긴 했지만 시간이 지나 그 체험이 흐릿해졌을 수 있습니다. 또한 어린 시절 경험한 여러 조건 때문에 자유로운 사고가 막혔다고 볼 수도 있습니다.

그런 조건 속에 있으면 신비체험을 하게 되더라도 더 좋은 인간으로 변할 수 없다는 말씀입니까?

이는 경험의 깊이와 관련이 있습니다. 그리고 이런 질문에 답하기도 어렵습니다. 어떤 것이 나은지, 어떤 것이 나쁜지 글로벌한 규정과 원칙을 세우기가 대단히 어렵기 때문입니다.

신비주의 전망에서도 '좋다' '나쁘다'는 카테고리의 적용이 가능합니까?

행동의 질은 행하는 주체의 좋고 나쁨과 정확히 일치하지 않습니다. 신비적인 일치인지 아닌지에 달려 있습니다. 행동의 질이 진정한 신비체험에서 비롯된다면 모든 살아 있는 존재와 더불어 사랑을 나누게 되어 있습니다. 그 사랑은 인간적으로 '아'를 가진 채 원하고 추구하며 열망하는 게 아니라, 명상을 통해 만들어져 스스럼없이 자연스럽게 뿜어져 나옵니다. 이런 사랑이 확대되는 곳에서는 유일하게 구속력을 가진 행위의 표준이 나타납니다. 일체의 행동을 측정할 수도 있습니다. 하지만 이런 사랑이 모든 권한을 가지지는 않습니다. 사랑은 늘 부드럽지만은 않습니다. 가위를 가지고 노는 아이를 예로 들어 봅시다. 아무리 아이가 소리를 지르고 울어도 아이의 손에 들린 가위를 엄마가 빼앗는 것도 사랑입니다.

신비체험을 하면 도덕적인 범주를 초월하게 된다고 신부님은 언급하셨습니다. 그렇다면 그리스도교에서 중요한 개념인 '죄'와 '허물' 등은 신비적인 관점에서는 별 의미가 없습니까?

신비주의 관점에서 죄는 자기인식에 대한 결핍입니다. 자신의 본질을 인지하고 '아' 집착에서 빠져 나와 초월적인 영역으로 들어가면, 자연히 윤리적으로 완벽한 행동을 하게 됩니다. 윤리적인 규정과 도덕적인 신의 명령이 사랑으로부터 나왔음을 깨닫기 때문입니다. 죄는 사랑과 초월적인 존재를 거부하고 '아'에 고착된 상태를 의미합니다. 죄는 삶의 흐름에서 '아'의 벽을 스스로 만들어 존재를 떼어내고 존재가 분할된 상태입니다.

    자기 스스로 경계를 짓고 우월과 우위를 획득했다고 믿는 순간 멸망과 타락이 잠복합니다. 앞에서 나는 자연과학자가 표명한 밀폐된 사회에 대해 이미 언급했습니다. 바깥세상으로 문을 열지 않는 사회는 무너지기 쉽다는 것을 다시 언급하고 싶군요. 이런 사회는 역사 속에서 자취 없이 사라집니다. 스스로 고립되어 자기들끼리 뱅뱅 돌고 바깥과의 접촉을 부정하다가 결국 쇠락의 길을 걷습니다. 그리스 신화의 나르시스도 이 좋은 예라고 할 수 있습니다.

성서에서도 인류가 죄를 짓고 낙원에서 쫓겨나지요. 낙원에서 쫓겨남으로써 인류는 원죄를 짓게 되었다고 하는데, 이것도 자기초월의 거부로 볼 수 있을까요?

이 이야기는 우리가 능히 빠져 들 수 있는 자기초월을 거부했다는 뜻으로 해석해야 합니다. 진짜 죄는 초(전)개아적인 하늘을 버리고 개인체로 들어갔기 때문에 발생했습니다. 낙원에서 쫓겨남으로써 '초월의식'에서 벗어나 '아-경험'으로 가게 된 것이지요. 그전까지 본능적인 상태였다면 이후 인류는 선과 악, 좋고 나쁨을 인식하게 되었습니다. 이 자체가 거대한 진화이자 발전이라고 할 수도 있지만, 진화에서의 진보는 순간적으로 고통과 번민을 안겨주며 때로는 귀찮고 성가신 존재들을 끌어들입니다. 고통은 인간이 '아'를 의식하기 때문에 일어나며, 죽음, 고통, 죄, 고독 등이 여기에 속합니다.

<u>그렇지만 이런 유형의 이야기는 죄에 대한 서술에서 볼 때 비정상적인 해석이 아닐까요?</u>

그럴지도 모르지만 죄에 대한 이런 서술이 가져다 주는 장점은 역사 속의 구원사를 자유롭게 한다는 점입니다. 선악이라는 지혜의 나무에서 무엇을 따 먹었기 때문에 죄가 시작된 게 아닙니다. 자신의 본래면목 本來面目 을 저버리고 돌아섰기 때문에 죄가 시작되었습니다. 성서에는 "그들은 벌거벗은 몸이었다"고 기록되어 있습니다. 옷은 중요하지 않습니다. 자신을 '아'라는 고독과 은둔 속으로 던져버린 게 잘못입니다. 낙원에서 쫓겨났다는 건 신과의 하나 된 상태를 버리고 '개아'의 상황으로 떨어져 나왔다는 뜻입니다. 신과의 합일에서 벗어나 '아-의식'으로 전환된 것입니다. 죄는 인간이 어떤 잘못을 저질렀음을 말하는 게 아니라, 인류가 자신의 개체화 과정을 위하여 지불한 값에 불과합니다. 우리는 스스로 신비주의나 초월적인 의식으로 들어가지 못할 때 죄를 짓게 됩니다.

인간은 영성적인 길을 통해 다시 낙원으로 돌아가야 합니다. 낙원으로 돌아간다는 뜻은 성서에서 말하는 장소의 의미는 아닙니다. 다시 돌아간다는 의미는 진화의 태내로 들어간다는 뜻입니다. 진화는 앞을 향하는 진보입니다. 어느 날 신이 우리와 함께 "지구의 정원에서 산책하고 있다"는 사실을 인식하는 것입니다. 더 중요한 사실은 우리가 신을 떠나지 않았다는 사실을 깨닫는 것입니다. 다만 무지하기 때문에 신의 현존을 모르고 있을 뿐입니다. 낙원의 의미는 굉장합니다. 그리스도교인들은 이것을 '새 예루살렘'이라고 말합니다. 낙원은 신과의 진정한 합일입니다.

'새 예루살렘'은 신비체험을 통해 가는 세계이군요. 이곳에는 규율과 계명이 더 이상 필요하지 않겠군요?

이 질문에 대한 답으로 사거리에 설치된 신호등을 비유해 봅시다. 우리는 인간으로서 지켜야 할 행동규범이 있습니다. 그 행동규범은 내면의 깊이에서 나옵니다. 이 땅에 사는 한, 인간으로서 지켜야 할 윤리적인 규정과 계명을 무시해서는 안 됩니다. 법과 법률은 사회적인 행동을 조직화시키는 규칙의 조달자입니다. 종교와는 별 관계가 없습니다.

계명은 종교에 근거를 두고 있습니다. 인간이 살아가면서 합법성에 관한 의문이 생길 때 계명을 떠올립니다. 하지만 도덕 개념도 결국은 종교적인 핵심과 연관 지을 수 있지 않을까요?

윤리사의 근원을 따라가면 종교를 세운 이들에게 도달합니다. 나는 모든 문화와 종교의 윤리적인 근본이 신비체험에서 비롯된다고 생각합니다. 공통적인 근원은 초월적인 공간입니다. 초월적인 공간의 장에서 출발하여 도덕적인 이해와 관심사를 종교의 공통분모에 기반을 두고 설명할 수 있습니다. 종교 창시자의 계율과 계명도 처음 시작은 인간의 삶을 이끌기 위해서였습니다. 이 삶은 그들이 스스로 체험한 신적인 존재에 상응하는 삶입니다. 시간이 지남에 따라 그리스도교에서는 영성적인 뿌리가 떨어져 나가고 도덕이 자기목적으로 변모하더니, 결국 종교적인 계명이 있어야 할 자리를 도덕이 차지하게 되었습니다.

<u>불교의 덕목에는 팔정도가 있습니다. 그리스교에는 십계명과 산상설교가 있고요. 이 덕목이 영성적인 길을 위한 입문서가 될까요? 이런 계명을 지키고 따르며 복종하는 사람은 신에게 다가갈 수 있을까요?</u>

영성적인 길은 확실히 정리 정돈된 삶으로 이끌어 줍니다. 다만 영성적인 길을 가는 사람이 사회적인 경기 규칙 등에 지나치게 주의를 기울인다면 영성의 본질적인 의미를 수확하기는 어렵습니다. 진짜 본질적인 것에서 벗어날 뿐만 아니라 영성의 길에 깊이 침잠할 수 없기 때문입니다. 따르고 복종하는 행위에 대해서도 거리를 두어야 합니다. 영성의 길에 방해가 될 수 있습니다. 이 존재들은 인식으로 향하는 길을 차단합니다.

이웃에게 이타적인 그리스도교 윤리는 신비주의에서 환영하겠군요. 이 윤리는 '아'에 고착된 게 아닌 태도를 요구하니까요. 그러면 그리스도교 윤리가 영성적인 길에 어떤 도움이 될 수 있을까요?

도움이 될 수도 있고 아닐 수도 있습니다. "네 이웃을 내 몸과 같이 사랑하라"는 계명이 있습니다. 이런 말은 인간의 아집을 무너뜨리기도 하지만 긍정적인 효과를 없애고 무효화시킬 수 있습니다. 이 계명의 '아'가 타인을 위한 게 아니고, 자신을 위한 길이 되는 경우에 그럴 수 있습니다. 이런 일이 일어나는 곳에는 도덕이 오히려 영성의 길에 방해될 수 있습니다. 윤리가 제공하는 행위를 마음을 다해 하지 않고 단지 윤리가 약속하는 보수를 위해 하기 때문입니다. 윤리의 근원은 계명에 있지 않고 혁명과 진화에 있습니다. 윤리는 인간의 사랑에서 뿜어져 나오는 자연법입니다. 사랑과 자기초월의 원칙이 일치되는 순간에 나타납니다.

그리스도교 윤리에는 계명만 있는 게 아니라 금지도 있습니다. 신부님은 가톨릭 사제로서 청빈과 금욕을 서약했습니다. 이는 신부님의 논증과 어떤 관계에 놓여 있는지요? 인간의 의무는 인간으로만 존재하는 것입니까? 성 문제 같은 것은 어떻게 쉽게 포기할 수 있습니까?

간단합니다. 중요한 일을 성취하기 위해서는 무언가를 포기해야 합니다. 단순해 보이지만 중요한 사항입니다. 비유적으로 말해 보겠습니다. 높은 산에 올라가려면 모든 것을, 아니면 중요한 것을 집에 놓고 떠나야 합니다. 의미를 부여한 일을 하기 위해서는 이런저런 존재를 놓아 버려야 합니다. 최고라고 여기는 삶의 형태에 자신을 던질 때도 마찬가지겠지요. 어떤 이에게는 이것이 결혼이 될 수도 있고, 어떤 이에게는 수도자로서 공동체 속에서 살아가는 형태일 수 있습니다. 수도 생활을 하는 사람에게는 서약이 매우 중요합니다. 자신을 삼가고 억제하며 살아가는 게 당연한 일이기 때문입니다.

수도원 밖에서는 어떻게 살아야 할까요?

수도원에 살지 않지만 뜻 깊은 삶을 살고자 한다면, 소유욕과 성욕을 어느 정도 절제하고 포기하라고 말하고 싶습니다. 물론 이것을 이룰 수 있는 상황임을 전제합니다. 서약이 존재하는 이유는 방해되는 모든 외적인 존재를 차단하거나 축출하여 포괄적이고 광대한 인식과 경험에 다다르기 위해서입니다. 여기에 극기와 금욕의 의미가 담겨 있습니다. 극기와 금욕을 자신의 목적으로만 사용한다면 파멸을 야기하겠지요. 유감스럽게도 이런 일이 역사에 자주 나타났습니다. 마이스터 에크하르트는 한 수녀원의 강론에서 지나친 금욕에 반대하는 강론을 하기도 했습니다. 참회의 허리띠와 채찍, 회초리를 가지고 참회 여부를 따지는 행위에 반대한 것입니다.

영성적인 길로 나아가려면 어느 정도까지 육체적인 고행과 금욕을 해야 할까요?

영성적인 길을 가는데 몸이 방해될 때만 하십시오. 지나친 고행과 극기를 해서는 안 됩니다. 영성적인 길이 왜 방해 받는지, 문제점이 어디에서 오는지 분석하는 게 더 중요합니다. 문제가 있을 때는 치료를 받아야 합니다. 근본적으로 신은 우리 몸에서 인간으로 현존합니다. 명상하는 이들은 목욕하는 중에, 아니면 화장실에서 볼일을 보거나 성애를 하다가도 깨달음을 얻을 수 있습니다. 또한 장작을 쪼개는 중에 깨달음을 얻을 수도 있습니다. 신은 어느 곳에나 현현하기 때문입니다.

중세의 신비가, 특히 클레어보의 버나드Bernhard von Clairvaux[116]의 기록을 보면 신비체험에는 에로틱한 언어가 곁들여질 수 있다고 했습니다. 이런 경우도 그런 이유로 작용합니까?

사람들이 매우 깊은 신비체험을 하게 되면 스스로 모든 존재를 광범위한 사랑 안에 녹이고 용해합니다. 그곳에서는 "나는 너를 사랑한다"도 없고 "나는 신을 사랑한다"는 말도 없지요. 사랑은 나와 너를 구별하지 않은 채 동일 선상에 놓이고, 모든 존재가 상호작용하면서

116　클레어보의 버나드(1090~1153)는 중세의 신비가이자 행동하는 명상가였다. 교회사에서 '마지막 교부'로 불리며 중세 교회에서 가장 고결한 인물로 평가받고 있다.

침투합니다. 하지만 이런 사랑을 말과 글로 표현하면 달라집니다. 그리스도교에서는 신적인 사랑이 의인화되고 인격화되며 예수와 연관 지어 상대편에서 나를 바라보는 신으로 규정되고 있으니까요.

사랑이라는 관계는 무조건적이고 절대적으로 두 사람 사이에서 일어나는 것이 아닌가요?

그렇습니다. 그러나 진짜 사랑은 각자의 나가 하나의 높은 경지에서 만났을 때 초월적으로 변모합니다. 사랑은 두 사람 사이의 대화로 결정되지 않습니다. 본질적인 것은 사랑의 행위 그 자체입니다. 루미는 이것을 매우 정확하게 보았습니다. 그는 이런 말을 했습니다. "나는 너의 곁에 있다. 너는 편지를 읽기 원하는구나. 그렇지만 이는 진정한 사랑의 본질은 아니다." 그는 이런 말도 했습니다. "내가 정말 있는데도 너는 나에게 사랑의 편지를 쓰고자 하는구나. 내가 지금 여기에 있음에도 너는 너의 기도책으로 나를 읽어 들려주고자 하는구나." 사랑하는 이의 현존을 전혀 알아차리지 못했음을 안타까워하는 말입니다. 신비체험으로 일어나는 사랑은 단지 하나만이 존재합니다. 나는 묻고 싶어요. 서로 합일되기 전에 왜 그렇게 두려워하느냐고 말입니다.

신비가는 에로틱한 언어로 신비적인 합일에서 일어날 수 있는 이분법을 극복하고자 한 것인가요?

단순하게 합일을 경험하는 것은 매우 특이한 경우입니다. 같은 경험이라도 격정적인 에로스적 사랑으로 이를 표현한 경우도 있습니다. 중세 여성 신비가가 서정적인 언어로 신에게 시를 지어 바친 행위도 그런 표현의 한 방법입니다. 오늘날에는 남자와 여자의 결혼 외에는 다른 사랑이 존재하지 않지만 신비체험에서의 에로틱은 그런 존재가 아닙니다.

많은 사람이 신비주의와 세상에서 통용되는 관점이 많이 다르다고 생각합니다. 신부님이 이에 대해 구체적으로 설명해 주시기 바랍니다. 우리를 특별하게 감동시키는 윤리적인 질문도 함께 해보고 싶습니다. 먼저 의학 분야의 문제점을 거론해 보면 어떨까요? 신비주의의 차원에서 보면 의학의 가장 중요한 징후는 무엇입니까?

신비주의는 태어남도 죽음도 아닙니다. 신적인 삶의 실재의 연속성입니다. 삶은 항상 다시 조직되고 반복되는 수백만의 형태를 만들지요. 우리는 이 형태를 인지하기도 하고 때로는 인지하지 못할 때도 있습니다. 이런 확신 속에서 신비주의 세계관은 본질적으로 일상적인 이해와 구분을 짓지요. 그리스도교에서는 죽음에서 부활한다고 믿습니다. 그렇지만 교리에 남아 있는 영구 불멸의 믿음은 현재 그리스도교인에게는 큰 확신을 주지 않고 있습니다.[117]

<u>그리스도교인은 일요일마다 신앙고백(Credo, 나는 믿는다)을 통해 부활에 대한 믿음을 고백하지 않습니까?</u>

부활은 전혀 다른 의미입니다. 그리스도교의 이분법적 세계관에는 하나의 신과 인간이 있습니다. 그리스도교의 부활은 신이 인간을 언젠가 그 자리에서 되살려낸다는 뜻입니다. 이분법적 세계관에서 부활은 '아'가 죽음을 넘어서 영속적으로 지속하고 존속합니다. 그러나 신비주의에서는 '아'를 버리는 행동이 부활입니다. 신비체험에서는 '아'가 연속적으로 살지 않고 궁극적인 존재 내지는 신과 합일하면서 '아'를 버립니다. 따라서 우리가 바로 궁극적인 실재의 현현이지요. 그리고 이 현현은 개인의 죽음을 넘어 존재하기 때문에 우리는 부활을 확실히 믿을 수 있습니다. 내가 부활하는 게 아니라 신과의 초월적인 일치를 통한 부활입니다.

---

117 독일의 공동묘지를 걷다 보면 이른 나이에 죽은 사람의 무덤가에 꺾인 장미 그림이 놓여 있음을 더러 볼 수 있다. 제 명대로 다 살지 못하고 일찍 죽었음을 애통해하는 상징이다. 하지만 그리스도교 교리를 보면 천국이 있다고 하지 않는가? 젊었을 때 죽었으니, 일찍 천국에 들어감을 기뻐해야 할 텐데 교리와는 달리 실제로 그렇게 느끼지 못하는 사람이 대부분이다. 이처럼 실제로 사람들은 죽음을 슬퍼하고 이 세상을 일찍 하직했음을 대부분 안타까워한다는 예거 신부의 비판이다. 가톨릭의 전 교황 요한 바오로의 죽음에서도 마찬가지였다. 당시 역자가 직접 경험한 바로는, 며칠간 흘러나온 독일 방송에서는 매시간 매일 그의 죽음을 슬퍼할 뿐이지, 그가 드디어 천국에 갔다는 말은 하지 않았다. 다들 교리상 천국을 알고 있지만 실제로 죽음에 직면하면 죽음을 안타까워할 뿐이지, 교리에 있는 천국을 별로 생각하지 않는다는 뜻이다.

의사가 죽어 가는 인간을 살리는 행위는 당연합니다. 하지만 의문에 빠지는 경우는 어떻게 해야 합니까? 예를 들면 죽어가는 사람을 기계적인 장치로 살려야 할지 말지 고민하는 경우 말입니다.

이제 떠나야 할 삶일 경우는 자연스럽게 가게 하라고 말하고 싶습니다. 만약 한 삶이 마지막 순간 죽음으로 가고 싶다면 놓아주는 것이 마땅하다고 봅니다. 기계를 동원하여 생명 연장을 할 필요는 없습니다. 의료진이 이런 단순한 사실을 따르게 된다면 병원 응급실에서 일어나는 좌절과 슬픔, 경제적 손실 등을 줄일 수 있습니다. 물론 의사도 상황마다 다른 결정을 내릴 수 있습니다. 만약 창창하게 인생을 펼쳐야 할 젊은이라면 그 사정은 달라집니다. 이런 상황에서는 모든 의술을 동원하여 살려야 한다고 봅니다. 그렇지만 살 만큼 산 나이든 사람에게는 자연사도 중요합니다. 그렇게 되면 이 지상에서 억지 생명을 얻을 필요도 없습니다.

의사는 자기가 사는 세상의 모습에 따라 결정을 하겠지요. 지금 우리 사회에서는 죽음을 절대적으로 회피해야 할 나쁜 존재로 생각하고 있습니다.

의료진에게 어떤 판단을 내리라고 말하고 싶지는 않습니다. 사회가 그들에게 바라는 대로 행해야겠지요. 그렇지만 이런 판단 속에 인간 모상의 질에 관한 고려가 전혀 없다는 것이 아쉽습니다. 죽음이 끝이 아니라 새로운 시작이라는 문화권도 있기 때문입니다.

만약 허락된다면 누군가의 죽음을 도와주어도 될까요?

그럴 수도 있고 아닐 수도 있습니다. 어떤 사람이 완전한 의식 속에서 죽음을 희망한다면 인위적인 생명 연장을 할 필요 없이 그냥 떠나게 하는 게 좋습니다. 본인 의지에 거역해서 인위적으로 생명을 무리하게 연장하는 행위를 나는 반대합니다. 다만 스스로 자기의 생을 제멋대로 줄이는 행동, 즉 자살 같은 행위는 절대 해서는 안 됩니다. 현존에서 참고 견디는 것 또한 생의 가치와 의미가 있습니다. 인간은 아픔을 통해, 그리고 내적인 고통과 두려움을 겪으며 변화하고 긍정적인 삶으로 나아갈 수 있습니다.

인간은 죽음을 극복하기 위해 상상을 초월하는 연구를 하고 있습니다. 유전자를 조작하여 생명을 연장하거나 혹은 다음 세대를 구한다는 명목으로 유전자를 조작하고 있습니다. 영원한 삶을 꿈꾸면서도, 다른 한편으로는 인간의 존엄성이 공격당할까봐 두려워하며 걱정하고 있지요. 유전자 조작 기술을 신비주의에서는 어떻게 보고 있습니까?

유전자를 조작할 수 있다면 사람들은 거기에 상응하는 기술을 사용할 것입니다. 인간을 복제할 수 있다면 인간복제를 하겠지요. 역시 할 수 있다면 인간 배양을 할지도 모르지요. 문제는 이런 기술의 발전을 통해 우리의 손가락을 쉽게 다칠 수 있다는 점입니다. 연구자가 이것을 중지하지는 않을 듯합니다. 지금까지 인간이 발견하고 발명한 존재를 그들 스스로 어떻게 악용했는지 생각해 보시면 알 것입니다. 수레바퀴에서 원자까지, 유전자 기술 역시 그와 유사하게 발전할 게 분명합니다.

인간은 이미 자력으로 진화와 발전의 길로 나가고 있는데, 이를 거스르라는 뜻인가요?

우리가 정신을 부여받고 태어난 이래, 인간은 '공동창조물KO-Kreatoren'처럼 되었지요. 진화와 발전을 방임하면서 그대로 두라고 한 곳은 어디에도 없습니다. 다만 진화와 발전의 가능성을 받아들인 후, 진화와 발전에 대해 간섭해야 합니다. 실제적인 판단능력이 기술적인 힘에 휘둘려서는 안 됩니다. 이 순간 나는 매우 큰 모순과 불일치를 느끼고 있고 불안합니다.

신부님은 유전자 기술을 막기 위해 정치적이고 사회적인 힘을 동원할 생각은 없으십니까?

나는 인간의 내면을 연구하는 사람입니다. 그리고 이런 일이 외적일지라도 중대한 본질적인 문제로 인식될 수 있기를 늘 희망하고 기대하고 있습니다. 인간이 깊은 내면으로부터 나오는 책임감을 실현하지 못한다면, 법률은 절대적인 게 될 수 없고 그 때문에 상처를 입을 수도 있습니다. 모든 신기술이 우리의 책임 아래 사용될 수 있도록 진심으로 에너지를 쏟아 부어야 합니다. 이는 동시에 양심에 대한 질문이기도 합니다. 사랑 속에서 타인을 향하여 여는 양심은 진화의 근본 성향입니다. 근본 성향이 잘못 가게 된다면 법률은 조건부 도움을 줄 수밖에 없습니다. 사랑의 근본 성향을 살아 움직이게 하는 것이 나의 과제입니다.

<u>신비적인 영성에 감화된 우리가 참여해야만 하는 또 다른 정치적인 영역이 있을까요?</u>

평화를 위해 노력하십시오. 생태학 역시 그 범주에 속합니다. 신비체험은 사람뿐만 아니라 모든 살아 있는 자연과도 관련이 있기 때문입니다. 영성의 길을 걷고 있다면 인간과 자연에 대해 늘 깨어 있어야 합니다. 동물과 식물과도 좋은 관계로 발전할 수 있고 자연과 하나 되는 기분을 느낄 수 있습니다. 신비주의와 자연 친화는 메달의 양면입니다.

나의 그림자와도 친구가 되어라

두려움과 분노와도 친구가 되어라.
이들은 당신에게 속한다.
네 안에서 일어나는 슬픔과 참담함을 받아들이라

마음 안에서 일어나는 상들과 대화하세요. 그것이 무얼 말하고 싶어 하는지 물어보세요. 이것은 당신 안에 속합니다. 당신의 생의 에너지입니다. 발가락이 아프다고 간단하게 잘라내지 않는 것처럼 당신 안에서 일어나는 슬픔과 참담함을 받아들이세요. 그 안에서 영원히 춤추고만 있지 마세요. 슬픔과 비참함으로 인해 특별한 무엇을 만들지 마세요. 이것은 당신에게 속합니다. 그것을 관망하세요. 그리고 다시 당신의 명상으로 돌아가세요.

명상 수련을 통해 많은 사람의 심리가 굳건해지고 신체 상태가 증진된다면, 신비주의가 인간의 삶을 건강하게 만드는 데 기여한 것일까요?

아빌라의 데레사, 십자가의 성 요한, 빙엔의 힐데가르트 등은 병에 시달렸습니다. 신비주의가 사람을 갑자기 건강하게 만들지는 않아요. 다른 영성적인 경험과 마찬가지로 신비체험은 영육 상태에 확실히 영향을 미치지만, 유전적인 결함 때문에 생긴 병은 영성적인 방법으로 고치기 어렵습니다. 대체의학으로 치료할 때는 명상이나 상상 등이 탁월한 역할을 합니다. 병이 낫는다는 상상이나 명상을 통해 내 안에 긍정적인 에너지를 만들고 병을 물리치는 상상을 하는 것이지요. 사이먼턴Simonton 요법[118]도 이런 방법으로 큰 효과를 보고 있습니다.

명상을 통해 나오는 에너지를 어떻게 설명할 수 있습니까?

지난번 나눈 이야기 중 '형태발생의 장'[119]이라는 개념이 있었지요.

---

118 더 관심이 있다면 한국에서 번역된 책을 보기 바란다. 칼 사이몬톤, 『마음의 의학 : 암에 도전하는 사이몬톤 심리요법』, 박희준 역, 정신세계사, 1988.

119 셀드레이크뿐만 아니라 서구에서는 많은 연구들이 쏟아져 나오고 있다. 페이지(Page)는 헤라클레이토스(Heraklit)와 비교하면서 '영원한 흐름'이라고 명했고, 폴 피어셜(Paul Pearsall)은 'L-생에너지', 18세기의 생물학자 갈바니(Galvani)는 하나의 '유일한 신비스런 힘', 뉘히터른(Nüchtern)은 '정신적인 에너지 힘 영역', 심리분석학자 빌헬름 라이히(Wilhelm Reich)는 '오르곤'이라 했으며 레벤(Lewen)은 빌헬름의 개념을 동양의 기와 비교하기도 했다. 그 외에도 의사인 프란츠 메

우주에는 원인과 이유가 증명되지 않는 어떤 영역이 있습니다. 그 에너지 영역은 우주 속에 살아 있는 모든 생명체의 각 유기체에 배열되고 정렬되어 있으며, 모양과 형태를 만드는 책임을 떠맡고 있습니다. 살아 있는 존재에만 있는 게 아니라, 세계상을 각인하고 조직화하기도 하며 정신적인 에너지가 새로운 정세와 상태를 모을 때도 생깁니다. 이런 에너지는 명상이나 이미지를 통해서 일어납니다.

<u>이런 방법으로 성모성지에서 일어나는 기적의 치유를 설명할 수 있습니까?</u>

'기적' 혹은 의학에서 말하는 '고통의 일시적 경감'이 토론에서 벗어나는 주제는 아닙니다. 개인이나 그룹도 이런 에너지로 치유를 받을 수 있습니다. 신적인 에너지는 치유의 기구나 도구, 수단이 될 수 있습니다. 더 비우고 더 열수록 이런 에너지는 도구로서 점점 더 하나가 됩니다. 치유 에너지는 치유를 위해 반드시 필요합니다. 은혜로운 지향이나 사랑을 가지고 있는 사람은 정돈되고 맑은 치유 에너지를 만들어 내는데, 이것은 매우 높은 영역의 자연요법입니다. 치유 에너지를 구하기 위하여 저쪽 어디엔가 존재하는 신에게 호소하지 않아

스머(Franz Anton Mesmer), 카를 라이엔바흐(Karl von Reichenbach), 윌리엄 제임스(William James) 등이 유사한 개념 설명을 시도하면서 이런 에너지가 모든 민족에게서 여러 가지 이름으로 나타난다는 사실을 강조했고, 주로 인간을 치유하는 데 사용되었다고 주장했다. 예거 신부가 말한 명상을 통해서 나오는 에너지도 이것과 유사하다고 본다.

도 됩니다. 나는 샤먼의 아들인 어떤 아프리카의 치유사와 여러 번 동행한 적이 있습니다. 치유사는 자기 아버지로부터 치유 방법을 전수받았습니다. 나는 그가 잡신에 홀린 사람을 치유하는 행위를 여러 번 보았습니다. 치유사에 의한 자발적인 치유가 어느 정도 지속될지 장담할 수 없는 게 가장 큰 문제였지만 말이지요. 왜냐하면 치유사를 통해 드러난 증상만 치료하고 진짜 병의 근원이 남아 있으면 그 증상이 다시 올 수 있기 때문입니다.

<u>인간은 누구나 치유의 기적을 만들 수 있다는 뜻입니까?</u>

보이지는 않지만, 인간을 통과하고 침투하는 치유 에너지는 모든 사람이 사용할 정도로 진화하고 발달한 단계는 아닙니다. 그렇지만 확실하게 말할 수 있는 점은, 위의 아프리카 치유사처럼 자연적인 에너지를 가진 사람이 많다는 사실입니다. 현재는 오랫동안 영성적인 생활을 한 사람만이 치유 에너지의 효과를 타인에게 발휘할 수 있지만, 우리 안에는 아직 계발하지 않은 많은 에너지가 있습니다. 발견하지 못했기 때문에 발전도 시키지 못했습니다. 치유 에너지를 직접적인 생존에 사용할 필요까지는 없습니다. 치유 에너지가 의식의 발달 단계에 포석을 깔 수 있을 정도로 강해질 때까지 기다려야 합니다.

<u>신부님은 다른 어떤 힘에 대해 생각하고 계십니까?</u>

어떤 치유사는 인간의 겉모습만 보고도 몸의 어느 부분이 좋지 않다는 사실을 알아맞힙니다. 치유사의 진단을 현대의학의 기계로 측정하면 놀랄 만큼 잘 들어맞는다는 사실을 알 수 있습니다. 정신감응, 이심전심, 격동현상 등 우리가 상상할 수 없는 영역이 있습니다. 이런 진화는 우리 안에서 여전히 진행되고 있으며 새로운 가능성을 유발하고 있습니다.

<u>기도를 통해서도 아픈 이들을 치유할 수 있을까요?</u>

좋은 호의를 가지고 남을 위해 기도하면 시간과 공간을 초월하는 치유 에너지가 내 안에서 촉진될 수 있습니다. 이런 에너지는 자기 자신을 위해서도 사용할 수 있습니다. 성모 마리아에게 기도할 때나 촛불을 켜 놓을 때, 아니면 성지에 들어섰을 때도 마찬가지입니다.

<u>신은 이런 기도의 유형에 동참합니까?</u>

기도의 영향력은 우리가 일상적으로 알고 있는 수준과 차원이 다릅니다. 방금 기도를 들은 신이나 성모 마리아, 천사가 하늘에서 즉시 도움을 주지는 않습니다. 기도는 우리 안에 잠자고 있는 에너지 영역을 일으키는 하나의 방편입니다. 이들 형상을 매개로 기도하는 게 중요합니다. 이때 영성적인 에너지가 발생하여 우리를 위안하고 치유의

기적을 일으킵니다. 이런 현상은 불교나 샤먼에게도 있습니다. 나는 일본에서 수행할 때 자비의 화신인 관음^{Kannon} 성지 옆에서 6년간 체류했습니다. 위급하거나 곤궁하거나 어떤 한계 상황에 봉착할 때 사람들은 그곳에 와서 초나 향을 피우고 공물을 바치면서 기도를 드렸습니다. 이런 기도나 성모 성지에서 기도하는 행위가 다를 게 없습니다. 그곳에 가기 위해 출발하고 떠나면서 많은 이가 위로를 받는 것이나 성모 성지에서 위로를 받는 것이 다를 바 없습니다.

<u>신비주의 전망에서는 세상과 인간의 모습이 변화할 수 있다고 이미 언급했습니다. '건강'과 '병'도 이런 관계로 설명할 수 있을까요?</u>

병이나 건강보다 더 중요한 존재는 신비주의 관점에서 나오는 단어인 '흠이 없는 온전함'이나 '완전함'입니다. 이 단어는 건강과는 약간 다른 의미입니다. 이 단어는 심리적이고 영성적인 전망에서 나왔습니다. 신비주의의 '완전함'은 신체적으로 건강하지 못한 사람도 온전한 상태로 존재할 수 있게 합니다. 그 반대로 신체적으로 매우 건강한 사람도 신비주의에서는 '완전함'에 속하지 않을 수 있지요.

<u>신비주의에서 말하는 '온전하게 존재한다'는 것은 무슨 뜻입니까?</u>

'인생의 의미를 움켜잡고 그 의미를 확실히 파악한다'는 뜻입니다. 바

깥에서 주어지는 외적인 상황을 거역하면서 살아가는 행위도 삶의 온전한 의미로 볼 수 있습니다. 완전함은 종교적 요소입니다. 완전함은 종교의 영역에서 늘 성장합니다. 생의 진정한 의미는 단지 그곳에서 열리기 때문입니다. 이 길은 사람들이 쉽게 말하는 행복의 길은 아닙니다. 온전한 길은 고통과 고뇌, 모든 종류의 문제의식, 죽음을 통해서도 다다를 수 있습니다. 병들었을 때나 문제에 봉착했을 때에도 나타나지요.

<u>그렇다면 행복은 완전함에 속한 존재인가요?</u>

진실로 온전하거나 거룩하다면 확실히 행복할 것입니다. 그렇지만 행복하다고 말하는 모두를 완전함이라고 볼 수는 없습니다. 누군가가 일상의 행복과 행운을 표현한다면, 이는 개인적인 강한 구상입니다. 행복에 젖은 이는 바로 '아'입니다. 행복이라는 말은 불필요하고 귀찮은 존재가 사라진 '아'의 상태를 말할 뿐입니다. 나는 병이 들어 치료를 받으러 와서도 행복에 젖어 있는 많은 사람을 만났습니다. 반대로 세상에서 가질 수 있는 모든 걸 다 가졌지만 여전히 행복하지 않은 사람도 보았지요.

<u>온전한 전망에서는 병에 대해 어떻게 정의하고 있습니까?</u>

일상에서 영성적인 경험을 구현하는 방법 __ 257

인간은 육체적인 욕구를 채우지 못하면 병이 납니다. 마찬가지로 영성적인 기본 욕구를 채우지 못해도 병이 생깁니다. 더 큰 비극은 영성적인 근본 욕구를 전혀 느끼지 못할 때 일어납니다. 아픔의 근원을 오해하고 잘못 판단하는 경우도 있습니다. 빅터 프랭클Viktor Frankl[120]은 이를 '정신적으로 발생한 신경증Noogenen Neurose'이라고 정의했는데, 이 뜻은 인간의 영혼에 그 뿌리를 두고 있는 노이로제를 의미합니다. 매슬로Abraham H. Maslow[121]는 '피안의 병리학Metapathologie'이라고 칭하기도 했습니다.

매우 심도 있고 전체적이며 통일적인 관찰 차원을 지닌 온전함을 현대 의학이 선택하게 된다면 어떻게 될까요? 위에서 말한 건강의 의미를 현대 의학의 중심으로 끌어들일 수 있을까요?

의학은 소크라테스에게 배워야 합니다. 플라톤은 『대화록Dialog』에서 소크라테스의 이야기를 했습니다. 카르미데스Charmides라는 젊은이가 소크라테스를 방문해서 아침에 일어나면 머리가 지나치게 무겁다며 불만을 늘어놓았습니다. 이때 소크라테스가 그에게 무엇을 권유했는

---

120 빅터 프랭클(1905~1997)은 오스트리아계 유대인으로 제2차 세계대전 때 아우슈비츠 수용소에 갇혔지만 살아남은 인물이다. 그는 수용소에서 우연히 "진심으로 네 영혼과 힘을 다하여 하나님을 사랑하라"라는 구절을 발견한 뒤 음식도 없고 마실 물도 귀한 곳에서 중노동을 견디면서 이 구절을 가슴에 안고 끝까지 살아남았다.

121 매슬로(1908-1970)는 미국의 심리학자이며 인본주의 심리학의 창시자이다.

지 아십니까? "눈을 고치려면 머리가 없어서는 안 된다. 머리를 고치려면 몸이 없어서는 안 된다. 또한 몸은 영혼을 생각하지 않으면 고칠 수 없다. 의사가 병을 고치지 못하는 이유는 몸과 영혼을 전체적이고 통일적으로 보지 않았기 때문이다." 소크라테스가 말한 내용은 병은 그 증상만으로 고쳐서는 안 되며 인간의 총체적인 면을 살펴야 한다는 뜻입니다.

최근 병을 전체적이고 통일적인 관점에서 살펴보는 의사가 늘고 있습니다. 어떻게 생각하십니까?

예전에는 몇 개의 부속품만으로 고장 난 차를 재간 있게 갈아치우는 정비사처럼 병을 치료하는 의사가 많았는데 요즘은 그런 경향이 천천히 줄어들고 있습니다. 오히려 병을 전체적인 맥락으로 파악하는 추세가 늘고 있습니다. 생의 정신적인 면에서부터 출발하여 영성적인 차원에 다다르게 되면 총체성이 더욱 중요해집니다. 이때 중요한 요소는 종교와 믿음입니다. 종교와 믿음은 오늘날 병의 치유에 지대한 영향을 미칩니다. 종교적인 견지와 치유의 효과 사이에 얽힌 맥락을 미국에서는 임상적인 실험을 통해 증명하고 있습니다.

동시에 현대 의학에서는 대체의학의 치료방법을 격렬하게 반대합니다. 총체적이고 통일된 관점으로 병을 진단하는 이런 성향에 대해 아직 사람들의 거부감이 많습니다.

현대 서양의학 종사자 중에는 대체의학을 우습게 아는 사람이 많습니다. 나는 대체의학의 현상 모두를 믿지는 않습니다만, 무조건 거부하지도 않습니다. 특히 유사치료법Homaeopathie122은 매우 적절한 치료법이라고 생각합니다. 유사치료법은 단순히 물리학상의 신체적인 요소와 성분만으로 살피지 않고, 비물질적인 정보를 통해 치료를 시작합니다. 그래서 현대 의학보다도 신비주의의 인간 모습에 더 상응하는 융통성을 지니고 있습니다.

신비주의의 관점에서 보았을 때 탁월한 다른 유형의 치료로는 어떤 게 있을까요?

인간을 총체적으로 보는 모든 치료는 전부 해당합니다. 육체 뒤에 깊게 숨어 있는 증상은 병의 심리적이고 영성적인 근원을 따라가 묻는 겁니다.

심리치료법도 같은 건가요? 이 역시 신비주의와 특별한 연관성이 있을

---

122 유사치료법은 대체의학에 속한다. 1976년 독일 의사 사무엘 한네만(Samul Hanemann)에 의해 만들어졌는데, 동일한 것은 동일한 것으로 치유된다는 것이 그의 핵심 이론이다.

까요?

전통적인 심리학은 신비주의와 대립 관계에 서 있습니다. 전통 심리학은 신비체험의 길을 열어 주기도 하지만, 다른 한편으로는 신비주의를 방해물로 봅니다. 전통 심리학의 치료법은 '아' 범주를 벗어나지 않기 때문입니다. 전통 심리학에서는 '아'가 콤플렉스로부터 자유롭게 벗어나야만 '아'가 다시 작동하면서 사회적인 환경에서 제 기능을 할 수 있다고 봅니다. 하지만 제대로 치유하려면 이것만으로는 충분하지 않습니다. 인간의 진정한 문제는 깊은 내면에 있기 때문입니다. 심리학자 융도 말했습니다. "생의 중반을 넘어 35세 이상이 된 환자들의 결정적인 문제는 종교적인 관점인 듯하다. 이들은 자신에게 생동감과 위안을 주었던 종교를 잃어버린 뒤 병이 들었다. 새로운 종교 관념을 받아들이지 못한다면 치유가 어렵다. 어떤 종파나 교회에 소속되었든 아니든 전혀 상관이 없다."[123]

이런 실상에 대해 신부님은 어떻게 생각하십니까?

사람들은 중년까지는 대부분 바깥을 향해 삽니다. 삶의 기대치도 온통 밖으로 투사합니다. 주로 남녀 관계와 성, 권력과 돈, 출세 등에 큰 의미를 둡니다. 그런데 죽을 힘을 다해 달리다가 생의 중반쯤에 이르

---

123 저자주 : 융의 전집 제2권, 취리히, 1963, 362쪽.

면 회의를 느끼기 시작합니다. 이런 상황에서 전통적인 의식에 매여 있는 심리치료사는 이들의 영성 치료로 해주는 일이 '아'가 확고부동하게 다시 설 수 있도록 돕는 게 고작이지요.

<u>그렇다면 인습적이고 관습적인 심리학으로는 이런 문제를 해결할 수 없습니까?</u>

심리학에 다른 갈래가 생겼는데, 바로 '초월심리학Die Transpersonale Psychologie'입니다. 초월심리학은 아집 영역에서 벗어난 심리학으로 초월의식의 영역에서 도움을 주는 능력을 내놓지요. 미국의 심리학자 알마스Almaas는 환자가 초월적인 아이덴티티를 경험하면 병의 치유가 가능하다고 했습니다. 환자가 의식적인 차원의 영역을 열면 지평선 앞에서 자신의 삶 전체에 대한 의미를 깨닫고 이해할 수 있다는 의미입니다.

<u>초월심리학은 기존의 심리학과 어떻게 다릅니까?</u>

초월심리학에서는 의식의 스펙트럼을 여러 단계로 나눕니다. 전개아, 개아 그리고 초월적인 의식 공간입니다. 켄 윌버는 초월의식을 다시 세 가지로 나누었습니다. 첫째, 미세의식 둘째, 인과율적인 의식 셋째, 우주의식입니다. 마지막 우주의식이 바로 신비주의 영역입니다. 기존 심리학은 인격적인 의식만을 연구해 왔습니다. 기존 심리학에서는 초

월적인 의식범위로 들어가는 게 학술적으로 증명되지 않았다며 초월 영역을 미신으로 치부하고 거부했습니다. 심리학자 프로이트가 인도에서 친구 로맹 롤랑Romain Rolland이 보낸 편지를 읽고 답장을 한 적이 있습니다. 로맹 롤랑은 프로이트에게 자신의 신비체험을 써서 보냈지만 프로이트는 친구가 그저 내면을 성찰한 정도로만 여겼다는 것을 그 답장 내용으로 알 수 있습니다.

초월심리학에서 여러 갈래의 의식공간을 서로 간에 어떻게 연관 지을 수 있을까요?

무지개가 빛의 스펙트럼에서 퍼지는 것처럼, 신적인 의식 형태도 다양한 차원에서 펼쳐지지요. 이런 전개는 진화로 완성됩니다. 의식의 형태는 전의식 단계에서부터 인격적인 의식, 다시 우주적인 의식으로 변모한다고 장 겝서가 이미 언급한 바 있습니다. 그는 우리 의식이 전의식에서 마법적이고 요술적인 불가사의한 의식으로 진화한다고 말했습니다. 이 불가사의한 의식은 다시 신화적인 의식으로 향합니다. 오늘날은 다른 차원의 의식의 문지방에 서 있는데 이 의식이 성취될지 아닌지는 개인적인 온전함과 종족의 존속에 달려 있습니다.

인간 영성의 부족을 극복하기 위해 초월심리학은 어떤 길로 걸어갈 수 있습니까?

초월적인 영역을 치유의 근원으로 보는 치료 형태는 이미 와 있습니다. 여기에는 베르트 헬링거$^{Bert\ Hellinger}$[124]가 발전시킨 치료 체계가 잘 알려졌습니다. 헬링거의 치료는 얽히고설킨 문제를 풀어낼 방법으로 보입니다. 특히 가족 간의 갈등을 해결할 수 있습니다. 헬링거에 의하면 많은 사람이 자기 스스로의 삶을 살고 있지 않습니다. 무의식 속에서 친척이나 가족의 대표자로서 직무를 행하는 경우가 많습니다. 무의식적으로 덮인 덮개를 벗기면 자기 고유의 삶이자 자기가 책임지는 삶을 시작할 수 있다는 뜻입니다. 이게 헬링거에 의해 만들어진 조직적이고 체계적인 치료입니다. 다른 형태의 치료는 의식의 영역을 여는 것입니다. 의식영역 안에 파묻힌 관념 복합체와 두려움을 위로 뚫어 올리고 치료하는 것입니다.

초월적 자아에 대해 특별한 업적을 세운 사람은 스타니슬라프 그로프$^{Stanislav\ Grof}$입니다. 그는 몇 년간 초월적 자아를 연구한 결과 여러 가지 치료법을 내놓았습니다. 그가 주창한 홀로트로픽 아트만$^{Das\ Holotrope\ Atmen}$[125]은 숨 쉴 때 산소 유기체의 순화를 통해 '아' 의식을 여는 치료법입니다 이는 두 가지로 나아갈 수 있습니다. 초월적인 영역에서 '앞으로' 나아가거나 아니면 '거슬러 내려가는' 전개아적인 의식 단계지요. 태어났을 때의 기억, 혹은 이미 잊어버린 어린 시절의 상처를 다시 표면으로 끌어올리는 치료가 좋은 예입니다. 어린 시절의 경

---

124 베르트 헬링거(1925~)는 독일의 가족심리 상담사이자 저술가이다. 남아프리카에서 가톨릭 사제로 선교활동을 하다 사제복을 벗었다.

125 홀로트로픽 아트만은 도道적인 호흡을 일컫는다. 호흡을 통해서 일반적으로는 다다를 수 없는 의식 경험세계로 들어가는 방법이다.

험을 통해 대화를 나누고 다시 앞으로 향상시켜 나아가는 치료입니다. 이때는 반드시 영성적인 동반자가 동행해야 합니다. 이미 조건 지어진 상태를 가시적으로 만들어내고, 다시 이 방법으로 가슴에 맺힌 상처들을 풀어낼 수 있습니다. 이 치료는 관습적이지 않습니다. 환자가 노이로제를 입었거나 상처 입은 시기로 상황을 옮겨 놓은 뒤, 안에 들어 있는 모든 상황을 끄집어내고 지금까지 지녔던 조건의 힘과 세력을 빠져 나오게 하는 방법입니다.

신부님이 말한 심리치료와 신비적인 영성은 어떤 관계가 있을까요?

앞에서 말한 심리치료와 신비적인 영성은 서로 보완하며 명백하게 동행 효과를 나타냅니다. 영성적인 길로 가기 위해서는 내면의 폐쇄성을 극복해야 합니다. 어린 시절에 다쳤던 감정의 상처를 회복하고 복구해야 합니다. 명상 코스에 참여한 사람 중에는 어릴 때의 좌절과 비참한 경험을 꺼내 놓는 경우가 많습니다. 이상한 일은 아닙니다. 무대가 비어 있을 때는 마귀가 그곳에서 춤을 추기 시작합니다. 이런 경우 붙잡고 있는 복합적인 내면의 얽힘이 무엇인지 의식적으로 만들어 보라고 권합니다. 신비적인 영성이 심리학을 쓸모 없게 만들지는 않습니다. 신비적인 영성은 인간에게 도움을 줍니다. 스스로 조화되고 일치된 '아' 구조를 단련시키고, 이를 기초로 영성적인 길에 들어가도록 도와줍니다.

관습적인 심리치료만으로도 영성적인 길로 가는 기초 훈련을 할 수 있을까요?

관습적인 심리치료가 효과적일 때가 있어요. 특히 인격장애인을 치료하는 데 효과가 있습니다. 인격장애는 가족문제로 다친 감정들과 생의 위기 같은 문제에서 비롯됩니다. 그렇지만 상처가 오래되고 뿌리가 깊은 심리 문제에 부딪힐 때는 좀 다르지요. 심리적인 문제가 영성적인 위기에서 생겼다면, 관습적인 심리치료로는 해결할 수 없습니다. 초월적인 영역을 건드려야 하기 때문입니다. 초월적인 경험은 '아' 구조와 관계해 있기 때문에 '아' 구조의 조건을 완화하고 부드럽게 하면 자기가치를 진정으로 존중하는 느낌을 받을 수 있습니다.

영성적인 길에는 삶의 발심이나 회심 등이 생겨납니다. 복숭아나무를 예로 들어 볼까요? 어제의 복숭아나무에는 잎만 무성했지만 밤사이 수만 송이의 꽃이 그 나무에서 필 수 있습니다. 그렇게 되면 나무는 청아한 지혜를 발산합니다. 이런 상황을 누구도 인위적으로 만들 수 없습니다. 완전하고 실재적인 경험은 내면에서 비롯됩니다. 중국에 이런 격언이 있습니다. "나는 복숭아나무에 청했다. 신에 관해 한번 이야기해 보렴. 그러자 복숭아꽃이 만발했다." 인간에게도 이런 일이 일어날 수 있습니다. 이와 유사한 상황일 때 온전한 인간이 됩니다.

우리는 인간으로 태어났습니다. 광범위하고 포용력 있는 존재가 되기 위해 매일 성장하고 성숙합니다. 이것이 우리가 지금 여기에 존재하는 이유입니다. 주어진 과제를 망각하고 덧없이 지나가게 해서는 안 됩니다. 성서에서 성령에 어긋나는 행위를 죄업이라고 칭했듯이 이는 잘못된 행위입니다.

<u>영성적으로 완전한 치유가 초월적인 범주에서 성장한다면, 전통적인 심리학과 초월심리학이 의미 있는 맥락으로 서로 맞물려 돌아가겠네요. 그러기 위해 어떤 노력을 하고 분발을 해야 할까요?</u>

미국에서 출발하여 유럽에서 번창하고 있는 'SEN(Spirituial Emergency Network)'이라는 단체가 있습니다. 심리치료사들이 결성한 단체입니다. 이들은 영성적인 차원을 그들의 작업에 반영하고 있습니다. 명상이 제공되는 병원도 있고, 초월적인 영역에서 나오는 에너지를 치유에 이용하고 있습니다. 이 에너지는 긍정적인 효과만 있는 게 아니라 반대의 힘도 일으킬 수 있습니다. 위험에 관해서 제대로 알지 못하고 이런 힘을 동반하게 될 경우, 오히려 역효과가 날 수도 있습니다. 대부분의 사람이 정신질환을 병으로 간주하지만, 나는 이 병이 부분적으로는 '진화의 실험' 혹은 '발전의 대단한 시도Experimente der Evolution'에서 비롯되었다고 생각합니다. '진화의 실험'에서 진화는 새로운 의식 단계를 더듬어 나가며 탐지하기를 원합니다.[126]

---

126 "Wir bezeichnen Psychosen als Krankheit. Mir scheinen sie jedoch teilweise so etwas zu sein wie, Experimente der Evolution', in denen sie neue Bewusstseinebenen ertasten will."

정신장애인은 순박하고 단순한데, 시대를 잘못 타고났다는 이야기인가요?

더 좋은 표현을 빌린다면 '잘못된 세상'에서 그렇습니다. 정신장애인은 스스로 진화를 파고들기가 어렵습니다. 조셉 캠벨^{Josef Campbell}[127]이 말했던 것처럼, 정신장애인과 신비가 사이에는 거의 차이가 없습니다. 정신장애인과 신비가는 의식의 바다에 같이 빠져 있습니다. 신비가는 의식의 바다에서 수영하지만 정신장애인은 그냥 그곳에 가라앉아 있다는 점이 다를 뿐입니다. 정신장애인과는 다르게 신비가는 돌아오는 귀로에 도움을 줄 '아' 구조의 구명대를 분실하지 않았습니다. 또한 신비가는 '아' 구조로 영혼적인 에너지를 구조화해서 저항하지 않고 사용할 수 있다는 점이 다릅니다.

오늘날 우리가 '심리적인 에너지'라고 이름 붙이는 존재를 옛날에는 '마귀(Daemonen, 악령, 악, 귀신, 초자연력)'라고 불렀습니다. 신부님은 마귀나 초자연적인 존재에 대해 새로운 의미를 부여했습니다. 무엇이 마귀 그 자체입니까?

마귀, 그림자, 악마, 괴물 같은 기괴함—심리적인 복합성에는 많은 이름이 붙여져 있습니다. 모두 인간에게 나타나는 현상입니다. 물론 예

127　조셉 캠벨(1904~1987)은 미국의 신화종교학자이자 비교신화학자이다.

수에게도 예외는 없습니다. 성서에 나오는 마귀의 유혹을 떠올려 보세요. 이런 일이 사막에서 일어났다는 사실은 우연이 아닙니다. 사막은 인간의 영성적인 은거의 총체적 개념으로 볼 수 있습니다. 명상이나 관조의 길로 들어서는 사람은 사막에 가서 자기 그림자와 대결하고 싸워야 합니다. 사막에 많은 영성을 남겨두었던 4세기의 수도승[128]은 그가 고독 속으로 갈 때 나타나는 마귀에 관해 이야기했습니다. "마귀는 네가 명상하는 동안 너의 왼쪽에 붙어 있다가 다시 오른쪽으로 넘어온다는 사실을 각오하고 있어야 한다." 영성적인 길을 갈 때는 압박이나 괴로움 등이 늘 의식표면으로 올라와서 집요하고 완고하게 현존을 확보하려고 한다는 뜻입니다.

마귀는 어디에서 옵니까?

'마귀'나 '그림자Schatten'는 우리 의식의 외면된 한쪽에서 옵니다. 부부 간의 상처, 어릴 적 마음에 들러붙은 상처 그리고 여러 갈래에서 터져 나오는 두려움과 의기소침도 포함됩니다. 심리적인 상황은 의식으로부터 올라온다고 이미 말했습니다. 심리적인 상황은 우리의 '아'에서 '쪼개지고 분리된' 겁니다. '쪼개지고 분리된'이란 뜻은 그리스어인 'Daimon'을 단어 그대로 번역한 겁니다. 이 단어만으로도 마귀가 이런 뜻과 연관이 있음을 알 수 있습니다. 또한 오늘날 심리학에서 말

---

[128] 안토니우스(Antonius der Große)는 약 251~356년에 살았던 유명한 사막 은수자다.

하는 노이로제와 연관 지을 수도 있습니다. 명상 중에 압박과 괴로운 부분에 집중하게 되면, 반드시 이것들이 의식의 표면 위로 떠오릅니다. 마귀의 형상이 인격화되는 것이지요. 그렇게 되면 매우 무시무시한 동물형상이나 섬뜩한 괴물 형태가 되어 우리의 마음 저 밑바닥에서부터 솟아오르지요. 은수자인 안토니우스가^{Antonius} 사막에서 보여준 그림에 이런 게 많이 있습니다. 마귀화시킨 이런 것들은 우리가 수용할 수 있는 환영과 몽환은 아닙니다. 마귀는 매우 집요하며 우리가 버리지 못했던 우리의 한 부분입니다. 명상 중에는 모든 힘을 동원해 이것과 싸워야 합니다.

'마귀화^{Verteufelung}'는 요정 또는 용과 같은 공상 속의 물체에만 투영되지 않습니다. 그보다는 바깥으로 투사하는 일이 더 많습니다. 마귀화는 이미지로 형상화된 마귀보다 직접 투사된다는 의미입니까?

사실입니다. 우리는 의식의 어두운 면을 바깥으로 투사합니다. 우리는 다른 성, 다른 종족, 다른 문화, 다른 종교, 유대인, 이교도, 외국인 등에게 바깥과 타인을 향한 저주를 던지지요. 이는 내 의식의 일부입니다. 유감스럽게도 이런 영역이 종교 안에서도 일어납니다. 정신과 육체, 몸과 의식 그리고 신과 인간 사이에도 엄청난 간격과 틈이 벌어져 있습니다. 몸과 성, 자연과 생에 대한 기쁨의 차이가 모여서 마귀화 되고 악마화 되다가 종교적인 열광주의로 치닫게 됩니다. 종교 열광주의는 주로 사랑이 결핍된 곳에서 일어납니다. 자기의 어두운 부분은 보지 못하고, 자신이 수용하지 않는 믿음이 종교 열광주의로 흐릅니다. 심리학자 융이 말하길 바깥으로 뿜어내는 투사는 알려지지 않은 자신의 얼굴을 드러낸다고 합니다. 그렇게 되면 늘 내가 아닌 남의 탓을 하게 됩니다. 타인은 나쁘고 악이라고 단정 짓게 됩니다. 우리는 바깥으로 투사하는 행위를 지양하고 '죄'와 '부정적'인 면을 내 안으로 돌려놓은 뒤 내 의식 안에서 그것을 들여다보면서 녹여야 합니다. 거의 불가능해 보이지만, 이런 것들을 이행하면서 완전함을 채워 나가야 합니다. 우리가 바깥이나 타인을 통해서 내뿜었던 악을 이렇게 인식해야 합니다.

사람들이 그림자를 바깥으로 투사하지 않고 마귀의 환영을 자신 스스로 제시하고 들여다보는 행동은 어떻게 생각하십니까? 마귀의 환상을 나의 의식 내부의 억압된 전망으로 생각하고, 이런 방법으로 대상화하면서 실현하게 되면, 결국 자기 삶의 실재를 새롭고 완전한 통일된 경지에 다다르게 할 수 있을까요?

'마귀'를 쫓아내서는 안 됩니다. 우리가 저항할수록 그 힘이 더욱 커지기 때문입니다. 마귀를 의식의 일부로 받아들이고 의식에 현존할 수 있도록 달래야 합니다. 그림자를 안고 살아가라는 의미가 아닙니다. 마귀를 인정하고 수용하는 정도로도 충분합니다. 그림자와 잘 사귀는 것이지 지배당해서는 절대 안 됩니다.

이렇게 초연해진다면 결국 영성적인 길에 다다를 수 있을까요?

어떠한 경우에도 영성적인 길은 의식의 그림자를 우리 안에 잡아둡니다. 명상 코스에 참여한 사람이라면 명상 중에 위로 솟아올라 오는 그림자와 대결하지 않은 사람이 없습니다. 먼저 자기의 그림자를 인식하는 게 중요합니다. 그것이 영성적인 길로 가는 첫 발자국입니다. 그림자가 명상의 길에 마지막 협력자와 조력자가 될 수 있도록 우리의 자명함에 끌어들여야 합니다.

영성적으로 어떻게 실습하면 될까요?

나는 명상 코스에 오는 사람에게 다음과 같이 요구합니다. 명상 중에 자신 안에서 일어나는 감정을 밀어내지 말고 잘 사귀라고요. "깊게 바라보라, 그것을 수용하고 가까이 오게 하되 판단하지는 마라!" 때때로 이렇게도 권합니다. "마음 안에서 일어나는 상들과 대화하라. 그리고 물으라! 그것이 무얼 말하고 싶어 하는지. 두려움과 분노와도 친구가 되라! 이것은 너에게 속하는 생의 에너지이다. 너는 네 발가락이 아프다고 간단하게 잘라내지 않는다. 그처럼 네 안에서 일어나는 슬픔과 참담함을 받아들여라. 그 안에서 영원히 춤추고만 있지 마라! 슬픔과 비참함으로 인해 특별한 무언가를 만들지 마라. 이것은 너에게 속한다. 그것을 관망하라. 그리고 다시 너의 명상으로 돌아가라." 슬픔과 참담함은 명상에 좋은 출발점이 되며 변화의 기점이 될 수도 있습니다.

두려움도 마찬가지입니다. "너는 그 감정이 어디에서 오는지, 그리고 어디에 숨어 있는지 모른다. 그렇지만 두려움은 지금 여기 있다. 두려움에게 '네'라고, '그래 나는 두려움이 있다'라고 말하라. 이를 명상에 끌어들여라. 그리고 사라지게 하라. 명상 중에 나타나는 감정을 평가 없이 관망하고 주의하며 실습해야 한다. 감정과 두려움은 항구적으로 체험해나가지 않으면 안 된다. 주석이나 해석 없이 스스로 흘러가게 하지도 말고, 구축하지도 말며 단지 체험하라." 감정은 푸른 하늘에 드리워진 구름과 같습니다. 구름은 하늘을 잠시 지나가면서 어둡게 하다가 시야에서 사라지기 마련입니다.

<u>두려움과 감성, 다침 같은 감정과 자신을 동일시하지 말라는 뜻입니까?</u>

내 상태를 부정하면 아집에서 벗어나고 진정한 본질에 눈뜨게 됩니다. 억압과는 관련이 없습니다. 정서와 분위기, 생각 등을 해양의 폭풍과 비교해 볼까요? 비스카야[Biscaya129]에서 물결이 요동친다면, 바다는 이 때문에 근심하고 걱정할까요? 비록 바다는 폭풍으로 해를 입을지라도 광대한 물결이 잠잘 때까지 기다리는 수밖에 없습니다. 폭풍과 동일시하지 않을수록 폭풍의 힘을 잠재울 수 있습니다. 아무런

---

129 비스카야는 스페인과 프랑스 서쪽으로 따라난 바다로 좋지 않은 날씨 때문에 늘 폭풍과 엄청난 파도가 일고 있다.

느낌을 가지지 말라는 뜻이 아닙니다. 심리가 내면에서 끓어오를 때 그 아래에는 반드시 하나의 핵이 존재합니다. 이 핵은 전혀 때 묻지 않은 순결한 곳에 머물러 있습니다. 정서라는 감정에 끌려다녀서는 안 됩니다. 감정을 내몰아서도 안 됩니다. 감정은 변화하고 바뀌다가 정지하면서 부동의 고요로 들어갑니다. 그렇게 되면 새로운 동질성을 가진 위험이 고요 상태와 함께 양립합니다. 고요 상태를 연속적인 발걸음에서도 비워낼 수 있습니다.

어떻게 이 감정을 변화시킬 수 있을까요?

감정에 대해 약간 거리를 두면 됩니다. 화가 잔뜩 나 있으면 화를 터트리세요. 다만 의식이 매우 깨어 있는 상태의 화일 때만 가능합니다. 화가 자신의 의식을 숨 막히게 하거나 질식하도록 해서는 안 됩니다. 화를 의식하고 있으면 화를 가라앉힐 수 있습니다. 화를 의식하지 않은 채 그대로 안고 있는 행위는 어리석습니다. 미움과 욕망도 마찬가지입니다. 우리는 늘 깨어 있는 상태에서 이것을 보아야 합니다. 그러면 점차 자유로워지고 감정이 흘러감을 느낍니다. 하늘에 흘러가는 구름처럼 마음에 감정들이 나타났다가 다시 사라집니다.

 선에서는 이렇게 가르칩니다. 선승에게 매우 적절하고 기분 좋은 감정이 있다면, 그는 감정의 변화를 아는 사람입니다. "나는 스스로 매우 기분 좋은 감정을 체험한다." 반대로 그가 매우 아픈 느낌이 있으면 "나는 매우 슬픈 느낌이 있다"고 압니다. 그가 세속적으로 매우 좋은 기쁨을 누리고 있다면 "나는 세속적인 기쁨에 차 있다"는 것을 알지요. 그가 기분 좋은 비세속적인 기쁨을 느끼고 있다면 "나는 기분 좋은 비세속적인 기쁨을 느끼고 있다"는 것 또한 알아차리지요. 나는 이 감정을 알아차리고 다시 느낌의 명상에 들어갑니다. 더욱 내적으로, 더욱 외적으로 말이지요. 그러면 근원적인 느낌에 머무를 수 있습니다. 느낌을 위한 의식이 적절한 양으로 발전됩니다. 무엇인가에 얽매이지 않고 머무를 수 있습니다. 세상의 아무것도 아닌 일에 머무를 수도 있습니다. 정서를 바깥으로 보이지 말라는 뜻은 아닙니다. 다른 이들도 내 감정이나 정서를 함께 느낄 수 있도록 해주어야 합니다. 그러나 내가 반응하는 점과 심리적인 상태의 군주가 맡아서 행하는 점과는 많은 차이가 있습니다.

나를 버리고 나를 만나라

죽음은 비본질적인 존재를 놓아버리는 것이다.
형태의 소멸일 뿐 끝이 아니다

신비주의의 죽음은 지옥으로 가는 것인지 아닌지 근심하고 걱정하는 죽음은 아닙니다. 신비주의의 죽음은 더 큰 의미가 있습니다. 이런 죽음 앞에서는 영원한 삶 같은 질문은 의미가 없습니다. 예수가 말했습니다. "아버지, 당신의 손에 내 영혼을 맡깁니다." 예수의 이 말은 하늘을 향한 희망 사항도 아니고, 신 곁에 안전하게 숨겠다는 염원도 아닙니다. 비본질적인 것을 놓아 버린다는 의미입니다.

신비적인 영성이 인간을 도울 수 있을까요? 영성적인 스승이 의학과 심리학에 어떤 관련이 있는지는 앞서 이야기를 나눈 바 있습니다. 거기서 나온 결론은 신비체험을 하면 인간에게 도움을 주는 에너지가 나온다는 것입니다. 하지만 불확실한 점도 있어요. 영성적인 스승이 어떤 역할을 하는지 궁금합니다. 그들을 '영혼을 돌보는 사람'이라고 말할 수 있을까요?

영성적인 스승은 영성적으로 영혼을 보살피는 사람일 뿐만 아니라 영혼을 돌보는 사람입니다. 인간은 준비되지 않은 상태에서도 매우 광범위한 신비체험의 순간으로 나갈 수 있다고 언급했습니다. 그런 순간 가슴에 지니고 신뢰하던 세상이 부서지고 허허벌판 같은 비움을 체험합니다. 그렇게 되면 도움을 줄 수 있는 이를 찾지요. 대부분 심리치료사를 찾지 교회를 찾는 사람은 드뭅니다. 초월심리학을 다루는 잡지에서 연구결과를 발표한 적이 있는데, 사람들은 문제가 생겼을 때 교회에서 영혼 도우미를 찾는 경우가 극히 드물다고 합니다.[130]

그리스도교만의 특수 상황인가요? 다른 종교에서는 생각지도 않은 신비체험을 하게 된 사람들을 어떻게 다루고 있습니까?

다른 종교의 경우는 영성적인 감흥을 지닌 사람이 자신의 종교 안에

---

130 저자주 : 독일 심리학 월간지 「심층심리학」, 2000년 1월호.

서 영성의 동반자가 될 스승을 찾습니다. 종교 안에서 스승과 제자의 관계가 형성되지요. 이는 심리치료사와 환자의 관계와 유사합니다. 그리스도교에도 고해신부나 영성가가 있습니다. 이들이 영성을 찾는 이들을 도울 수 있고 그 길에 동행할 수 있습니다. 무엇보다도 서로 신뢰하는 인격적인 관계의 형성이 중요합니다.

고해신부나 피정을 지도하는 영성가는 유행에 뒤처진 느낌이 듭니다. 왜 그럴까요?

그런 생각은 옳지 않다고 봅니다. 가톨릭에도 피정 지도자가 있어 이들이 영성을 찾는 사람들을 이끌어줍니다. 다만 신비체험을 이미 경험한 사람까지 이끌 수 있을지는 의문입니다. 십자가의 성 요한은 신비적인 길로 인도하는 사람의 무능력에 대해 매우 비난한 적이 있습니다. 이들이 시기적으로 무르익어가는 신비체험자를 신비적인 영역으로 이끌지 못한다는 이유로 비난한 것입니다. 당시 영성의 지도자는 틀에 박힌 기도 형식으로 사람들을 이끌었습니다. 이런 방식은 영성에 도움이 되기보다는 방해가 되었습니다. 십자가의 성 요한은 영성적인 깊은 체험을 막 시작한 이들이 어려움과 문제점, 막막함과 비움의 상황에 봉착했을 때 영성의 지도자가 이들을 혼자 내버려둔다고 비난했습니다. 십자가의 성 요한은 이 상황을 출애굽의 상황과 비교했습니다. 신은 어렵게 그의 민족을 이집트에서 이끌어냈습니다.[131] 하지만 지금은 그때보다 더 심각합니다. 영성적인 가짜 스승이 나타나 신비체험을 원하는 사람들을 호도하고 있습니다. 비유하자면 사람들에게 노예 신분이지만 안락한 생활을 즐기며 맛 좋고 먹음직스러운 음식만을 찾는 미식가가 되라고 권하고 있습니다.

요하네스 타울러도 이렇게 말했습니다. "영성적인 길에 들어선 사람이 가는 길을 그리스도교인이 오히려 방해할 수 있다." 영성의 길로 인도할 사람을 지금의 교회에서는 찾기 어렵습니다. 이런 이유 때문에 수도원에서는 일본에 가서 영성적인 공부를 더 하겠다는 나의 원을 허락해 주었습니다. 선의 역사에는 스승과 제자 사이에서 오고 가는 체험보다 더 큰 각성의 전통이 확연하게 존재합니다.

<u>그리스도교에서는 영성적인 스승이 학생을 지도하는 일이 드문 듯합니다. 신부님은 영성적인 스승과 전통적인 신학자의 차이점을 어떻게 구분하십니까?</u>

나는 '스승과 제자'라는 말 대신 '동반자'라는 표현을 사용합니다. 아니면 '산 정상으로 인도하는 사람'이라고 말합니다. 매우 험준한 산을 오를 때는 산을 잘 아는 사람의 뒤를 따라야 합니다. 특히 이미 험준한 산을 가본 사람이 그 길을 잘 안내할 것입니다. 영성적인 동반자

---

131 이스라엘 백성의 회중은 엘림을 떠나 시나이 산 사이에 있는 신 광야에 이르렀다. 이집트에서 떠난 지 둘째 달 십오일이었다. 이스라엘 백성의 온 회중은 이 광야에서 또 모세와 아론에게 투덜거렸다. "차라리 이집트 땅에서 야훼의 손에 맞아 죽느니만 못하다. 너희는 고기 가마 곁에 앉아 빵을 배불리 먹던 우리를 이리로 데리고 나와 모조리 굶어 죽일 작정이야?"(출애굽기 16: 3).

도 제자가 영성의 단계에 이를 때, 그 안에서 광범위한 신을 체험할 수 있도록 그 길에 반드시 동행해야 합니다. 그 방법은 신학적 앎을 넘어서야 합니다. 이미 말했지만, 스승은 제자가 선 수련을 하는 동안 제자를 지도해야 합니다. 제자가 신비체험 중에 어려움에 부딪혔을 때 조언자로 반드시 존재해야 합니다. 영성 지도자는 인간에게 자비를 가르치고 어려운 일이 생겼을 때 이를 떼어 없애는 역할을 해야 합니다. 그렇게 하면 영성의 길에 들어선 사람들이 신비체험을 할 수 있습니다. 신비체험은 매우 깊은 곳에서 시작해 발전하게 됩니다.

<u>영성적인 길로 인도하는 사람이 권위적이어야 할까요?</u>

스승과 제자는 완전히 영성적인 관계에 있어야 합니다. 이런 관계 속에서 스승은 제자가 신비체험을 할 수 있도록 가능성을 열어 주고 자연스럽게 내면의 근원을 이끌어 내야 합니다. 십자가의 성 요한이 적절한 표현을 했습니다. "영혼의 지도자는 영혼을 정말로 움직이는 자이다. 그는 모든 전력을 다하는 성령이라는 존재를 의식적으로 자각하고 있어야 한다. 영혼의 지도자는 믿음을 갖고 신의 법칙으로 제자를 완전한 길로 안내하는 사람일 뿐이다. 완전함의 극치로 나가는 길은 각자의 의식 상태에 맞게 특별한 방법으로 신이 부어 넣는다. 스승은 그의 모든 지향과 기도를 제자에게 고집스럽게 부여하거나 제멋대로 동화시키지 말고, 신이 제자를 잘 이끌고 있는지 탐색하면 그만이다. 영혼의 지도자가 이를 인지하지 못했다면, 그는 제자의 마

음을 혼란 시키지 말고 신에게 모든 것을 위임하기 바란다."

<u>영성적인 길을 찾아 나서는 사람이 표준으로 삼아야 할 점은 무엇일까요?</u>

적절한 매뉴얼은 없습니다. 영성적인 길로 들어가고 싶다면 일단 스승을 찾는 게 중요합니다. 나에게 맞는 스승인지 테스트를 해보아도 좋습니다. 내게도 많은 사람이 찾아오는데 나는 꼭 이런 말을 합니다. "이 코스에 참석하겠다고 결정하기 전에 다른 스승은 어떻게 하는지 알아보기 바랍니다. 다른 코스도 가 보십시오." 진정성이 있는 스승은 무조건 자신의 제자가 되라고 말하지 않습니다.

<u>신부님의 제자가 되려는 사람을 거절할 적도 있습니까?</u>

당연합니다. 만나면 느낌이 있습니다. 그 사람이 아직도 전통적 종교의 자기이해에 고착되어 있으면 나는 미리 그에게 주의를 줍니다. 나와 함께 가는 길은 매우 다를 것이라고 말해 주지요. 이런 말에 놀라서 기겁하는 사람에게는 다른 스승을 찾으라고 권합니다. 또한 심리적으로 불안증세가 있을 때도 사양합니다. 이런 경우는 영성적인 길 대신 심리치료를 받으라고 권합니다.

아이나 젊은이도 명상 코스에 받아들이는지요? 특정한 나이가 되어야 영성적인 길을 갈 수 있을까요?

청소년도 가능합니다. 베네딕도 수도원에는 '교육학과 영성'이라는 코스가 있어 어린이나 청소년에게 영성이나 명상 훈련의 방법을 알려줍니다. 그들의 생활 감정과 삶의 기쁨, 성향과 기질, 심중에 상응하는 명상 훈련입니다. 주로 아이나 미성년자가 관상이나 명상에 참여합니다. 청소년에게 감정과 상응하는 명상으로 들어가는 길을 만들어주는 것이 매우 중요합니다. 학생이 명상할 수 있도록 학교 안에 자그마한 공간을 마련한 교사도 있습니다. 그는 기회가 있을 때마다 학생이 그 공간에 들어가 조용히 명상 기도를 하게 합니다. 매스컴을 통해 각종 정보가 넘쳐 흐르고 있는 지금, 이런 고요함과 침묵을 찾는 학생이 많습니다. 젊은이의 신비체험은 어른의 신비체험과 다르지 않습니다. 정신을 모으고 고요에 이르는 길을 만드는 게 근본입니다.

학교의 어떤 공간에 명상이나 관상 공간을 마련합니까?

종교 시간이나 미사 중에 합니다. 종교 수업[132] 중에는 인식적인 지식 전달과 함께 영성적인 실습을 합니다. 영성적인 명상을 소홀히 하는

---

132 독일 학교는 종교 수업이 있다.

행위는 큰 결핍과 손실을 가져옵니다. 우리는 15~20년간 교육체계 속에서 이성의 훈련을 받습니다만, 다양한 경험을 할 수 있는 제도나 인간의 맹아와 소질을 성장시키는 수업은 거의 받은 적이 없습니다. 이것이 이성보다 더 크고 중요함에도 말입니다.

청소년이 영성적인 길에 돌입하면 큰 도움이 된다는 말씀이군요. 그렇다면 노인은 어떨까요? 80세가 되어도 영성에 몰입할 수 있습니까?

위에서 언급한 영성적인 길은 모든 나이를 수용합니다. 나이가 많든 적든 언제든지 할 수 있습니다. 전제조건은 영성에 몰입하고자 하는 깊은 바람이 스스로 있어야 한다는 점입니다. 이런 바람은 변혁과 개혁단계에서 나타나지요. 명상 코스에는 대개 은퇴 전에 인생의 의미를 재조명하고 싶어하는 사람이 많이 옵니다. 여성은 40~50대가 많습니다. 또한 아이가 성장해서 집을 떠난 사람도 이런 결정을 많이 합니다.

노인이 명상에 참여하고자 할 때 신부님은 어떻게 대답하십니까?

영성적인 길로 들어서는 데는 나이가 많고 적음이 상관없습니다. 명상이나 관상을 위해 의자나 방석에 앉기를 원한다면 누구나 할 수 있습니다. 나이의 제한이 없습니다. 물론 80세가 넘은 사람도 명상할 수 있습니다.

젊은이를 지도하거나 노인을 지도할 때 영성적으로 차이가 있습니까?

영성적인 체험은 나이에 있는 게 아니라 개인적인 인격에 있습니다. 나이는 아무런 의미가 없습니다. 오히려 노인에게는 장점이 있습니다. 이들은 이제는 방황하지 않습니다. 오히려 젊은이보다 더 빨리 선정(고요)에 드는 사람이 많습니다.

신부님은 각 개인에게 의미 있는 적절한 방법을 충고하고 조언하십니까?

'이 사람은 불교의 선이 더 나을까, 그리스도교적인 관상이 더 나을까?' 조언하는 것 말입니까? 나는 사람을 만나고 나서 파악합니다. 긍정적이며 그리스도교 믿음을 매우 중요시하는 사람에게는 그리스도교적인 관상으로 하라고 조언합니다. 종파적인 것에 관심을 두지 않는 사람에게는 선이나 동양에서 추구하는 영성의 길을 추천합니다.

누군가를 제자로 받아들이고 인정했다면, 신부님은 제자와 어떤 연관성 속에 서게 되는지요? 어느 정도 만나며 어떻게 그들의 영성에 동참하는지요? 그들은 신부님의 명상 코스에 자주 참여합니까?

나는 그들에게 적어도 1년에 두 번 긴 명상 코스에 참여하라고 조언합니다. 바깥에 살면서도 영성의 끈을 놓지 말라고 권합니다. 집에서나 일자리에서 명상 기도를 하라고 조언합니다. 학생에게는 항상 나를 찾으라고 합니다. 나는 아침 7~8시를 대화의 장으로 열어놓고 있습니다.

이론적인 학습이 영성적인 길에 어느 정도 도움이 될까요? 영성에 대한 강의를 듣거나 책을 읽는 행위도 중요합니까?

영성적인 길에서 이론적인 대화는 부차적인 부분에 속합니다. 처음부터 영성에 관한 책은 전혀 읽지 말라고 합니다. 영성은 바깥이 아니라 내면에서 출발하기 때문에 먼저 실습이 필요합니다. 먼저 실습을 하고 나서 영성적인 길을 확장할 수 있는 책을 읽으면 명상에 더 많은 기여를 할 수 있습니다.

명상에 동행했던 제자가 그만두기도 합니까?

물론입니다. 명상 중에 심리적인 어려움에 부딪히거나 필요한 신뢰가 무너질 때는 명상을 그만둡니다.

이런 경우에 신부님은 어떻게 대처하십니까?

영성적인 관계로 맺어지면 명상 중에 나타나는 어려운 문제를 서로 나누며 본질적인 존재에 집중합니다. 만약 이런 경우가 아니라면 스승과 제자 관계를 없던 일로 하자고 말합니다.

구체적으로 생의 상황에 속하는 질문을 받았을 때 신부님 쪽에서 답을 거절하는 경우도 있습니까?

천만에요. 가족 관계 그리고 파트너 사이의 갈등에 관해 조언을 구하는 사람이 많습니다. 이런 문제들은 명상하는 동안 의식의 표면으로 올라오지요. 특히 여성은 평생 다른 이들을 보살피느라 자신의 일생을 허비했다고 한탄하는 경우가 많습니다. 또한 용기를 가지고 새 출발을 하고 싶은데 결혼이 갈등으로 나타나는 경우도 많습니다.

신부님은 어떤 조언을 하시나요?

먼저 나는 결혼을 하지 않았고 가족치료사도 아니라는 것을 그들에게 말해 줍니다. 물론 나는 심리치료사의 역할을 하고 싶지도 않습니다. 그러나 불화를 일으키는 곳에는 영성적인 문제점도 있으므로 관여하지 않을 수는 없습니다. 한번은 은혼식을 앞둔 부부가 찾아왔습니다. 이들은 각자 방식대로 영성의 길로 들어섰다가 문제점을 발견했습니다. 심리치료까지 받았지만 해결책을 찾을 수 없었습니다. 은혼식을 계기로 갈라서야 할지, 아니면 새롭게 부부관계를 시작해야 할지 고민하고 있었습니다. 그들은 더 깊은 대화를 나누고 영성적인 체험을 하더니 각자 새롭게 출발하겠다고 결정했습니다. 나는 헤어질 이들에게 의미 있는 의식을 치러주었어요. 부부 관계가 어려워진 이유는 한쪽만이 열심히 명상했기 때문입니다. 만약 부부가 갈라서기로 했다면 파트너에게도 도움이 되는 의식을 치르는 게 좋습니다. 이런 의식을 치르고 나면 이별한 후에도 친구처럼 지낼 수 있고 서로에게 죄를 뒤집어씌우는 일도 없습니다. 이런 예식은 이혼재판소에서 내리는 판결보다 훨씬 낫습니다.

<u>신부님이 언급한 이런 의식은 어떤 면에서 유익할까요?</u>

두 가지 관점에서 장점이 있습니다. 인간은 이성에 따라 결정하고 행동합니다. 의식을 치르게 되면 거기에 의미를 부여하고 자각하여 몸으로 경험합니다. 이를 통해 새로운 상황과 현실적으로 화해할 수 있습니다. 결코 그 상황을 억압하지 않습니다. 이렇게 하지 않으면 상처가 남습니다. 나는 이 의식을 통해 분노와 미움을 쏟아버리라고 했습니다. 그리고 의식 중에 쓴 글을 불태우게 했습니다. 갈기갈기 찢어진 마음과 스스로에 대한 비난은 이것으로 끝났음을 상기시켰습니다.

두 번째 장점은 무엇입니까?

두 번째는 내면의 심리 상태를 밖으로 표출할 수 있습니다. 당사자는 자신의 감정에 건강한 거리를 두게 되고 자신과 감정을 동일시하지 않게 됩니다. 자신의 감정을 감각에 예속시키지 않을 뿐만 아니라 긍정적인 감정을 느낄 수도 있습니다. 이 과정이 종교에서는 축제와 같습니다. 종교적인 축제를 통해 자신의 삶에 신비체험이 가득 차오름을 느낄 수 있습니다. 동시에 종교는 일상에서 삶이 될 수 있습니다. 삶 자체가 축제입니다. 신비주의에서는 말합니다. "나는 내 인생을 신적으로 표현한다." 신은 인간 안에서 인간으로 존재하기를 원합니다.

자기가 스스로 죽지 않는다면 이런 감정을 느낄 수 없겠군요. 의식 속에서만 일어나는 감정인데도 대부분의 사람은 이를 두려워하고 꺼립니다. 죽음은 싫고 불쾌한 존재이니까요. 죽음을 두려워하다 보니 죽음에 대한 생각을 늘 밀어냅니다. 신비체험을 통해서 죽음에 대한 두려움을 줄일 수 있을까요?

진정한 신비체험을 하면 죽음이 없다는 것을 알게 됩니다. 죽음은 단지 형태의 소멸입니다. 그 형태 속에는 본질적인 실재가 표출되어 있습니다. 태어남과 죽음은 처음과 시작이라는 궁극적인 실재의 특정한 공표일 뿐입니다. 궁극적인 실재는 때가 묻지 않은 완전한 상태입니다. 순간순간이 생성과 소멸이라는 진화에서 완성됩니다. 신은 오고 갑니다. 인간적인 형태는 부서지고 깨지며 다시 다른 인간적인 유형으로 생겨납니다. 새로 생긴 형태가 옛 형태와 동질성을 가지는지 아닌지는 중요하지 않습니다. 신이라고 부르는 궁극적인 실재는 육화하고 탄생하지 않습니다. 궁극적인 실재는 변화하지도 않고 시간과 공간의 제약도 없습니다. 시간은 다만 오고 가는 형태를 통해 나타날 뿐입니다.

어떤 여성이 다림질을 하고 있었습니다. 그때 죽음의 천사가 등장해서 그녀에게 말했습니다. "시간이 되었으니 이제 갑시다." 여인이 대답했습니다. "네, 좋습니다. 그렇지만 다림질을 다 마쳐야 해요. 내가 아니면 누가 이 일을 하겠습니까? 그러고 나서 요리를 해야 합니다. 딸이 일을 마치고 돌아오면 그 아이가 먹을 음식을 준비해야 합니다." 천사는 조금 후에 다시 왔습니다. 여인은 집을 나서려는 중이었습니다. "이제 갈 시간입니다. 시간이 되었습니다" 하고 천사가 말했습니다. 여인은 다시 말했습니다. "양로원에 먼저 가야 해요. 많은 사람이 나를 기다리고 있어요. 가족에게 버림받은 이들입니다. 이들을 버려둔 채 당신을 따라가야 한단 말입니까?" 천사는 잠시 후 돌아왔습니다. "이제 시간이 되었으니 갑시다." 여인이 대답했습니다. "나도 알아요. 하지만 내가 없으면 누가 내 손자를 유치원에 데려다 주지요?" 천사는 한숨을 쉬었습니다. "좋아요. 다시 기다리지요. 손자가 혼자서 유치원에 다닐 때까지만요." 몇 년 후 나이가 든 그녀는 거실에 앉아서 생각했습니다. '곧 죽음의 천사가 나를 데리러 올 거야. 그 동안의 노고와 번거로운 수고, 혹사 후에는 반드시 큰 환희가 오겠지. 내게는 행복이 올 거야.' 다시 천사가 오자 여인은 천사에게 물었습니다. "이제 나를 영원한 대환희의 세계로 데려가 주세요." 그러자 천사가 되물었습니다. "그 많은 세월 동안 당신은 어느 세계에 있었습니까?"

이 이야기에서 어떤 의미를 찾을 수 있을까요?

핵심은 궁극적인 실재가 늘 그녀와 함께 했다는 점입니다.[133] 삶을 진화로 이끄는 끝없는 춤이 있습니다. 춤은 끝이 다가온다는 의미가 아닙니다. 춤의 의미는 그냥 존재하는 것입니다. 순간순간마다 신적인 삶을 사는 거지요. 이성적인 방편으로는 해석할 수 없지만, 신비체험을 통해서는 직접 체험할 수 있습니다. 이런 일이 일어나는 곳에는 죽음에 대한 두려움도 없습니다. 우리는 다시 태어나도 죽지 않는데, 왜 죽음을 두려워하는 걸까요? 파도에 휩쓸려 배가 좌초하는 그곳이 바로 신이 있는 바다입니다. 이것을 알면 배에서 떨어져 바다에 빠지는 게 두렵지 않습니다.

<u>소크라테스는 '철학은 죽는 법을 연습하는 행동'이라는 멋진 말을 남겼습니다. 신비주의 관점에서도 이 이야기와 연관성이 있을까요?</u>

---

133 여인이 결국 '지금, 그리고 여기의 삶을 깨어 살지 못했다'는 것을 예거 신부는 말하고자 한 것이다.

그렇습니다. '아'를 버리는 게 신비가의 죽음입니다. 이는 육체적인 죽음보다 더 어렵습니다. 신비주의의 죽음도 죽음입니다, 하지만 신비주의의 죽음은 지옥으로 가는 것인지 아닌지 근심하고 걱정하는 죽음은 아닙니다. 신비주의의 죽음은 더 큰 의미가 있습니다. 이런 죽음 앞에서 영원한 삶 같은 질문은 의미가 없습니다. 신비주의의 죽음은 예수의 죽음과 비견될 수 있습니다. 예수가 말했습니다. "아버지, 당신의 손에 내 영혼을 맡깁니다." 예수의 이 말은 하늘을 향한 희망 사항도 아니고 신 곁에 안전하게 숨겠다는 염원도 아닙니다. 비본질적인 존재를 놓아 버린다는 의미입니다.

비본질적인 존재는 무엇입니까?

비본질적인 존재는 '거짓아'입니다. '거짓아'는 초월적인 실재의 경험에서 그와는 상대적인 관계에서 인식됩니다. 인간이 의식 단계로 들어가면 더는 '아'가 아닌, 깨어 있는 현존의 상태가 됩니다. 이런 단계에서 '아'를 속세의 현존으로 들여다보면 조직과 작용, 기구 중심지로 존재합니다. 의식 단계의 '아'는 죽음 앞에서 두려움에 떨지만 궁극으로 가면 스스로 해체되고 없어집니다. '아'는 생의 역동성을 위해 창조되었습니다. '아'의 역동성은 문화와 생산, 창작 등 창조적인 형태로 표출됩니다. '아'는 죽음을 두려워합니다. 죽음에 대한 공포를 물리치는 일은 '아' 의식을 넘어서는 초월적인 영역에서 의심의 여지가 없는 하나를 만들 때만 가능합니다. 선에서는 "너의 방석에서 죽어라"라고 선사가 말합니다. 그리스도교 신비주의에서도 '아'의 죽음에 대해 말합니다. '소아'가 죽을 때는 두렵고 의심스러우며 공격적이고 기회주의적인 감정이 사라지고, 신뢰와 기쁨 그리고 확신이 전개되고 발전됩니다.

내 생각을 비판하는 사람이 많다는 것을 알고 있습니다. 서구 문명에 많은 기여를 한 '아'를 진지하게 받아들이지 않으니까요. 신비가는 매우 강한 '아'를 가진 자라고 나는 말했습니다. 그들은 자신의 신비체험을 부정하기보다는 당시 법의 판단인 장작더미에서 타 죽기를 원하는 경우가 더 많았습니다. 신비가는 '대아'를 경험하며 '소아'를 버린 것입니다.

죽음에 직면했을 때 저쪽세상에서 살 수 있으리라고 위안을 받는 사람이 많습니다. 아니면 다음생에 다시 태어나서 더 나은 현존을 할 수 있기를 강하게 희망하기도 하지요. 신비주의에서는 부활과 다시 태어나는 것을 어떻게 생각합니까?

간단히 답하는 것은 불가능합니다. 신비주의가 어떤 종교의 믿음 체계에서 출발했느냐에 따라 부활에 대한 관념이 다르기 때문입니다. 그리스도교 신비가는 부활을 이야기하고 믿습니다. 부활의 진정한 의미는 그리스도교 신비주의에서는 열어두기로 합시다. 그리스도교에서는 부활을 통해 인간이 '아'와 더불어 계속 살게 된다고 생각하고 있습니다. 하지만 이런 제한된 범위를 벗어나 다른 가능성을 생각해 보면 어떨까요? 우리는 자기 중심주의, 지구 중심주의에 사로잡혀 있습니다. 은하계는 오로지 지구를 위해 존재한다고 잘못 생각하고 있습니다. 우리가 우주의 왕자라고 생각합니다. 250억 년 이상의 역사를 가진 은하계에서 지구는 겨우 3백만 년 전 가루 모양의 작은 먼지 알갱이로 시작된 존재일 뿐입니다. 신은 시간을 초월합니다. 신은 16억 년의 세월 동안 우리를 기다렸습니다. 부활은 우리가 다른 형태로 현존할 수 있다는 암호입니다. 이런 현존 형태는 이성으로는 도저히 해석할 수 없지만, 초월적인 분야로 들어서면 이해할 수 있습니다. 궁극적인 실재가 시공간을 넘어서서 각성하는 순간, 우리는 알 수 있습니다. 십자가의 성 요한은 이것을 '스스로 찾아오는 신'이라고 말했습니다. 그는 "우리가 깨어 있는 것은 신이 깨어 있는 것이다. 우리의 부활은 신의 부활이다"라는 말도 했습니다.

'깨어 있음'은 신비주의에서뿐만 아니라 죽음에서도 일어날 수 있습니까?

사실 우리는 죽음이 무엇인지 모릅니다. 많은 이가 죽음은 '깨어 있음'이라고 말합니다. 죽음은 문이 잠기는 게 아니라 문이 열리는 것이라고 생각하지요. '깨어 있음'이 '개아'적인 합성 및 구성인과 어떤 연관성을 가지는지는 여기서 결정하지 않고 놓아둡시다.

신은 다른 유형으로 다시 올 겁니다. 연속성을 가지고 머문다는 게 중요합니까? 임사체험도 이와 유사합니다. '개아'가 차츰 사라지고 '비개아'적인 의식으로 바뀌어 나타나는 게 임사체험입니다. 이런 전

환이 대부분의 임사체험자에게는 매혹적으로 묘사되고 있습니다. 임사체험에서 행복을 느낀 사람은 죽음의 문턱에 들어서서 계속 행복한 감정을 체험할 수 있기를 기원합니다.

그렇지만 임사체험을 악몽과 유사하다고 느끼는 사람도 있습니다.

부정적인 경험을 갖게 된 이유는 임사체험을 중간 지점에서 느꼈기 때문입니다. 중간 지점에서는 아직도 '아'라는 구조에 고착되어 있으니까요. 죽음의 진정한 의미는 '모두 놓아버림'입니다. 끝까지 붙잡고 있으면 앞에서 이야기 나눈 마귀와 같은 전율과 공포를 일으킬 수 있습니다.

중세 신학자가 말한 연옥이나 정화의 산이라는 존재를 신부님은 어떻게 보십니까?

'아'의 분산 과정이라고 생각합니다. 이 개념은 부정적이고 달갑지 않은 성향을 벗는다는 뜻입니다. 그렇게 된다면 정화의 과정은 부정적이지 않고 매우 자유로워질 수 있습니다. 정화의 과정이 공포와 아픔으로 점철될지라도 긍정적으로 보는 게 중요합니다. 정화의 과정을 거부해서는 안 됩니다. 죽음의 순간에는 모든 존재를 버립니다. 유감스럽게도 그리스도교에서는 심판과 벌에 관해 이야기를 하지만, 죽음 앞에 있는 새로운 존재에 관한 이야기는 거의 하지 않습니다. 나는 시내에 있는 공원묘지로 자주 갑니다. 그곳의 무덤에서 묘비에 새겨진 부러진 원주 기둥이나 부러진 장미를 자주 봅니다.[134] 부활이나 영생을 의미하는 표징은 거의 발견할 수 없습니다.

윤회설을 믿은 소크라테스는 동물 앞에서 연설하기도 했습니다. 동양 종교나 성현의 가르침을 보면 사는 동안 정화나 카타르시스를 하라는 계명을 발견할 수 있습니다. 죽음에 쉽게 도달하라는 뜻이겠지요. 정화의 과정은 여러 생을 거치면서도 완성할 수 있을까요? 신비주의에서는 이런 관념을 어떻게 볼까요?

사는 동안 정화나 카타르시스를 하는 게 좋습니다. 이런 과정은 죽음을 준비한다는 뜻으로 해석할 수 있습니다. 정화의 과정은 다시 태어남으로 이어질 수 있습니다.

이런 관념은 신비적인 영성과는 어떤 관계에 놓여 있을까요?

진짜 신비주의는 환생에 관해서는 관심이 없습니다. 다시 태어난다는

---

134 독일인들이 무덤에 세우는 비석 중, 특히 젊은이가 죽었을 때는 이 세상을 다 살지 못하고 갔다는 뜻으로 꺾인 장미 한 송이를 그려 놓는 경우가 많다. 생의 꽃을 다 피우지 못하고 죽었다는 안타까움을 상징한다.

믿음은 종교의 교리이지 신비주의의 개념은 아닙니다. 종교에서는 죽은 후 좋은 세상을 맞이할 수 있다고 약속합니다. 종교에서는 몇 번 강조했듯이 '아'의 존속성과 연속성의 필요성을 받아들여 절충했기 때문에 이런 말을 합니다. 언젠가 최후의 심판 때 모든 존재가 완전해질 것이며, 사후에 잘못한 행동은 벌을 받고 착한 행동은 상을 받는다고 강조합니다. 여기에서 연옥과 지옥이 갈릴 뿐만 아니라 천국에 가기도 하고 다음생에 좋은 환생을 한다고 이야기합니다. 이런 믿음체계는 '아' 중심주의에 묶여서 '아'가 우주의 돌발사건에 배열되고 정돈된다는 관점에서 출발합니다. '아' 중심주의에서 나온 사고를 받아들인 것입니다.

쉽게 이해할 수 없군요. 지금 내가 겪고 있는 상황을 언젠가 적절히 보상받을 수 있다는 기대와 열망을 갖는 것이 나쁠까요? 그래야만 우주의 질서가 생기지 않을까요?

이런 관념 속에는 신을 심판자로—쩨쩨한 장사꾼으로 그리는 의식이 깔려 있어요. 신은 우리를 저울질하고 눈에는 눈, 이에는 이 같은 무시무시한 관습에 따라 죄를 씌우고 보복한다는 생각이 저변에 깔려 있습니다. 이는 신을 욕보이고 품격을 떨어뜨리는 행위가 아닐까요? 신의 형상이 이런 모습으로 존재한다면, 그리고 이것이 거대한 진화의 과정에서 생긴 일이라면 과연 그런 신의 모습에서 도덕적인 행동과 방법을 배울 수 있을까요? '판정하는 신'이나 '매우 나쁜 조건의

'환생'이라는 조건은 미개하고 유치할 뿐만 아니라 사랑이 부재한 법정이라고밖에 볼 수 없습니다. 신이 이런 모습이라면, 신은 스스로 가졌던 의향과 소망한 목적지에 다다르지 못한 매우 가엾고 처참한 창조자가 될 것입니다. 신은 절대 그런 모습이 아닙니다. 신의 재판소에는 인간의 내세를 이렇게 저렇게 결정하기 위해 세밀하고 꼼꼼하게 적어 써넣은 장부도 없습니다.

그리스도교 신학자는 그렇게 주장하지 않을 텐데요?

그리스도교 신학자는 다른 신의 형상을 말합니다. 물론 신학자는 영속적인 삶에 대한 여러 유형을 알고 있을 것입니다. 그렇지만 교회 생활을 들여다보면 다르지요. 신학자들의 숭고하고 고상한 설명을 반박하고 부정하는 사람도 많습니다.

최후의 심판이 만족스럽지 못해서 실망했다고 하셨는데, 왜 그런 생각을 하십니까?

최후의 심판은 이치에 어긋나고 허무맹랑한 이야기입니다. 지구라는 무대에 인간이 나타나기까지는 16억 년이 걸렸는데, 갑자기 지금부터 인간이 영원히 살 수 있다고 한다면 지나친 표현 아닐까요? 진화의 관점에서는 이해할 수 없는 이야기입니다. 100번의 환생은 진화의 돌발 행위와는 어떤 관계가 있을까요? 인간이 80세까지 살 수 있다는 전제로 1000번 환생하는 게 무슨 의미가 있을까요? 8만 년과 16억 년을 비교해 보면요? 한 생에 큰 의미를 부여하지 않는다면 1000년을 되풀이하여 산들 그 삶 역시 별 의미 없고 쓸데없을 것입니다.

<u>동양의 지혜서나 불교에서는 인간이 '아'에 고착됨을 벗어나 환생의 길을 가게 되면 궁극에 가서는 열반에 이르는 초월개아 상태가 된다고 하지 않습니까?</u>

선불교에서 말하는 열반은 미래의 개념이 아닙니다. 열반은 지금 여기에서 일어날 수 있습니다. 시간을 초월한다 해도 바로 지금 이 순간입니다. 신비주의에서 저쪽세상은 존재하지 않습니다. 궁극적인 실재는 시간을 배제합니다. 저승, 하늘, 환생 등은 윤리 면에서는 완벽한 본보기와 규범이 됩니다. "만약 네가 이것을 행하거나 저것을 행한다면, 너는 나쁜 환생을 얻는다." 지금은 도덕이 그 안에 들어갔고 초월적인 범주는 갇혀버렸지요. 환생에 관한 희망 때문에 인격체의 '아' 고착이 늘고 있습니다. 환생에 대한 믿음은 '아'의 항구성과 영구성을 전도하는 의미로 보니까요. 이런 '아'가 늘 지속적으로 존속한다고 믿으면 그 의미를 찾기가 대단히 어렵습니다. '아'를 벗어 던질 때에만 그 의미를 찾을 수 있습니다. 진정한 정체성은 우리의 깊은 본질에 있는 신적인 현존에 달려 있습니다. 신비주의는 진정한 본질을 찾아 나서는 행위라고 몇 번이나 강조한 바대로 말이지요.

마지막으로 질문 드리겠습니다. 신부님은 여기에서 도전적이고 도발적이며 자극적인 주장과 논제를 수없이 밝혔습니다. 반대에 부딪혔을 때 어떻게 반론하실 겁니까?

이런 진술에 관해 사람들이 쉽게 동의하지 않을 것이라고 나도 예상합니다. 요즘 신학을 잘 알지 못하지만, 내 책장에는 1924년에 발간한 문답 형식으로 된 가톨릭 교리집이 있습니다. 그 책에 실린 많은 질문 중에는 내가 아직 외우고 있는 내용도 있습니다. 그 옆에는 1994년에 나온 교리집이 있습니다. 1995년에 나온 교리집도 있고, 2000년에 출간한 기초신학 책도 있습니다. 책을 책장에 꽂아두기만 하지 않고 나는 늘 공부하고 있습니다. 책을 읽을 때마다 교리의 근본적인 진술은 조금도 변하지 않았다는 사실을 느낍니다. 그리스도교 신학의 이분법적인 원칙과 교리는 나를 여전히 어렵게 합니다.

나는 전통적으로 전해 내려오는 신학을 부정하고 싶지 않습니다. 단지 대화를 통해 자극하고 싶어요. 동양의 세계관과 서양의 세계관 사이에 논쟁은 이미 시작되었습니다. 6년간 일본에 체류하면서 나는 지금 세기의 그리스도교에 관한 도전과 자극을 인식하고 받아들이게 되었어요. 동양의 종교는 서구의 종교보다 진화되었고 동시대인들에게 더 가깝게 다가가고 있습니다. 신비주의와 형이상학은 다음 세기에는 더욱더 중요한 이슈가 될 겁니다. 이 책은 미래를 위한 대화와 논쟁에 행복한 예감이 되리라 생각합니다. 왜 이런 책을 출간하느냐고 사람들이 묻는데, 사람들의 질문에 대답할 필요를 느꼈기 때문입니다. 마지막으로 나는 마이스터 에크하르트의 말을 인용하고 싶습니다. 그는 강론에서 스스로 자신의 불확실함을 언급했습니다.

"누군가 이 강론을 이해했다면 나는 그에게 이 강론을 기꺼이 허락한다. 여기에 누구도 없다고 가정하면 나는 이 강론을 헌금함에다가 넣을 것이다. 더러 가련한 영혼이 말한다. '나는 여기에 앉아 내 빵을 삼키려고 한다. 그리고 신을 받들어 섬기겠다.' 나는 너에게 영원한 진리를 말하겠다. 이런 이들은 길을 잃고 갈피를 못 잡아 정도에서 벗어날 것이다. 그리고 가난과 기쁨 속에서 신을 좇는 다른 이들이 다다른 목적지에 결코 다다르지 못할 것이며, 그 길을 달성하거나 획득하거나 쟁취하지 못할 것이다. 아멘."

지은이의 참고문헌

Charon, J. E., 『물질의 정신』, Hamburg, 1979
Davidson, J., 『진공의 비밀』, Duesseldorf, 1996
Davies, P., 『혼돈의 원리』, 뮌헨, 1998
Dufour, L.X., 『Als der Tod seinen Schrecken verlor』, Olten, 1981
Duerr,H. (Hrsg.), 『신, 인간 그리고 학문』, Augsburg, 1997
Duerr, H. (Hrsg.), 『물리학과 초월성』, Bern, 1986
Ebert, W. (Hrsg.), 『진화, 창조성 그리고 교육』, Trostberg, 1995
Ganoczy, A., 『자연의 길에서 찾아 나서는 신』, Duesseldorf, 1992
Ganoczy, A., 『혼돈-우연-창조믿음』, Mainz, 1995
Hartlieb, G./ Quarch, Ch./Schellenberger, B.(Hrsg.), 『영성으로 살기. 일상을 위한 영감』, Freiburg, 2002
Hawking, S.W., 『시간에 관한 작은 이야기』, Hamburg, 1988
Heidegger, M., 『숲속의 길/그릇된 오류의 길』, Frankfurt, 1957
Heidegger, M., 『들길』, Frankfurt, 1956
Heidegger, M., 『초연함』, Stuttgart, 1999
Hollenweger, W., 『정신과 물질』, Müenchen, 1988
Jantsch, E., 『스스로 조직체로서의 우주』, München, 1979
Johannes vom Kreuz, 전 작품들, Einsiedeln
Jordan, P., 『종교적인 질문에 선 자연과학』, Oldenburg, 1972
Jung, C.G., 『인간과 영혼』, 올텐, 1971
Kabir, 『신의 사랑이 있는 정원에서』, Heidelberg, 1984
Keating, T., 『기도 모음집』, Muensterschwarzach, 1995
Kueng, H. 『그리스도교』, Muenchen, 1995
Leicht,I., 『Marguerrite Porete』, Freiburg, 1999

Lied von Tukaram, zit. nach H. Smith, 『많은 길에 있는 하나의 진리』, Freiburg, 1993
McGinn, B., 『유럽의 신비주의』, 전집 1-3, Freiburg, 1996
Mulack, Chr. 『신의 여성성』, Stuttgart, 1984
Mulack, Chr., 『마리아, 그리스도교에서의 신비적인 여신』, Stuttgart, 1985
Mueller, G. L., 『가톨릭 도그마』, Freiburk, 1995
Neuhaeusler, A., 『존재의 이름』, Frankfurt, 1990
Pietschmann, H., 『자연과학자들의 시대의 종말』, Wien, 1980
Popp, F. A., 『빛의 생물학』, Berlin, 1984
Quint, J., 『마이스터 에크하르트』, Muenchen, 1969
Quitton, J. und Bogdanov, G., 『신과 학문』, Muenchen, 1991
Ratzinger, J., 『해석-명상-행동의 가격에 대한 로마노 구아르디니의 해석』, Kath. Akademie Meunchen, 1982
Schimmel, A. (Hg.), 『루미』, Koeln, 1982
Sheldrake, R., 『자연의 환생』, Bern, 1992
Sloterdijk, P., 『영혼의 세계진화』, Zuerich, 1993
Sloterdilk, P., 『인간공원을 위한 규칙』, Frankfurt, 1999
Spoerl, U., 『독일의 문학에 있는 신 없는 신비주의』, Paderborn, 1997
Sprockhoff, H., 『자연과학과 기독교 믿음』, Farmstadt, 1992
Tarnas, R., 『Idee und Leidenschaft』, Muenchen, 1997
Tipler, J. F., 『믿음에 답을 한다』, Freiburg, 2000
Werbick, J., 『믿음에 대한 책임』, Freiburg, 2000
Zukav, G., 『Die tanzenden Wu Li Meister』, Hamburg, 1997

옮긴이의 참고문헌

달라이 라마와 그 외, 『마음이란 무엇인가?』, 김선희 옮김, 씨앗을 뿌리는 사람, 2006
프리조프 카프라, 『Das Tao der Physik』, 12쇄, Bern, Muenchen, Wien 1991
칼 사이몬트 외, 『마음의 의학과 암의 심리치료』, 박희준 옮김, 정신세계사, 1990
후고 라잘레, 『그리스도인들의 선』, 2쇄, Graz Wien Kloen, 1974
서암 큰스님, 『훨훨 털고 같이 가세』, 정토출판, 1996
대행 스님, 『한마음 요전』, 한마음선원, 불기 2537년
다니구치 마사하루, 『여의자재의 생활 365장』, 김해룡 옮김, 한국교문사, 2002
김용옥, 『동양학 어떻게 할 것인가』, 통나무, 1990
김용옥, 『절차탁마대기만성』, 통나무, 1990
김상일, 『현대물리학과 한국철학』, 고려원, 1991
오강남, 『예수는 없다』, 현암사, 2001
오강남·성해영, 『종교, 이제는 깨달음이다』, 북성재, 2011
장현갑, 『마음 VS 뇌』, 불광출판사, 2009
데이비드 호킨스, 『의식 혁명』, 이종수 옮김, 한문화, 1997
빌리기스 예거, 『신비주의의 회귀, 영원성을 지금 여기서 경험하는 것』, 6쇄, Freiburg, 2009
독일 사전들 참조
www. Google. de 참조

파도가 바다다

1판 1쇄 발행 2013년 8월 23일
1판 2쇄 발행 2013년 9월 30일

지은이   빌리기스 예거
옮긴이   양태자

펴낸이   이영희
편집   이소정
펴낸곳   도서출판 이랑
주소   서울시 마포구 독막로 10(성지빌딩 608호)
전화   02-326-5535
팩스   02-326-5536
이메일   yirang55@naver.com
등록   2009년 8월 4일 제313-2010-354호

- 이 책에 수록된 본문 내용 및 사진들은 저작권법에 의해 보호받는 저작물이므로 무단전재와 무단복제를 금합니다.
- 잘못된 책은 구입하신 곳에서 바꾸어 드립니다.
- 책값은 뒤표지에 있습니다.

ISBN 978-89-98746-02-5   03200

이 도서의 국립중앙도서관 출판시도서목록(CIP)은 서지정보유통지원시스템 홈페이지(http://seoji.nl.go.kr)와 국가자료공동목록시스템(http://nl.go.kr/kolisnet)에서 이용하실 수 있습니다.
(CIP제어번호: CIP 2013 013162)